西夏

《话说西夏》

顾　问　马启智　陈育宁

主　编　杜建录

副主编　薛正昌　杨满忠

撰　稿　杜建录　刘　华　杨满忠　杨　浣　张　灵　薛正昌

彭向前　贺吉德　田金明　杨秀山　唐荣尧

插　图　杨满忠　章治宁

话说西夏

正说西夏系列

杜建录 主编

黄河出版传媒集团
宁夏人民出版社

图书在版编目（CIP）数据

话说西夏 / 杜建录主编. —银川：宁夏人民出版社，2016.2（2016.10 重印）
（正说西夏系列）
ISBN 978-7-227-06276-9

Ⅰ. ①话… Ⅱ. ①杜… Ⅲ. ①中国历史—西夏 Ⅳ. ①K246.3

中国版本图书馆 CIP 数据核字（2016）第 004678 号

正说西夏系列
话说西夏 杜建录 主编

责任编辑 管世献
封面设计 段 韬
责任印制 肖 艳

黄河出版传媒集团
宁夏人民出版社 出版发行

出 版 人 王杨宝
地　　址 宁夏银川市北京东路 139 号出版大厦（750001）
网　　址 http://www.yrpubm.com
网上书店 http://www.hh-book.com
电子信箱 renminshe@yrpubm.com
邮购电话 0951-5052104
经　　销 全国新华书店
印刷装订 宁夏凤鸣彩印广告有限公司
印刷委托书号 （宁）0002862

开本 720 mm × 980 mm 1/16
印张 16 字数 260 千字
版次 2016 年 4 月第 1 版
印次 2016 年 10 月第 2 次印刷
书号 ISBN 978-7-227-06276-9/K·868
定价 36.00 元

序言

马启智

丰富多彩的西夏历史文化不仅是宁夏重要的文化资源，也是辉煌灿烂的中华文化的重要组成部分。以史为鉴，推陈出新，古为今用，是我们一贯倡导的原则。如何开发和利用好西夏历史文化资源，让它在宁夏经济社会建设中发挥作用，让西夏研究成果贴近时代，贴近生活，贴近大众，是宁夏学界和实际工作部门多年来所思考的问题。史学工作者辨析史实、考证文字、校勘文献，基本上搞清楚了西夏历史的发展脉络，这是非常有意义的文化建设事业。但这些研究成果专业性很强，离现实需要比较远，难以满足人民大众了解西夏历史文化的需求。文学工作者和西夏文化爱好者，创作出多种有关西夏的文学作品，民间又有各种各样的传说，虽说丰富了人们的文化生活，但却代替不了历史，发挥不了历史应有的功能。这就需要我们以学术研究为基础，做一些历史科学的普及工作，满足国内外读者了解西夏历史文化的愿望。

近年来，媒体借助学者，或者说学者借助媒体普及历史文化知识，诸如中央电视台的“百家讲坛”、“探索与发现”等栏目，老少皆宜，雅俗共赏，很受大众欢迎。受这一启发，我提出组织宁夏的历史专业工作者编写一部通俗而真实，具有大众可读性、趣味性，同时又能进行电视讲说的西夏历史文化读本。这个意见得到了许多同志包括专家们的赞同和支持。我把这个任务交给了陈育宁同志。育宁同志积极组织宁夏大学、宁夏社会科学院、宁夏博物馆、宁夏档案馆、贺兰山岩画管理处、宁夏广电总台的专家，认真研究编写的体例、内容和提纲，并与我沟通，然后分工编写，统一修改，在较短时间内拿出了书稿。

我读了这部书稿后，总的感觉是，基本达到了我预想的目的，归纳起来有这么几个特点：首先题目选得比较好，六十多个专题以史为纲，以人物故事与重大历史事件为目，全面展示了党项民族的兴起、发展、灭亡及其经济、文化、习俗和后裔的去向等。文字生动流畅，融学术性、通俗性、趣味性于一炉。既浑然一体，又独立成篇；既左右联系，又前后照应。是近年来反映党项西夏历史文化通俗读物中一个较好的读本，对于我们了解西夏、宣传宁夏具有重要的作用。其次，观点科学，表述正确。全书坚持马克思主义唯物史观，从中华民族多元一体格局的历史实际出发，客观公正、平实有度地评价西夏的历史文化。既是对历史负责，又是对读者负责。是正说西夏，也是通俗说西夏，但不是戏说西夏。体现了史学工作者将真实的历史用通俗的方式介绍给大众的责任心。

宁夏银川是西夏建都所在地，宁夏平原是西夏王朝政治、经济、军事、文化核心区域，西夏文化是宁夏历史文化的瑰宝，由此产生的西夏学已成为一门有地方和民族特色的显学。宁夏几代学人对西夏研究做出了大量工作，出版了很多学术著作，也培养了一批西夏学人才。宁夏大学西夏学研究中心被国家教育部批准为高校人文社会科学重点研究基地，建有我区第一个文科博士点，肩负着培养西夏学高级专门人才的重任。宁夏的西夏历史文化研究，后继有人。西夏在宁夏，西夏学也应在宁夏建立起自己的优势。

西夏历史文化研究是西夏文化产业的重要支撑点。从一个全新的视角，推出一些支持西夏文化产业发展的成果，如《说西夏》①的编撰出版，正是经济社会发展的必然要求，是适应大众文化需求的一个新成果。20世纪60年代我毕业于大学历史系，几十年来虽忙于政务，但一直留意和关注着西夏及民族历史文化的研究，力所能及地给予支持和帮助。这次担任《说西夏》的顾问，也名副其实地履行了一次顾问的职责。借这本书出版之际，祝愿宁夏西夏学研究与西夏文化产业的开发兴旺发达，取得更大的成就！

（马启智，第十一届全国人大常委会民族委员会主任委员，宁夏回族自治区人民政府原主席）

---

①本次修订，书名已改为《话说西夏》。

目录 CONTENTS

党项摇篮　青藏高原是我家

建立西夏国的党项人最初不在西北地区，而是生活在青藏高原东部一个叫“析支”的地方。“析支”也叫赐支，是一个十分古老的地名，早在大禹时代就有了，《尚书》和《山海经》也有记载。

从地理位置上看，古“析支”是青藏高原向黄土高原过渡的地区，黄河蜿蜒曲折，在这里形成了一个倒“几”字形，因此，古人又将这一地带称为“河曲”。

河曲地势高旷，西高东低，平均海拔4000余米。属于典型的大陆性高寒气候，“气候多寒冷，五月草始生，八月霜雪降”。冬季漫长，严寒干燥多风雪；夏季短促，温凉易变多雨雪，素有“北方气候南方雨”的说法。

高山、冰川、草地、河流、湖泊、森林构成了河曲的主要景色，这里山水相宜，风光绮丽，变幻莫测。夏天来临时，高山白雪皑皑，晶莹剔透；山坡绿林片片，鸟鸣啾啾；山坡下湖泊落落，溪流淙淙，草甸幽幽，形成水草茂盛的美丽草原和辽阔的牧场。

河曲地区畜牧资源丰富，盛产牦牛、马、驴、羊，尤其是以盛产著名的河曲良马而闻名于世。因此，这里自古是我国少数民族繁衍生息的家园。舜时的三苗，殷商的西羌，周秦的爰剑，两汉烧当、发羌、月支，魏晋的鲜卑、乌桓，隋唐的吐谷浑、吐蕃、党项以及一定数量的汉族，都在这里栖息生活过。

至少在魏晋南北朝时期，党项人就进入了河曲地区，这一时期是我国古代各民族大分化、大改组、大融合的历史时期，特别是在西部与北部草原地区，这种分化、改组、融合尤为剧烈。生活在河曲地区的党项人正是在这种民族大分化、大改组、大融合中成长起来的。

当时，党项的北部是吐谷浑王国，南部是春桑、迷桑、白兰（又称白狼，中心在今青海果洛地区的达日）、宕昌（中心在今甘肃宕昌县）、邓至（中心在今四川的九寨沟）、吐蕃诸族，东部是隋唐王朝，西部是西域。

我们先看与北部吐谷浑的关系。吐谷浑本是东北鲜卑族部落首领，因家族内部不和，率部西迁到今青海地区，兼并当地的羌、氐，建立了“东西四千里，南北二千里”的吐谷浑王国，定都今青海湖西 15 里的伏俟城。

早期党项羌和鲜卑吐谷浑居地相接，并长期依附于吐谷浑，和吐谷浑保持密切的关系。两个民族之间长期交错杂居与融合，在文化和血缘上，你中有我，我中有你。正如著名史学家范文澜在《中国通史》中指出的，“鲜卑人羌化了，因之，吐谷浑实际上是羌族国家”。“羌族在青海建立起吐谷浑国，是社会发展中的一个光辉标志”。

在吐谷浑大量吸收和融汇了羌族的文化与血缘的同时，羌族也大量吸收和融汇了鲜卑吐谷浑的文化与血缘。如，党项人的秃发与鲜卑的秃发如出一辙，党项人的“杀鬼招魂”与吐谷浑的“射鬼箭”习俗完全一致，等等。

党项族最强大的部落是拓跋部，鲜卑族也有一个拓跋部，历史上鲜卑吐谷浑又曾统治过党项人，由此引起党项拓跋部是来源于鲜卑族，还是来源于羌族的争议，并自唐代以来形成了截然不同的两种观点。《辽史》《金史》认为出自鲜卑族，《隋书》《旧唐书》《宋史》认为出自羌族。

前面说过，魏晋南北朝隋唐时期，是我国古代各民族大分化、大改组、大融合的历史时期，特别在西部与北部草原地区，这种分化、改组、融合尤为剧烈。鲜卑拓跋部进入党项，变成党项族的一部分，或者党项族的一部分融合到鲜卑拓跋部而改姓拓跋氏，都是有可能的。

但不论是哪种情况，融合后的党项羌，已不是原来意义上的羌族，而是融进了吐谷浑、宕昌、邓至等民族或部族的成分，形成了一个崭新的民族——党项族。在文化和血缘上，你中有我，我中有你。以致唐、宋人分不清党项拓跋氏究竟是羌族，还是鲜卑族。有的认为是羌族，有的认为是鲜卑族，成为千百年来一桩学术公案。

党项在与北面鲜卑吐谷浑融合的同时，又融合了南面邓至、宕昌诸族。邓至、宕昌也是羌族分支，风俗习惯与党项大体相同。552年，西魏灭掉邓至，在邓至设邓州。564年，北周灭掉宕昌，在宕昌设宕州。邓至、宕昌两个羌族小政权灭亡后，部落族帐依附于党项，逐渐融合到党项里面，成为党项的重要组成部分。所以，史书干脆说宕昌、白兰是党项的不同种类。

这一次次的融合，一次次的吸收，都给党项增添了新鲜血液，党项羌正是在这种民族大融合中发展壮大起来的，并逐渐摆脱了吐谷浑的控制。唐初党项“北连吐谷浑”，和吐谷浑有了明确的界限。

党项兼并融合了南面的宕昌、邓至诸族后，和西藏高原的吐蕃连结起来了，至少在唐太宗贞观年间，党项与吐蕃就建立了关系，藏文史书记载，吐蕃赞普松赞干布曾娶弭药王的女儿为妻。文成公主入藏后，以弭药人为工头，在康地建造隆塘准玛寺。弭药是吐蕃对党项的称呼。

青藏高原

在党项的东面，隋、唐皇朝迅速崛起，581年隋朝建立后，扫清海内，结束了几百年战乱局面，随着国力强盛，党项羌纷纷前来归附，与隋朝建立朝贡关系。

609年，隋炀帝为打通西域“丝绸之路”商道，乘铁勒归附之际，指挥六军，一举攻破吐谷浑伏俟城，迫使吐谷浑王与大量的流民逃亡于党项地区。更为重要的是，隋炀帝还在吐谷浑统治的中心地区设置河源郡，“悉发全国轻罪徙居之”，进行屯田戍边。这样，使党项族居住的河曲一带，有了历史上第一个行政建制。来自四面八方不同文化的多元民族，在这里进行交流融合，对党项的崛起与强大起了极为重要的促进作用。

唐朝初年，党项发展更快，形成了细封氏、费听氏、往利氏、颇超氏、野利氏、房当氏、米擒氏、拓跋氏八大部落，其中拓跋氏最强，种姓部落最多，最大的部落有一万多骑。

随着党项羌的不断强大，隋唐之际，“析支”这个名称就逐渐地消失了，代之而起的名称却是“党项”。《隋书·吐谷浑传》载，吐谷浑王伏允败后，“无以自资，率其徒两千骑客于党项”。可见，这时的“党项”，不但是一个民族，还是一个地名。现在青海果洛的玛沁县、甘肃玛曲县还保留着“当项”、“当庆”这些古老的地名。

早期党项生活的古析支地区，是以游牧为主的山谷草甸地带，除了少量的贸易外，游牧、狩猎、掠夺是唯一的经济生产方式。这种生产方式、生产关系和生存环境，决定了他们在衣、食、住、行等方面的独特习俗。他们的衣服用牛羊和野兽皮做成，外披牛羊毛擀成的披毡。这种披毡不但能防风、挡雨、遮晒，还能铺能盖，是游牧民族的好伴档。饮食上，他们主要吃自己蓄养的牛、马、驴、羊、猪，喝的是青稞酒，酿酒用的青稞是用牛羊换来的。他们住的帐篷坚固实用，先用木杆搭起框架，然后把用牦牛尾和山羊毛织成的粗毛布蒙在上面。

恶劣的生存条件，以及游牧与掠夺的生产生活方式，使党项人从小就养成了走马射箭，舞枪弄棒，悍勇尚武的生活习惯。他们没有法令，也没有赋税徭役，平时各自为业，不相往来，有战阵则风聚云屯。

他们有语言但无文字，通过观察草木的荣枯以记岁时。他们信仰原始宗教，相信万物有灵，每三年大聚一次，杀牛羊以祭天。尚歌舞，“有琵琶、横吹，击缶为节”。

早期党项除游牧外，别无他业，因而养成了“好为盗窃，互相凌劫”的习俗。他们动辄杀人，以致经常结仇，形成了类似于近代“打冤家”的复仇习俗。在没有复仇前，蓬头垢面，赤足素食，只有斩杀仇人后才恢复正常。

早期党项没有严格意义上的政治组织，他们以宗族部落为生活群体，大小部落各不相统，散落在山谷之间。在中原王朝经略周边的过程中，他们或依附与吐谷浑，或成为唐蕃争夺的对象，此后的一系列的故事，都是围绕这个关系展开的。

（杨满忠）

归附大唐　拓跋赤辞得皇姓

隋唐之际的中国，有两个最强大的政治势力，一个是中原的隋唐王朝，另一个是从青藏高原崛起的吐蕃奴隶主政权，它们围绕丝路与西域的控制权，展开了激烈的争夺。在大唐和吐蕃之间，还有建都青海湖东侧的吐谷浑政权及依附于吐谷浑以南的党项羌族部落政权。

大唐皇朝要取得丝路与西域的控制权，必先控制位于青海的吐谷浑，要控制吐谷浑，必先招抚党项。于是处在青藏高原的党项民族就与中原的大唐王朝产生了十分重要的联系。

唐太宗李世民稳定中原后，和心腹大臣制订了一个“安抚党项，孤立吐浑”的战略原则，就是通过对吐谷浑盟友党项部落的诱劝、分化、招抚，以达到孤立吐谷浑，然后重兵压境，一举消灭的目的。

李世民的这一“安抚党项，孤立吐浑”战略，在很短的时间内便取得了显著的效果。629 年，党项酋长细封步赖首先率部归附，唐太宗立即降玺书安慰，步赖十分感动，亲到长安朝谒唐太宗。唐太宗非常高兴，以丰盛的宴席招待了细封步赖，赐赏丰厚，并设其地为轨州（今四川阿坝），拜步赖为刺史。接着党项其他部落首领纷纷效法归附，相继归附唐朝，受封做官。631 年，李世民又将归附的河曲之地划分为 60 个羁縻州，受抚人口达 34 万。

在大部分党项纷纷归附的情况下，李世民认为攻伐吐谷浑的时机已经成熟。于是在唐贞观八年（634 年）十二月，任命李靖为西海道行军大总管，节度诸军。以兵部尚书侯君集为积石道行军总管，刑部尚书李道宗为鄯善道行军总管，凉州都督李大亮为且末道行军总管，岷州都督李道彦为赤水道行军总管，利州刺史高甑生为盐泽道行军总管，六路大军会同突厥、契苾军队，全线出击。

西夏铜头盔

（宁夏西吉硝河乡出土）

次年三月，赤水道总管李道彦率军到达叠州的狼道坡（今甘肃迭部县代古寺峡）时，却被党项拓跋部大首领拓跋赤辞挡住去路。

拓跋赤辞是党项中最强的一支，有精骑数万，据险以守。唐军不敢贸然攻关，拓跋赤辞也不轻易出击，双方却在狼道坡相持着，剑拔弩张，但谁也不先放第一箭。

唐军冷静持重的原因有三。

一是从策略上讲，唐军本着“安抚党项，孤立吐浑”的原则，“厚赂党项，使为乡导”，因此，面对拓跋赤辞的阻拦，不能贸然攻击，以防激怒党项，造成归附者反水，破坏“安抚党项，孤立吐浑”的方略。

二是从军事角度讲，拓跋赤辞是兵精粮足，以逸待劳，而唐军是劳师攻远，后勤补济困难，一旦攻击不利，就会陷入困境，后果不堪设想。

三是拓跋赤辞据险守要，不易强攻，只能智取。

时间一天一天地过去了，天气渐渐地变暖，唐朝的军队和拓跋赤辞的军队继续僵持着。拓跋赤辞可以凭借天堑，以逸待劳，但唐军不能久拖，必须尽快地解决。于是行军大总管李靖命廓州（今青海贵德）刺史久且洛生，派遣使者到拓跋赤辞大营劝降。

再说拓跋赤辞，这位党项大首领，勇武善战，威猛刚毅，通晓方略。作为吐谷浑老伏允王的女婿，深受吐谷浑文化的影响，又久居边塞，熏染华夏之风，对隋、唐之事也略知一二。因此，他虽然屯兵狼道坡阻击唐军，但没有轻易出击。

打伏击，截粮道，风走云骑，忽往忽来，是党项羌族的拿手好戏，但这次为什么不扬长而避短呢？这说明，他不是一般的首领，而是一个有雄才大略的军事家。他深知唐军远道而来，粮饷不足，利于速战，不宜持久，所以采取“以静制动”的方略。更重要的是他认为，唐军这次攻伐吐谷浑，不是一个简单的军事行为，而是一个长远的政治行为。他夹在唐朝和吐谷浑的两个刀刃之间，稍不慎重，就会祸殃部族。同时，他心里也很清楚，如若开战，唐军也不是吃素的，谁胜谁负还不一定。因此，他心里也不太踏实，而是在相持的等待中寻找解决问题的最佳途径。

正当拓跋赤辞焦躁、烦恼之时，唐朝使者来到。一番客套话后，唐使直接提出要他归附大唐，退出狼道峡，并为唐军提供粮饷，否则，将大祸临头。面对唐使的傲慢与威胁，拓跋赤辞不由得大怒，霍地一下站起，拔出牛耳尖刀，大声喝道：休得狂言，我深受浑主姻亲之恩，肝胆相照，腹心相寄，生死不二，怎能背叛，你还不快走，小心玷污了我的宝刀。

唐使落荒而逃，回来后加盐调醋地向久且洛生汇报：说拓跋赤辞如何如何嚣张狂妄，不给大唐情面，还将他赶出大帐，险些做了刀下之鬼。久且洛生耐不住性子，听罢大怒：好个贼酋王，敬酒不吃吃罚酒，焉敢藐视我大唐，不给点颜色，他还不知道我是谁。说罢，即刻抽调三千精兵，分作三队，摸黑偷袭肃远山，攻破拓跋部营帐，杀百余人，掠走牛羊杂畜六千多头。

再说拓拔赤辞，自从唐使走后，感觉唐军会有动作，但就是不能确定何时何地。于是下令加强狼道坡、野狐峡一带的防务，昼夜巡逻，谨防唐军偷袭。但唐军却偏偏没有攻狼道坡、野狐峡，而是偷袭肃远山。看来唐军是缺粮了，来弄吃的了。

拓拔赤辞吃了点小亏，心中不快，也知道唐军不好惹。

唐太宗闻知后，对久且洛生未赏未罚，而是告诫众将，要以大局为重。他说，打败拓拔赤辞十分容易，但是要使这个地方长治久安，却不是件容易的事。从商周以来，这里就不是个安宁的地方。况且拓拔赤辞既是吐谷浑王的女婿，又是党项最强的拓跋氏部，影响最大。把他招抚了，不但可以使我大唐多一支强劲的军队，还能得到拓拔赤辞这个人才。因此，此事意义十分重大，望尔等不负我意。

转眼间进入五月，青藏高原已暖和起来，草原逐渐变绿。为了招降拓拔赤辞，唐太宗又命岷州都督、赤水道总管李道彦，再次以重礼招抚拓拔赤辞及其部下。拓拔赤辞经过久且洛生的偷袭后，也冷静了许多。唐朝一次次的招降，他虽然表面上顶着，但内心早已动摇。只是心里总不踏实，对唐朝还存在一定的戒心，面子上也下不了台。

一个月过去了，李道彦的诱降工作已有成效，拓跋赤辞的从子拓跋思头，秘密向唐朝投诚，拓拔细豆等小部落也率部归降，其他宗党在大唐军队的重压下，也有归降之意。

拓跋赤辞知部下多有归附之心，如再僵持下去，就会出问题，于是决定归附，但为了慎重，他提出了一个前提条件，要与西海道总管李靖当面谈。李道彦将这一情况报告给行军统帅李靖，并约定了会谈日期。

在李道彦的安排下，拓跋赤辞如期赴会，大唐西海道行军大总管李靖带领诸将热情地接待了他。拓跋赤辞提出，“先要确定归附盟约，然后杀血盟誓，方可遵行”。并当着唐朝众将的面说：隋炀帝征伐吐谷浑时，和我们订立了盟约，我们供给了资粮，但他们不守信用，强暴地掠夺我们的牲畜。今天诸军如果没有二心，我给你们供应资粮，如若无信，我仍然“据险以塞诸军之道”。李靖答应了拓跋赤辞的请求，并带领诸将与拓跋赤辞盟誓，后又礼送出营。

拓跋赤辞虽然与唐军结成盟约，准备资粮让道，但是并没有放松警戒，狼道坡、野狐峡一带仍有重兵把守。

再说赤水道行军总管李道彦见拓跋赤辞高傲，不把他放在眼里，心里窝了一肚子火，总想找个机会整一下。加上这次行军，其他将帅都一路顺利，唯独他这一道麻烦太多，让人窝火。

一天，大军行至阔水，李道彦见拓跋部落牛羊成群，没有防备，于是派兵袭击，抢得“牛羊数千头”。李道彦的这个做法犯了一个严重的政治错误，于是拓跋赤辞等大怒，集兵野狐峡，李道彦兵不得前进，拓跋赤辞率精兵合击，李道彦大败，死者数万人，只好退保松州，拓跋赤辞又率兵攻叠州。

李道彦的做法，造成了极为恶劣的影响，破坏了唐太宗制订的“安抚党项，孤立吐浑”的战略，既违背了誓言，失信于党项，又损兵数万。唐太宗闻之大怒，下令处斩，后在大臣劝说下，免死流放。

随后，唐太宗下令岷州都督刘师立再次遣使招抚赤辞，拓跋赤辞深感大唐皇帝不伐党项之德，与从子思头等悉率部落归附。唐太宗十分高兴，授拓跋赤辞为西戎州都督，赐皇姓李。在其地设懿、嵯、麟、可等三十二州，内附党项30余万口。从此，今青海省黄河河源积石山东南的地方都归入了唐王朝的版图，党项羌成为大唐的属民，并在大唐文明的熏陶下成长。

（杨满忠）

远离战乱　党项两次大迁徙

党项拓跋部归附唐朝，唐太宗李世民在其居住的松州（今四川松潘）设置了32个羁縻州，封拓跋部大首领拓跋赤辞为西戎州都督，赐皇姓李。吐蕃奴隶主政权从青藏高原上崛起，不断向外扩张，与唐朝展开了激烈的军事斗争。唐太宗李世民采取“扶弱抑强”的民族政策，通过扶持党项羌，设置羁縻州府，封授部落首领，在唐蕃之间形成一个军事缓冲地带。

638年，吐蕃打败党项羌，20万人马直抵松州，唐朝都督韩威战败。形势危机之时，唐朝5万援军赶到，吐蕃这才退兵。641年，唐蕃结亲，唐朝派礼部尚书李道宗护送文成公主入藏，和吐蕃赞普松赞干布结婚，唐蕃矛盾暂时缓和下来。

649年，一代明君李世民逝世，唐蕃矛盾再度激化。为了避免被吐蕃奴役，在唐朝的帮助下，党项羌人扶老携幼，长途跋涉几千里，从西南的青藏高原迁往西北的黄土高原。其中最强大的拓跋部完整地从松州地区迁到陇右庆州（今甘肃庆阳）。另外，灵（今宁夏灵武市）、盐（今陕西定边县境内）、银（今陕西米脂县西北）、胜（今内蒙古鄂尔多斯市境）也陆续有党项迁入。这就是党项历史上第一次大迁徙。

党项内迁后不久，“安史之乱”爆发，安禄山、史思明叛军一路攻城陷地，唐廷一片恐慌，急调河西军队入卫京师，一心想夺取西域控制权的吐蕃终于等到了机会，乘虚攻占河西陇右与西域数十州之地。这一事件带来了两大严重后果：一是唐朝东西交通的大动脉被切断了；二是进入内地的吐蕃又与党项居地连在一起，经常联合进攻，给唐帝国造成了严重的威胁。

党项和吐蕃同是从青藏高原走来的民族，当吐蕃威胁到党项生存的时候，党项向着唐朝，和吐蕃坚决斗争。同时，这两个民族生活习惯相同，风俗相类，又很容易联合起来共同侵扰唐朝。

761 年，党项乘唐朝时局不稳，出兵宝鸡，焚烧大散关，攻陷凤州（今陕西西凤县境内）。763 年，吐蕃联合吐谷浑、党项、氐、羌 20 万众攻下唐都长安，烧杀抢掠，满载而还。

唐广德二年（764 年）九月，归附唐朝的回纥首领仆固怀恩在灵武（今宁夏灵武）叛变，纠集吐蕃、党项、吐谷浑等数十万众南下，唐天下兵马大元帅郭子仪奉命讨伐。

面对这一系列的联合进扰事件，郭子仪认为党项与吐谷浑散处盐、庆等

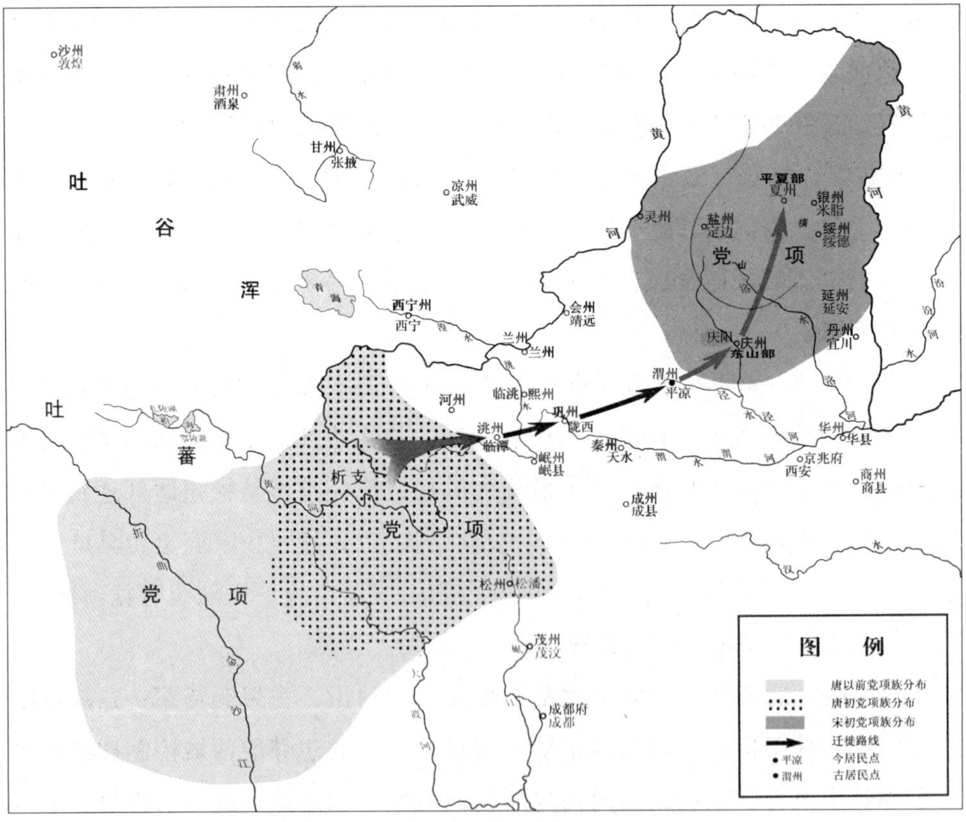

党项族迁徙及其分布示意图

州，离吐蕃势力范围太近，一来容易受到吐蕃的攻扰，使部族不得安宁；二来又容易和吐蕃联合进攻，酿成更大的边患。因此他上书朝廷，请求将静边州都督等六府党项迁往银州（今陕西米脂县西北）以北、夏州（今陕西靖边县白城子）以东地区，即今鄂尔多斯高原东南部沙地草原。

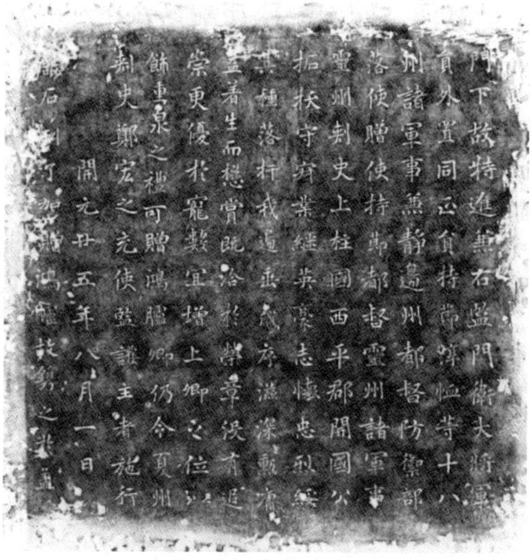
(唐)拓跋守寂墓志铭
（陕西横山县韩岔乡元岔洼村出土）

唐代宗采纳了郭子仪的建议，下令将仪凤年间从庆州移居银州的党项拓跋部迁往银州以北。同时将野利、把利、破丑以及拓跋部中的拓跋乞梅、宜定州刺史折磨部落等一并迁往绥（今陕西绥德）、延（今陕西延安）等州。党项拓跋部从银州迁往银州以北，野利等部从庆州等地迁往绥、延等州，这就是党项历史上第二次大迁徙。

党项第二次大迁徙后，逐渐按地域形成几大部落集团，居银、夏地区的号“平夏部落”，居庆州的号“东山部落”。折磨布落后来发展成宋朝的府州（今陕西府谷县）党项折氏，杨门女将中的佘太君就出自此家族。

党项历史上两次大迁徙的背景、目的不同，安置方法也不一样，第一次大迁徙是为了避免被吐蕃征服，将党项部落较完整地迁到沿边无人地区，使其生息发展；第二次是为了削弱党项和拆散党项与吐蕃的联系，把党项分成几个互不联系的部分，分散安置，中间由唐朝的州府隔离开来。虽然迁徙的目的与安置方法不同，但客观效果却是相同的。

首先，两次迁徙都是把党项从发生战乱的地方迁走，尽管经过千里跋涉，风餐露宿，原有的人口、牲畜、财产受到严重的损失，但能够得到一个相对安定的社会环境，发展生产，繁殖人口，比经常处于战争的威胁下，终日民不聊生，毕竟得多失少。所以，党项大迁徙后，人口繁殖很快，形成了东山和平夏两大部落集团，后来的西夏国就是平夏集团的拓跋部建立的。

其次，两次大迁徙都是在唐朝统治者的帮助下完成的，这就大大加强了唐政府与党项诸部特别是最强大的拓跋部的关系，唐朝统治者对拓跋部首领的封授高官，以及后来拓跋部起兵帮助唐朝镇压黄巢起义，就是这种关系的生动写照。

最后，两次大迁徙都是把党项迁往适合发展生产的地方，无论陇右地区还是鄂尔多斯高原，水草丰美，宜牧宜农。更为重要的是，这一地区蕃汉杂居，中原汉族先进的生产技术、生产工具，对党项社会生产力的提高和经济的发展，都起着积极的推动作用。因此，两次大迁徙定居或半定居的党项人，不仅传统的畜牧业兴旺发达，而且逐渐学会了农业生产，社会组织也健全起来。所有这些，即安定的社会环境，相对优越的生产环境以及与唐朝的密切关系，都为以后夏州拓跋政权建立乃至西夏建国，奠定了坚实的基础。

可以说，没有党项大迁徙就没有西夏国，今天的党项民族很可能仍然是青藏高原上比较原始的民族或部族，也有可能融合到藏族里面去。

（杜建录）

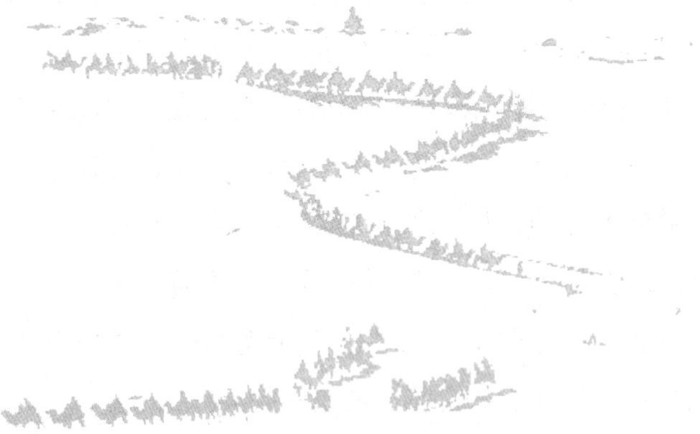

起兵勤王　拓跋思恭建藩镇

党项羌特别是拓跋部是在唐朝的帮助下迁入西北地区的，他们一直和唐政府保持着密切的关系。开元年间，居于无定河一带的静边州都督、西平郡开国公拓跋思泰，助唐平定“六胡州”康待宾叛乱，以身殉国。其子拓跋守寂继位后，又追随郭子仪平定“安史之乱”，死后追封持节都督灵州诸军事、灵州刺史、上柱国、西平郡开国公。

881年，走向衰落的大唐王朝又一次面临着倾城亡国的命运。黄巢起义军攻破长安，唐僖宗奔蜀。包括夏州节度使诸葛爽在内的一批地方军事长官，纷纷投降黄巢，大唐命运危在旦夕。

为了挽救危局，唐僖宗任命凤翔节度使郑畋为京城四面诸军行营都统（总指挥），号召各路军马，急赴长安镇压义军，时任宥州（今内蒙古鄂托克前旗境内）刺史的拓跋思恭也在征调之中。

宥州一带，本是唐六胡州的故地，草原辽阔，牛羊肥壮，是天然的牧场与狩猎区。大量的中亚粟特人入住后，形成了“六州胡儿六蕃语，十岁骑羊逐沙鼠”的独特民族风情。六胡州起义被镇压后，唐朝将剩余部族迁于江南一带，党项人部落由此进入宥州。

唐朝后期，宥州“藩镇统领无绪”，咸通末，拓跋部大首领拓跋思恭乘机“窃据宥州，自称刺史”。此人勇武豪爽，胆识过人，平日走马射箭，斗酒酣歌，善交友，有大志，拥兵数万，他正在等待发展的良机。

当他收到鄜延节度使李孝昌发兵讨黄巢的信函后，欣喜若狂，他知道自己发展壮大的机会来了，他立即召开军事会议，确定拓跋思忠联络各部，选拔勇士，拓跋思谏负责后勤供应，拓跋思孝赴鄜州与李孝昌商议相关事宜，决定五日后集结发兵。正是："宥州儿女胆气豪，磨剑狼山飞云高。把酒高原歌大风，谁是英雄败黄巢！"

李孝昌所居的鄜州，"接壤延绥，藩屏三辅，为渭北之襟要"，是护卫长安的重要屏障。唐太宗时，曾立为大都督府，以著名大将尉迟敬德为都督。"安史之乱"时，鄜州城是渭北鄜延节度使所在地，大量的文人如杜甫、韦庄等，在此留有很多脍炙人口的诗歌。其中杜甫的名篇有《鄜州月夜》《北征》《羌村三首》等。韦庄在寒食节描写道："满街杨柳绿丝烟，画出清明二月天。好似隔帘花影动，女郎撩乱送秋千。"

三月下旬，鄜州城杨柳如烟，红花满山。鄜延节度使李孝昌在城东南的鄜畤祠旁，修筑高坛，张布陈设，单等拓跋思恭的到来。鄜畤祠是秦汉郊祀白帝的地方，附近有轩辕庙、开元坡，是鄜州城的重要历史古迹，自来香火不断。李孝昌选择这里筑台盟誓，一是说明事情重大，非同小可。二是明确目标，统一思想，统一军令。三是对天盟誓，激励将士，舍身杀敌。

三月二十五日，拓跋思恭的2万铁骑如期到达鄜州，与李孝昌合兵5万。李孝昌非常高兴，热情款待宥州将士。次日，斩杀三牲，李孝昌与拓跋思恭登台祭祀，饮血盟誓。5万大军如滚滚洪流，向坊州（今陕西黄陵县）、长安方向开去。

唐中和元年（881年）四月，唐僖宗闻知拓跋思恭起兵讨伐黄巢，十分高兴，认为是急国家之所急，救大唐于水火，忠勇可嘉，于是下诏让他取代诸葛爽，权任夏、绥、银节度使。从此，拓跋思恭成为割据一方的藩镇。

拓跋思恭有了正式的名分后，进兵武功（今陕西武功县），与凤翔节度使郑畋、义武节度使王处存、泾原节度使程宗楚、河中节度使王重荣盟誓。郑畋坐镇盩厔（今陕西周至县），唐弘夫进军渭北，王重荣驻守沙苑，王处存进驻渭桥，拓跋思恭扎营武功，形成了合围长安之势。

为了引诱唐朝围剿大军，黄巢主动撤出长安。果不其然，京城四面诸军行营副都统程宗楚等见长安防守空虚，乘机入城。此时星夜撤出、屯聚灞上的黄巢，得知城中唐军散乱无绪，立即杀个回马枪，再次攻入长安，大败唐军。拓跋思恭、李孝昌派出的援军又遭到黄巢的伏击，拓跋思恭大败，伤亡很大。

转眼到了七月，拓跋思恭、李孝昌军队经过修整后，进屯渭桥，与黄巢中书令尚让、东面行营都虞侯朱温的 2 万精骑，隔水相持。

四系瓷扁壶

（宁夏海原县文化馆藏）

尚让、朱温是黄巢手下最勇猛的两员大将，带领的军队也非常精锐。尚让本是起义军领袖王仙芝的部下，王仙芝战败被杀后，尚让率王仙芝余众投奔黄巢，成为黄巢手下一位智勇双全的名将。朱温是历史上著名的背叛黄巢投降大唐，又背叛大唐，建立后梁的梁太祖。他出身贫苦，武艺高超，作战勇猛，参加起义后，在较短的时间内从普通士兵成长为一路诸侯。他统兵时有一条铁的纪律，一队之长如作战后不归，全队问斩。这样巨大的威慑力，使得他训练的军队作战能力极强。毛泽东同志曾评价说：和曹操相比，朱温在机智奸诈方面，远胜于曹操。

一天，尚让、朱温率众强渡渭河，发起进攻。拓跋思恭命令弟弟拓跋思忠率部迎击。拓跋思忠善骑射，开弓搭箭，强力劲射，一箭射穿桥表的铁鹤。尚让、朱温所部大吃一惊，不战而退。

拓跋思忠见敌退却，跃马过桥，冲入敌阵，左右砍杀，如入无人之境。但此时的他已中了尚让、朱温的诱兵之计，刹那间，伏兵四起，万箭齐发，拓跋思忠等上千将士，纷纷中箭，倒地而死，无一生还。拓跋思恭见状，仓皇逃往鄜州，后又退回宥州。

这时的唐僖宗因为诸路兵败，士气不振，不但没追究拓跋思恭临阵脱逃的罪责，还于当年十二月，正式任命拓跋思恭为定难军节度使，统辖银、夏、绥、宥四州，督促他再次出兵。

次年正月，定难军节度使拓跋思恭率精兵八千，二返长安。宰相王铎兼任诸道行营都统，拓跋思恭任京城南面都统。四月，拓跋思恭进屯渭桥。他先去渭阳祭奠了弟弟拓跋思忠的祠堂，然后和起义军接战。

当时黄巢的猛将尚让、朱温都在外线作战，所以大仗、硬仗不多。拓跋思恭也不卖力，期待唐朝更高的待遇。唐僖宗迫于无奈，八月，又封拓跋思恭为京城四面收复都统，全权负责收复京兆长安。

拓跋思恭自二返长安以来，率领精锐与黄巢的军队周旋一年多，从京城南面收复都统升为四面都统，但由于兵力悬殊，只能与黄巢军队拉锯相持。唐中和三年（883 年）夏四月，雁门节度使、沙陀族首领李克用率兵 5 万开到长安城下，与拓跋思恭合兵攻城。

李克用率领的沙陀族兵是一支作战能力非常强的少数民族军队，它的到来，无疑给围攻长安的唐军打了一针强心剂。唐军在长安城下接连打败黄巢大军，拓跋思恭等乘机从光泰门攻入长安，黄巢一把大火烧了宫阙，仓皇出逃。

镇压黄巢起义后，唐僖宗为了表彰拓跋思恭的功勋，唐中和三年（883 年）七月，晋封拓跋思恭为太子太傅、夏国公，并且再次赐皇姓李。同时赐赠金银、玉帛以及全部鼓吹一套。这套“鼓吹”共有三架：大驾 1530 人，法驾 781 人，小驾 816 人，包括金钲、节鼓、铙鼓、大鼓、小鼓、铙鼓、羽抱鼓、中鸣、大横吹、小横吹、觱篥、桃皮、笳、笛等乐器。从此，大唐的恢宏文明，不断地滋润着党项民族，从游牧文化走向农业文明，从野蛮文化走向封建文明。

895 年，拓跋思恭病逝于任上，因儿子仁祐早死，孙子拓跋彝昌年幼，不能主事，于是由弟弟拓跋思谏继位。

（杨满忠）

统万城下 李彝超智退后唐兵

拓跋思恭死后，大唐王朝的命运也走到了尽头，代之而起的是五代十国。夏州拓跋政权为了生存和发展，先后依附于建都中原的梁、唐、晋、汉、周五朝，这五个朝代为了安定边疆，也以高官厚爵极力笼络夏州拓跋氏，只有后唐明宗时试图削藩，用兵夏州，但以失败告终，这就是下面要说的李彝超智退后唐兵的故事。

以夏州为中心的鄂尔多斯高原具有非常重要的战略地位，早在秦汉，这一地区就是北方匈奴与中原王朝角逐的战场，秦始皇派大将蒙恬驱逐匈奴，在此设置30多个县，移民屯垦实边。汉武帝时，再次将匈奴驱逐到漠北，在这一带设立朔方、西河、上郡、奢延、灵州等县，迁山东内地贫民70余万屯田安边，保卫边疆。

东汉后期，匈奴分裂成南北两大部，北匈奴西迁进入欧洲，定居于今天的匈牙利。南匈奴在五胡十六国时，建立起了两个地方民族政权，一个是沮渠蒙逊在河西走廊建立的北凉政权，另一个是赫连勃勃在鄂尔多斯建立的大夏政权。北凉的国都在姑臧（今甘肃武威），大夏的国都在统万城（今陕西靖边北）。这两个政权都是中国历史处在大分裂时，北方游牧文明与中原农业文明结合的产物，对当地的开发建设做出了重要的贡献，也为中国历史重新走向统一做了前期的准备。

赫连勃勃当时占据河套、关中后，并没有把统治中心放在长安，而是调发夷夏10万余人，花了7年的时间，在朔方水（今陕西靖边县北的无定河）

北，黑水（今内蒙古乌审旗南的纳林河）以南，修筑了一座宏伟而坚固城池，并命名曰“统万城”。

“统万城”分为东、西两城，周回10里。西城是皇城所在地，最为壮观。城墙“高十仞，基宽三十步，上宽十步”，四隅筑有长方墩台，高于城垣，西隅墩台高达三十余米，上建“九堞楼”。城的四面开门，东曰“招魏”，南曰“朝宋”，西曰“服凉”，北曰“平朔”。

为了加强军事防御，统万城的四周筑有38座马面，每个马面长约4丈，马面之间的距离六七丈，便于防守军士来回对射攻城的敌人。马面中又设仓库，以储物资，防御备战功能极强。传说监工对城墙的质量要求很高，每筑一层，就让监工用锥子刺墙，如果刺不进去，说明质量合格，如果能刺进去，就不合格，将筑城的人杀掉，并筑到城墙里面。

筑城的材料，都是用湖底的白色淤泥、砂石以及白石灰加生水融合而成，因此“色白而牢固”，“坚硬紧密如石”，“可以砺刀斧”，“砍之皆出火”，远处眺望，白色耀人，故当地人叫作白城子。

431年，赫连大夏灭亡，北魏把统万城府库财宝与人口迁至平城（今山西大同）。488年，北魏在统万城设夏州。881年，党项拓跋部大首领拓跋思恭因镇压黄巢起义有功，被唐僖宗封为定难军节度使，从此占据夏州，坐镇统万城。

后唐长兴四年（933年）二月，定难军节度使李仁福病逝，儿子李彝超自任留后（代理节度使）。李彝超上表朝廷，请求正式册封。一直担心夏州“潜通契丹”、“吞并河朔”、“南侵关中”的后唐明宗见表后，心中大喜，认为削弱乃至消灭夏州拓跋政权的机会来了。

他采用调虎离山之计，下诏李彝超和鄜延节度使安从进对调，李彝超调任鄜延节度使，安从进调任夏州节度使。并派邠州节度药彦稠、宫苑使安从益率马步兵5万，武力护送安从进到夏州上任。

后唐明宗在给李彝超的诏书中软硬相逼，迫使李彝超就范。诏书首先赞扬李仁福在后唐创立之初，就率众归附，“益全大节，统领有术”，立下了不朽功勋，惠及子孙后代。但在诏书的最后，话锋一转，以如果“从命者秋毫无犯，违命者全族必诛”。

面对唐明宗严厉如霜，居上压下，以武相逼的诏命，李彝超采取迂回拖延的办法，以等待时机。他上表朝廷：表示自己愿意奉诏到延州上任，只是“三军百姓拥隔，未遂赴镇”。唐明宗见一计不成，又派阁使苏继颜，携带诏书再次督促。李彝超深知朝廷的用意，撕破面皮，坚决不从诏命。后唐明宗龙颜大怒，立即下令药彦稠兵围夏州，武力攻取。

四月，李彝超侦察到安从进、药彦稠率兵直扑夏州，立即派遣兄长阿罗玉率兵镇守青岭门，并调兵遣将，聚集羌首，将药彦稠大军阻挡在攻芦关（即芦子关，陕北靖边县东南）下，不能前进一步。

统万城遗址

从芦关南到金明寨（今陕北安塞县南）130余里，四无水泉，交通不便，李彝超派遣党项游骑四处偷袭唐军，迫使药彦稠从芦关分拨兵力，退保金明寨。李彝超坐镇夏州，点火为号，召集游骑，骚扰唐军。

七月，安从进、药彦稠5万人马一举包围夏州统万城，昼夜攻打不息。夏州统万城城墙高大，陡峭雄伟，坚固难攻；马面稠密，敌楼巍峨，无法攻上。于是安从进、药彦稠命令官军凿挖地道，通到城内，但是由于统万城城墙地基很深，且用三合土蒸搅夯筑而成，“坚如铁石，铲凿不能入”。安从进、药彦稠无计可施，内外疲惫，十分沮丧。

这时李彝超兄弟乘势登城向安从进喊话，说“夏州这个地方非常贫穷，没有啥奇珍异宝。只是祖上世世代代守在这个地方，所以才不愿丢失。退一步说，这么一个小城镇，拿下来也没啥意思，根本不值得国家兴师动众，劳民伤财！烦请大人上奏皇上，允许李某保留藩镇，为朝廷效犬马之劳。”安从进等听了，更无斗志。

李彝超在城内率众抗击官兵的同时，还充分发挥党项民族尚武、尚掠夺的特点，命令1万多党项游骑，从四面八方抄掠安从进、药彦稠的粮道，致使官军兵无粮，马无食，处境十分危险。

不可一世的唐明宗无可奈何，文不能德服，武不能攻取，只好下诏班师。后唐官军早已人心涣散，接令后仓皇撤退，党项骑兵乘机追逐攻掠，官军丢戈弃甲，损失甚众。

李彝超在击退唐兵后，并没有与后唐彻底决裂，而是采取“依强生存”的理性原则，立即派遣使者，向唐明宗上表请罪。唐明宗下诏授李彝超为定难军节度使，落个顺水人情。

李彝超击退唐兵，在党项民族发展史上具有极为重要的意义。通过这场生死较量，拓跋政权与中原王朝的军事力量对比发生了变化。过去那种被中原王朝强大军事力量强迫就范的局面已被打破，拓跋氏依赖中原王朝生存与发展的传统观念也发生了变化，他们看到了自己的力量，看到自己作为一种势力独立发展乃至建立国家的可能性。由此可见，宋代党项崛起与建国不是偶然的。

从此以后，拓跋政权首领对中原王朝的态度也发生了根本性的转变，他一反过去俯首称臣的态度，“自是夏州轻朝廷”，“傲视中原，阴结叛臣”。中原王朝对拓跋政权的态度，也由过去把它看作是臣属小藩，转变成认为是一个相对独立的地方民族政权，不敢再下令对调，或轻易用兵，仅维持“羁縻”关系而已。

（杨满忠）

夏州内讧 李继捧入朝献五州

980年，定难军留后李继筠病故，时任夏州衙内都指挥使的弟弟李继捧继位。

李继捧继位不到一年，夏州地区发生了政治动荡。事情的原委是这样的：宋太平兴国六年（981年）八月的一天，李继捧的叔父、银州刺史李克远，因对李继捧的继位不满，与弟李克顺率兵偷袭夏州。李继捧侦察到这一情况后，在夏州附近埋伏重兵，李克远率兵到达时，伏兵四起，李克远等兵败被杀。

李克远兵败被杀，夏州拓跋氏宗族内部矛盾并没有得到解决。宋太平兴国七年（982年）三月，李继捧的另一个叔叔，绥州刺史李克文乘机挑起事端。他上书宋太宗说，“李继捧不当承袭”，请求朝廷派一皇使，和他一起到夏州，诏令李继捧离开节度使岗位，到汴京开封朝见天子。企图借宋太宗的手，拿掉李继捧。

李克文的告状，为等待时机削藩的宋太宗提供了绝好的机会。于是太宗派使节到夏州，诏令李克文权知夏州，汉官尹宪同知夏州，李继捧入朝觐见。

李继捧并不知道李克文在背后捣鬼，他不想离开夏州，因为夏州拓跋李氏自唐、五代以来，从来没有一个入朝觐见皇帝的。北宋初期，李光睿曾请求入觐，但宋太祖赵匡胤以“边防重镇”为由，婉言谢绝了。这次，宋太宗却十分积极，不请自诏，倒弄得李继捧心中忐忑不安，左右为难。此时，老奸巨猾的李克文却权欲贪心，十分着急，与宋朝使者天天催促李继捧快点起程，不要违背皇命。李继捧为人敦厚老实，强狠机变不足，无法推脱，只好

人像石碑座

（西夏陵3号陵东碑亭出土）

硬着头皮，率领家属，跟着宋朝使者上路了。

李继捧的到来，宋太宗十分高兴，在崇德殿隆重地接见，赐给李继捧“白金一千两，帛一千匹，钱一百万，祖母独孤氏献玉盘一、金盘三，亦厚赍之”。李继捧十分感激，说夏州父子兄弟矛盾重重，表示愿意献出世代居住的银、夏、绥、宥、静五州，留居京师。

宋太宗迫使李继捧入朝，留居京师，从中渔利的李克文终于如愿以偿，坐上了知夏州的位置。但李克文的知州宝座还没坐稳，又成了宋太宗下一削藩的对象。同年九月，宋太宗下诏权知夏州李克文、知绥州李克宪入朝。李克文接到诏书后，迫于尹宪大兵压境，无可奈何，只好打点行装，携老扶幼，进京朝见。同时献上唐僖宗赐给祖上拓跋思恭的“铁券”及朱书玉札，作为见面礼。

李克宪接到诏书后，拖延再三，不愿交出绥州。他对宋使袁继忠说：“李氏从来没有负过朝廷，朝廷为何连一州之地都不愿放过呢?”袁继忠劝道：“夏州归顺后，天子赐赠府第车马与金银财宝，父子兄弟不愁吃、不愁穿，享受着人间的荣华富贵。绥、银两州地处偏远，条件非常艰苦。朝廷召公等进京，就是让就大家同享富贵。”接着袁继忠又威胁说，当今李克文已离开夏州，绥州孤立无援。如果继续观望，敬酒不吃吃罚酒，朝廷大兵压境，到那时后悔就来不及了。”

李克宪“迟疑久之，乃随继忠入京”。宋太宗授李克文澧州刺史，李克宪单州刺史，并在汴京给二人各购置一套住宅。

宋太宗利用夏州内部的矛盾，迫使李继捧入朝，带有一定意义上的统一性质。宋初统一南方和灭掉北汉后，在宋辽之间只有夏州拓跋政权了，因此宋太宗把统一西北，稳定西北作为抗击辽国的一个重大的战略来实施。然而他的方略却是错误的。

党项民族已在河套一带生活300余年，虽然夏州拓跋氏政权已由游牧民族的部落酋长制逐渐变为封建农奴主，具有较高的文明程度。但它毕竟是一个带有地方性的民族政权，如果单纯利用内部矛盾，采取掐头的办法，把拓跋李氏从夏州连锅端掉，不但不能解决问题，而且还会引起一系列新的问题。

当夏州发生内讧，宋太宗通过抽梁换柱、调虎离山的手段，迫使李继捧入朝献地，接着又将坐镇夏州的李克文，坐镇绥州的李克宪调到京城。夏州蕃部群龙无首，党项部落不满汉官压迫，“相率蠢动”，同知州事尹宪缺乏冷静，贸然讨击，杀党项百余人，获牛羊万计。由此激怒了党项，导致夏州大乱。李继迁乘势而起，远走地处鄂尔多斯的地斤泽，联络豪族大姓，结好契丹，举起抗宋大旗。最终从宋朝手中夺取了银、夏、绥、宥、静五州“故土”。

在我国历史上，每当中原王朝走向统一的时候，对周边的地方民族政权，总是采取招降、安抚或者分化瓦解、武力征伐的办法。唐王朝是这样，宋王朝也是这样。唐初李世民对党项采取的刚柔相济、恩威并用的政策，毫不费力地将青藏高原党项纳入大唐的麾下。从此，党项族不断接受大唐文明的熏陶，与大唐的关系越来越亲密，陪伴着大唐走过了辉煌和艰难的历程，并在大唐安史之乱、黄巢起义的危难之际，联袂奋起，与唐王朝同呼吸共命运。但宋太宗重文弱武，小成大败，对党项民族问题缺乏研究，没有汉武帝、唐太宗以武摄政、以文修德的文治武功大战略思想，而是小处着眼，大处忽略，心机费尽，不但没有达到削弱党项的目的，反而越削越乱，越削越强，从而导致宋朝一直面临辽国未灭，西夏又起，西夏未灭，金国又起，金国未灭，蒙古又起的被动局面。

（杨满忠）

联辽抗宋　李继迁受封复故土

李继迁是唐朝镇压黄巢起义时，战死渭桥的拓跋思忠的后裔。他“生而有齿”，雄才大略，是党项民族与西夏国发展史上的奠基人。

982年，夏州节度使李继捧入朝献地，宋朝大军压境，征召拓跋李氏五服内的亲族全部进京，时任定难军都知蕃落使的李继迁也在征召之列。在党项民族政权生死存亡的紧要关头，年仅20岁的李继迁急忙招来弟弟李继冲和亲信商量对策。

李继迁沉痛地告诉大家：“我们祖宗封土平夏达三百年，父兄子弟列居州郡，雄视一方。当今朝廷诏李氏宗室进京，夏州李氏政权的根脉从此断了。”弟弟李继冲提出：“乘夏州不备，杀掉宋使，占领绥、银。”

谋士张浦则认为时机尚不成熟。一是夏州难起家庭，内部不团结，不能一致对外；二是尹宪手握重兵，随时都有可能兵临银州；三是银州兵弱，不习战斗。最后他提出：“不若走避漠北，安立室家，联络豪右，卷甲重来。”

李继迁听从了张浦的建议，决定出银州，走漠北，重起炉灶。为了掩人耳目，逃脱盘查，李继迁诈言奶妈去世，要出城送葬，并偷偷将各种武器装在棺材里，然后带领亲信数十人披麻戴孝，吹吹打打，大摇大摆地出了银州城后，戎马轻装，飞奔地斤泽（今内蒙古鄂尔多斯市的伊金霍洛旗南部一带）。

地斤泽距银州300余里，川原辽阔，水草丰美。李继迁一行到来这里，拿出先祖拓跋思忠的画像，打起恢复“故土”的旗帜，“戎人拜泣，从者日众”。从此开始了反抗宋朝，重建夏州政权的事业。

李继迁在地斤泽安顿好家室后，便开始对宋朝进行小规模的袭击。983年，率部进攻宥州，不胜而退。第二年，偷袭位于夏州西北的王庭镇，俘虏人马牛羊1万多。知夏州尹宪和都巡检曹光实十分恼火，决定以牙还牙，进剿李继迁的老巢地斤泽。九月的一天夜晚，李继迁等人睡得正香，突然宋朝数千精骑从天而降，慌乱中，李继迁与弟李继冲弃众而逃。部众被杀者500余人，损失牛羊、器械1万多，李继迁的妻子和母亲罔氏等均被曹光实俘虏。

捷报传到汴京开封，当朝宰相寇准提出将罔氏斩首，“以儆凶逆”。另一宰相吕端认为不妥，他说：“当年项羽要烹汉祖刘邦的父亲，刘邦听到后说，‘遗我一杯羹！’凡举大事者固不顾亲，何况李继迁是悖暴凶残之人。如果杀了李继迁的母亲，更坚定了他的叛心。所以，不如软禁到延州，好吃好喝养起来，以招诱继迁。虽不能招降李继迁，但总可以拴住他的心。”

宋太宗听从了吕端的建议，将李继迁之母软禁在延州，后封西河郡夫人，留养京师，至老而死，母子未得相见。

经过多次失利，李继迁害怕官军追袭，经常居无定处，在夏州北面打游击。这时的李继迁没有以前那么鲁莽了，他总结几年来的成败经验，审时度势，做出了两个战略性决策：一个是联络豪族，壮大势力，利用党项豪族的力量对抗宋朝。另一个是“联辽抗宋”，986年，派谋士张浦带着重金到契丹，请求称臣。当时宋辽战争打得正为激烈，辽朝也需要李继迁牵制宋朝，于是很痛快地接纳了李继迁，授其为定难军节度使、都督夏州诸军事，弟李继冲为副使。当年十二月，辽主答应李继迁的求婚，将宗女封为义成公主，许配李继迁，择日完婚。

李继迁的联辽外交取得了很大的成功，产生了重大的政治影响，于是群情振奋，斗志高昂，率众打响了进攻夏州的战斗。宋太宗雍熙四年（987年）春二月，李继迁采取诱敌深入的办法，假装攻袭夏州，他一边在王庭镇布置埋伏，一边故意徘徊不进。夏州知事安守忠不知李继迁是诱兵之计，还以为李继迁胆怯，以为建功立业的天赐良机已到，于是心头一热，率众3万从夏州直扑王庭镇而来。

狮子滚绣球石刻
（陕西神木太和寨党项墓出土）

李继迁沉着应战，诱敌深入，然后分割包围，大败安守忠。安守忠慌忙逃回夏州城，李继迁率兵追到城下，一举包围了夏州城。夏州城被围两个月，直到麟州知州韩崇信领大兵增援，李继迁才率兵退去。

面对李继迁的强大攻势，宋太宗采纳宰相赵普的“以夷制夷”方略，将李继捧赐名“赵保忠”，放回夏州，出任定难军节度使，利用李继捧牵制李继迁。为了笼络李继捧，太宗亲笔书写金花五色笺赐给他，又赐赏黄金千两，银器万两，锦彩两千匹。改名“赵保忠”的李继捧临行前，宋太宗设宴长春殿，又给赐赠袭衣、玉带、银马鞍等。并对赵保忠说：“如果李继迁归降，当授以高官。”

李继捧到任后，就给太宗上书说：“继迁已悔过归诚，乞赐官职以安之。”宋太宗十分高兴，认为赵保忠招降有功，就授李继迁为银州刺史，充洛苑使，但李继迁却不受诏命。当时契丹主也不答应他与宋朝和好，989 年 3 月，契丹为了稳住李继迁，将义成公主下嫁给他，并赐马 3000 匹。

这样，在夏州地区有两个节度使，一个是宋朝册封的李继捧，一个是辽朝册封的李继迁。宋朝想通过李继捧拉拢或吞并李继迁，辽朝则通过李继迁防范李继捧，牵制宋朝。

对李继捧说来，能重回夏州，当然很高兴，因此，稍有成绩就虚表朝廷。自从上言“降宥州御泥布等族”，宋太宗龙颜大悦，加特进、同中书门下平章事后，李继捧尝到了上言的甜头。从此他一会儿说“夏州马生二驹”，一会儿说“破继迁于安庆泽，继迁中流矢走”，一会儿说“破保吉（李继迁）于王庭镇”，都是小事夸大，忽悠宋太宗。

而李继迁呢？借契丹公主下嫁的声威，大兴攻伐，一会儿攻会州（今甘肃靖远县），一会儿攻夏州，寇庆州，入原州，围环州，取银州、绥州，不时献捷契丹。契丹主十分高兴，990年十二月，赐封李继迁为夏国王。

由此可以看出，宋封李继捧也好，辽封李继迁也罢，都是“项庄舞剑，意在沛公”，都是为了争夺河套地盘。但由于他们势均力敌，谁也不能把对方吃掉，这从客观上为夏州党项的生存发展提供了有利的条件。而作为夏州新主人的李继迁，在宋辽两大矛盾的冲突中，左依右靠，游刃生存，充分利用了这个“天赐”的良机。

李继迁和李继捧各事其主，明争暗斗。同时又相互联合，向辽宋讨价还价。991年，李继迁通过李继捧归附宋朝，宋太宗授李继迁为银州观察使，并赐姓名为“赵保吉”。同时，赐李继冲为“赵保宁”，授绥州团练使。

李继捧通过李继迁表附辽朝，辽授李继捧开府仪同三司、检校太师兼侍中，封西平王。李继捧与李继迁两面受封，两面获利。

李继迁虽然归附受封，但并没有放弃对沿边的攻掠。宋太宗对这种出尔反尔的做法十分恼怒，命马步军都指挥使李继隆为河西兵马都部署，进讨李继迁。

李继捧得知李继隆大兵将至，将妻儿老小藏在野外，并贡马50匹，上书说已经和李继迁解仇，请求朝廷罢兵。同时派牙将李光祚告知李继迁。太宗见到书信，怒火冲天，大骂李继捧、李继迁是狡兔三窟，首鼠两端。命令李继隆在讨伐李继迁的同时，也将李继捧（赵保忠）捉拿归案。

宋朝大兵当前，李继迁却出卖了李继捧，乘夜火并其众，携带大量物资，逃入漠中。当时，李继捧刚睡下，闻变，仓皇出逃，被自己部下李光嗣拿下，献给李继隆。

宋淳化五年（994年）四月，宋太宗下诏削掉李继迁的姓名，毁掉夏州城，将城中八千居民迁到银、绥等州。

宋太宗削掉李继迁姓名后不久，李继迁又频频向宋朝遣使求和。同年七月，遣牙校贡马。八月遣弟入朝。次年正月，遣左都押衙张浦入贡。宋至道元年（995年）三月，李继迁再次遣使宋朝，求还夏州。宋太宗自然不会答应，不过这次不是直接拒绝，而是采取五代后唐时期的办法，移镇鄜延，遣使授李继迁为鄜州节度使，李继迁因鄜州离延州太近，容易被宋朝控制，不受诏命。

李继迁用和平的方式得不到夏州，又侵略边地。宋至道二年（996年）于浦洛河截获宋朝运往灵州的40万粮草。宋太宗龙颜大怒，决定大规模讨伐。李继隆出环州，丁罕出庆州，范廷召出延州，王超出夏州，张守恩出麟州，五路齐发，直捣平夏。李继迁闻讯后逃到沙漠深处，宋军找不到主力作战，无功而还。

宋至道三年（997年）宋太宗崩驾，子赵恒即位，是为真宗。当时赵宋朝野被李继迁拖得疲惫不堪，上上下下都有与李继迁讲和的愿望，刚即位的宋真宗"故务宁静"，顺应当时的形势，答应李继迁的要求，册封其为夏州节度使，将归属宋朝达15年之久的银、夏、绥、宥、静五州之地，拱手送给李继迁。夏州拓跋政权从此进入了一个新的历史阶段。

（杨满忠）

攻取灵州　拓跋氏大张雄势

夏州拓跋部自拓跋思恭建立藩镇后，历经唐末五代，已发展成一个相对独立的地方民族政权，特别是李彝超挫败后唐军事进攻后，打破了过去依赖于中央王朝生存与发展的传统观念，拓跋部看到了自己的力量，看到了自己作为一种势力独立发展乃至建立国家的可能性。从此“夏州轻朝廷”，“傲视中原，阴结叛臣”。

宋太宗时，虽通过分化瓦解的手段，迫使李继捧献出银、夏、绥、宥、静五州之地。但这仅仅只解决了表面问题，党项民族与豪族大姓要求建立本民族政权的愿望，依然非常强烈，也就是说，政治分化和军事打击并没有解决党项人的思想问题。李继迁顺应这种要求，乘势而起，在恢复“故土”后，继续向外扩张，他要在更大范围建立党项民族政权。

李继迁要对外扩张，在更大范围建立党项民族政权，这只是内因，还需要有外因。也就是说，外部条件是否允许至关重要。当时的外部形势是：李继迁恢复的银、夏“故土”，东临黄河，渡过黄河是宋朝北方重镇太原府（今山西太原），南接防御党项重镇延安府（今陕西延安）。李继迁要渡过黄河向河东发展，或向延安方向扩张，显然是很困难的，或者说是不可能的。

银、夏的东北是大辽帝国，李继迁起兵后，采取“联辽抗宋”的战略，不但没有力量与辽朝抗衡，更不愿和他的盟主辽朝发生冲突。因此，向东北方向发展也不可能。这样就只剩下了西面的河套平原与河西走廊了。

河西的西凉吐蕃与甘州回鹘力量比较弱，河套地区的吐蕃、党项族帐，处于不相统一的分散状态，李继迁兼并起来比较容易。

最重要的是宋朝定都汴京开封，政治军事中心向东南转移，西面第一关是洛阳，第二关是潼关，第三关是唐代的首都长安，唐朝的内地灵州成了极边。宋人甚至认为灵州太远，粮草供给不上，不如“弃去灵州，退守环（今甘肃环县）庆（今甘肃庆阳）”。这种形势为李继迁攻占灵州，创造了非常有利的条件。

灵州地区（今宁夏银吴平原）是我国河套地区开发最早的绿洲，水草丰茂，生产发达，自秦汉以来就发展灌溉农业。北周时迁来大量江南人，从而“江左之风”大兴，始有“塞上江南”美誉。灵州历史最辉煌的一笔是安史之乱后，唐玄宗逃往四川，肃宗李亨在灵州登基。唐朝依托灵州大都督府，召集天下兵马，平定了安禄山、史思明的叛乱。灵州因此享誉全国，党项大首领拓跋守寂也因功赐封为灵州刺史，从此，拓跋部与灵州难舍难分，结下了不解之缘。

其实，李继迁在恢复“故土”前就开始用兵灵州了。宋至道二年（996年）初，李继迁设伏浦洛河（今宁夏盐池县惠安堡一带），截获宋将白守荣押往灵州的四十万粮草，随后合兵一万，进围灵州。

宋太宗大怒，命李继隆出环州，丁罕出庆州，范廷召出延州，王超出夏州，张守恩出麟州，五路齐头并进，会师灵州。李继迁听说五路大军分道而来，于是撤围回师，在乌池（今陕西定边县以北）、白池（今宁夏盐池县以北）一带，与宋军殿前指挥使王超，殿前都虞侯范廷召大战三日，不胜而退，灵州之围遂解。这是李继迁第一次攻灵州。

宋至道三年（997年）十月，灵州守军校尉郑美因违背军令，害怕主将治罪，叛逃出城，投靠李继迁。急于攻占灵州的李继迁如获至宝，他从郑美口中得知，灵州城防务空虚，如果发大军，完全可以攻破。于是李继迁任命郑美为指挥使，让他做向导，发兵灵州，结果在合河镇北被灵庆路副都部署杨琼打败。李继迁不甘心失败，随后又以500骑奔袭灵州城，又被宋将打败，退走30余里，才摆脱宋兵追击。这是李继迁第二次攻灵州。

鉴于前两次进攻失利，李继迁暂停对灵州的直接进攻，采取先扫清灵州外围，然后再夺取灵州的策略，相继攻陷定州（今宁夏平罗）、怀远（今宁夏银川）、保静、永州等河外五镇，以及灵州东南面的清远军（今甘肃环县境），控制灵州到原州（今宁夏固原）、灵州到环州（今甘肃环县）交通大道，以达到困死灵州的目的。

西夏彩绘佛头像
（宁夏贺兰县宏佛塔出土）

宋咸平三年（1001年）八月，李继迁侦察到陕西转运使陈纬和灵州知州李守恩从庆州往灵州运送粮草，于是设伏“瀚海”（瀚海又名“旱海”，在灵环路中段，长达700里，黄沙茫茫，人迹罕至），杀死陈纬、李守恩两位主将，截获20万粮草。

紧接着李继迁发兵5万，第三次围攻灵州。当时知灵州李守恩战死，裴济受命于危难之际，新任知州。灵州城中兵少，裴济不敢出战。外围又被李继迁扫清，成为一座孤城。李继迁采取攻而不破，围城打援的战术，屯兵险要，占据灵州周围肥沃的田土，命令军队开垦屯田，准备长期围困。

在大敌当前，灵州城危在旦夕的情况下，宋朝内部出现了两种截然不同的意见。

一是宰相张齐贤、李沆，副宰相李至，知制诰杨亿等顾命大臣主张放弃灵州。

李至认为：灵州虽地处西北要冲，但援绝势孤，不能不弃。不如把朔方军移到环州（今甘肃环县），保境息民，不失为一时的权宜之计。

张齐贤说：“灵武孤城，必难固守，徒使军民六七万陷于危亡之地。” 也就是说，灵州是守不住的，守也白守，最终要把六七万军民搭上。

李沆认为：“继迁不死，灵武终非朝廷有”。因此他提出，不如遣密使到灵州，让州将悄悄带上灵州军民南撤，李继迁得到的只是一座空城。如果这样的话，“关右之民息肩矣”。

杨亿也提出“废弃灵州，退保环庆”，然后设计来困李继迁。

二是主张固守灵州，理由有四。

第一，“灵州乃必争之地，苟失之，则缘边诸郡皆不可保”，后果不堪设想。

第二，灵州地方千里，表里山河，自来是放牧耕战的好地方，一旦被李继迁占领，必酿大患。

第三，灵州界于鄂尔多斯高原与河西走廊中间，将夷狄（凉州吐蕃、甘州回鹘与鄂尔多斯党项）一分为二，如果灵州失守，夷狄合二为一，宋朝就无法控制了。

第四，宋朝的军用马匹主要从河西地区购买，李继迁攻占灵州，控制河西吐蕃与回鹘后，就截断了宋朝买马的后路。

在一番争议之后，犹豫不定的宋真宗最后拍板，决定守灵州。宋真宗决定守灵州，除了上述原因外，还有一个不可告人的原因，那就是大宋皇朝的面子。堂堂大国，竟然放弃边疆重镇，这是无法向祖宗交代的，更无法向国人交代。于是宋真宗任命马步军都虞侯王超为四面行营总管，统兵六万增援灵州。

一个在守灵州还是弃灵州的问题上犹豫不定的朝廷，它所派出的援军，自然不会是气吞山河的必胜之师。因此大军出发后，一路虚虚掩掩、磨磨蹭蹭。

这时李继迁已切断灵州粮道，灵州与世隔绝，危在旦夕。知州裴济咬破手指，写下十万火急的求救血书，派人送出城外求援。但宋朝的援军就是迟迟不到。灵州遂被攻陷，知州裴济战死，以身殉职。

如果宋朝真正认识到灵州的重要性，真正想守灵州，即使被李继迁攻占，也会派大军夺回的。遗憾的是宋朝没有这样做，从这个意义上将，灵州的失守，与其说是李继迁的攻占，倒不如说是宋朝自己拱手相让。

宋太宗在处理周边少数民族问题上，犯了一个极为严重的政治错误，那就是以消极守成的视野，来看待游牧民族及其文化，没有把英勇善战的党项民族积极地吸纳为抗辽的生力军，而是猜忌、分化、瓦解，结果犯了“才不为我用，必为敌资”，“民心不为我用，必为敌用”的错误，最终导致西夏迅速崛起。

李继迁攻占灵州的第二年（1003 年）正月，将都城由夏州迁到灵州，迈出了向西发展战略的第一步。为日后攻占河西，南逼关中，定都兴庆府，建立西夏国，奠定了坚实的基础。

灵州之战是李继迁由弱变强的转折点，李继迁占领灵州如虎添翼，成为强敌。宋朝失去灵州，夷狄合二为一，对西夏军事形式由主动变被动，疲于奔命。

（杜建录）

曲线救国　李德明附辽和宋

李继迁在向河西走廊扩张的战争中，中了当地吐蕃族大首领潘罗支的诈降计，被流箭射伤，逃回西平府（今宁夏灵吴平原境内），救治了一个多月后，因伤势过重，抢救无效逝世。这是发生在宋景德元年（1004年）正月的事。

李继迁死后，儿子李德明在父亲的灵柩前，自封为夏州定难军留后。为什么说他是“自封”的呢？因为多年以来，李继迁采取的政策是联辽抗宋，西夏官员的职务、爵位都是由辽朝任命和分封的。现在，李德明接任父亲的官职，没有经过辽朝的一纸公文，就宣布自己为定难军留后，所以说他是自封的。

李继迁在他伤势日重、命在旦夕之时，对身后之事也做了一些安排。他把儿子李德明叫到身边，叮嘱道：“我死之后，你要尽全力请求归附宋朝。如果一次上表不同意，就再次上表，即使一百次还不同意，你也不要停止。”他还交代自己的亲信张浦等人：“你们和我一起征战多年，情同手足。我自幼生长在兵间，历尽艰苦。而今以灵夏之众，虽不能和宋辽抗衡，但只要你们尽力辅佐，见机行事，还是可以保住旧业，为祖先争得荣光。如果能够这样，我也就没有什么遗憾了。”

这就是李继迁的临终遗嘱。然而，这番遗嘱听起来似乎有些离奇，不像是李继迁的意思，它和李继迁一贯的思想和做法简直是大相径庭。

二十二年前，李继迁亲眼看着本家哥哥李继捧被宋朝逼着交出银夏五州之地，他自己则率家人前往开封的时候，愤然出逃，举旗抗宋。二十二年来他一直想着光复祖业，扩大领地，为什么临终时却一反常态，反而劝说儿子去投降宋朝，做宋朝的顺民呢？

其实，这正是一个政治家的审时度势，临机应变。

李继迁临死时，对身后之事已有一些预测。他对形势看得很清楚，他死之后，西夏将面临“国危子弱”的局面。那么，在夏州危急之时，宋朝会不会乘人之危，出兵前来攻打？河西走廊的吐蕃、回鹘人在他活着的时候，就多次到夏州境内抢掠他的人口和牲畜，甚至还扬言要打过贺兰山来，他死了难道就不会来欺负他的儿子？李德明虽然从小跟着他在军中厮杀，也立下过战功，但毕竟年纪太轻，那些身经百战、勇猛剽悍的党项首领是否愿意服从他的领导，心甘情愿地跟着他的指挥棒转？

李继迁的担心，在他死后得到了验证。

西夏与宋朝接壤的一些党项部落首领见李继迁死后，李德明没有得到辽朝的册封，便对他产生了怀疑。加上宋朝此时在边境上到处张贴布告，收买党项部族，说是凡带领部族归顺的人，授给团练使之类的官职，并且赏赐大量银两、绢帛。这样一来，党项万山、万遇、妙娥等沿边部落的首领便带领部族投向宋朝。

驻守在宋朝西北边境的镇戎军（今宁夏固原）知军曹玮得到李继迁死亡的消息后，认为这是铲除党项藩镇势力的大好机会。他给宋真宗上书建议：“李继迁横行二十余年，使国家有西顾之忧。现在他们国危子弱，如不及时扑灭，待日后更加强盛，就不可制服了。臣愿借精兵，出敌不意，生擒李德明，送到殿下。”

河西吐蕃大首领潘罗支听到李继迁的死讯，欣喜若狂，他邀约回鹘部族首领，预备集结精兵，直抵贺兰山下，征讨西夏。潘罗支还让自己的哥哥邦逋支到开封，向宋朝搬兵。

此时的宋朝，新皇帝真宗即位不久，不敢轻举妄动。他实行的是从宋太宗时就开始的“守内虚外”政策，以“安定国内”为主要方略。在接到各方来报之后，经过反复思量，宋真宗做出了一个令各方都想象不到的决定。他既没有采纳曹玮的意见，也没有理睬潘罗支的请求，反而派人去通知驻守延州（今陕西延安市）的张崇贵，让他赶快设法与西夏联系，提出了议和的愿望。宋真宗想用官爵名位和金钱来收买李德明，以达到息战安民的目的。

宋真宗的息事宁人政策，恰好给了李德明一个喘息的机会。当然，也给宋朝留下了一个无法弥补的遗憾。

此时的李德明，虽然只有二十三岁，但他并不像人们所想象的那样是一个“弱子”。据史书记载，李德明“精天文，通兵法”，“深沉有气度，多权谋”，从小就跟着父亲南征北战，马背上厮杀，军营中长大。十七岁时，小小的年纪就担任了夏州定难军行军司马。在攻打宋朝清远军时，李德明亲自领兵攻城，“湮壕断堑以战”，围城七天七夜，直打得宋军粮尽援绝，开门献城。

李继迁死后，李德明并没有按照父亲的遗嘱，马上与宋朝议和。他心中另有主张。他召集将领们说：“按照先王的遗命，现在应该立即上表求和。但是如果那样的话，降得太容易，人家就会轻视我们。现在，我想先发兵收复西凉，重振国威。”行军司马保宁建议说：“自从西凉吐蕃潘罗支扰乱我们，先王被害死，部众受到惊吓而产生怀疑，如果不借助辽朝的威令震慑部众，恐怕人心难以稳定。”听了他的话，李德明觉得言之有理，于是决定一面派保宁赴辽朝为自己请求册封，一面发兵河西走廊，亲自率兵攻打潘罗支。

当西夏政权面临危机之时，李德明为什么首先选择攻打潘罗支呢？这是有原因的。党项人好勇尚武，复仇心理极强，他们的习俗是有仇必报。早在青藏高原居住的时候，当党项部族受到外族侵害时，就会男女老幼一齐上阵，打架斗殴，放火烧房。史书上记载：“尤重复仇，若仇人未得，必蓬头垢面，跣足蔬食，要斩仇人而后复常。”即使是那些没有能力报仇的人，也要招集妇女，吃饱喝足后，成群结伙地赶往仇家，放火烧毁仇家的房屋。如果双方的怨仇得到了和解，便要举行一个盟誓仪式，将鸡、猪、狗血和酒掺在一起，倒入髑髅杯中共饮，发誓说：“若复报仇，男女秃癞，六畜死，蛇入帐。”

如今，夏王被杀，父亲被害，这不仅是李德明的仇，也是党项族人的仇，如果不报这个仇，不仅本族人会瞧不起李德明，不服气他的领导，就连吐蕃、宋朝也会瞧不起他。

因而，李德明决定攻打潘罗支。他派人说服潘罗支属下的党项部落首领，让他们做内应，在暗中协助自己；然后在潘罗支毫无防备的情况下，率精兵突然攻入西凉，杀死潘罗支，占领了西凉府。

报了杀父之仇后，李德明才将父亲安葬在贺兰山下。

就在这年的十二月，中国历史上又发生了一件大事：宋朝和北方的辽朝达成了和约。

自宋太宗以来，宋辽两国战事不断，先是宋朝于 979 年和 986 年两次主动北伐，失败后战争主动权转到辽朝手中。此后辽朝几乎每年都要向宋朝发起攻势。

1004 年，辽圣宗和萧太后亲率 20 万大军，发动了有史以来规模最大的一次进攻。辽军一路南下，如入无人之境，径直来到与京城开封仅有黄河之隔的澶州，也叫澶渊（今河南濮阳）。宋真宗被逼无奈，亲赴前线督战。此时的宋辽两军，实力相差并不很大，一时之间谁也吃不了谁，两军在澶渊形成了对峙之势。不久，远道而来的辽军见相持之势对自己不利，于是产生了讲和之意。这对胆小怯懦的宋真宗来说，真是求之不得的事。他巴不得辽军赶快退兵，于是赶忙表示同意议和。很快双方就订立了和约，约定宋每年给辽 10 万两银、20 万匹绢，双方各守疆域，两个皇帝互称兄弟，两国结为兄弟之国。这就是历史上的“澶渊之盟”。

宋辽“澶渊之盟”的订立，给宋、辽、夏三角关系带来了深刻的影响。多年来，李继迁能够同宋朝抗争，主要依赖的是辽的支持与帮助。“澶渊之盟”后，宋辽结好，夏辽攻宋联盟便遭到破坏。没有辽的支持，西夏如果再对宋发动战争，就只能是孤军奋战，必将陷于孤立无援的境地。再说，宋辽结盟后，辽不再牵制宋的兵力，宋就可以腾出手来专力对付西夏。因此，“澶渊之盟”的订立，对危机四伏的西夏来说，犹如雪上加霜，形势愈加不利。

契丹文钱币

然而，事情的发展并不是像人们所担心的那样。宋真宗这个皇帝是个息事宁人的老好人，他觉得每年花一些银两和丝绸，就能买来国家的安宁与和平，这真是太划算了。于是，他想用这种方法解决西夏问题。他将驻守延州的张崇贵召回宫中，面授机宜。为了使和谈顺利，他还给沿边蕃部和军队打招呼，如果西夏不出兵侵扰，千万不要派兵出境，以防激怒他们。

眼见得自己的盟友辽与宋朝议和，如今宋又主动提出要与自己议和，李德明清晰地看到，这正是打破宋朝“以夷制夷”方略的一个好机会。

多年来，由于宋朝对西夏采取“以夷制夷”的方略，用官爵、金钱收买河西吐蕃及西夏周边的少数民族割据势力，和他们结成联盟，攻伐、逼压西夏。李德明的父亲李继迁之死，正是这种“以夷制夷”方略的结果。此时的李德明想到，如果与宋朝议和，既可以走出目前的困境，又可以从宋朝那里得到急需的资金和物品，更为重要的是，可以打破宋朝和河西吐蕃及沿边各族结成的攻夏联盟，为自己出兵攻打河西创造条件。这不是一箭双雕，而是一箭多雕啊！

想到这里，李德明找来谋士张浦商议：“现在，我们的军队已经收复西凉，国威已振，请求议和，这正是时机。”于是，派牙将王旻捧着和表，携带贡品，赴开封求和。

宋真宗见到西夏的使臣，心中很是高兴。他赐给王旻锦袍、银带，好好地招待了一番，随后又派使臣带着诏书，前往西夏答礼。

也就在此时，辽朝的使臣萧承德正手持节杖，带着封册、钱物来到西夏，册封李德明为西平王。辽对李德明的册封，壮大了李德明的声势，加重了李德明与宋朝讨价还价的砝码。

经过一年多的你来我往，宋夏双方互派使臣，讨价还价，最终于宋景德三年（1006 年）九月，正式签订了和约：宋朝任命李德明为定难军节度使，封爵西平王，食邑六千户，实封一千户；赐袭衣、金带、金勒鞍马，并赐银万两、绢万匹、钱二万贯、茶二万斤；发给李德明与内地节度使相同的薪水；准许夏人进入内地贸易往来；撤销对夏州青白盐输入内地的禁令。

与此同时，宋朝要求西夏做到七件事：1. 归还灵州领土；2. 居地限于平夏范围；3. 派遣子弟宿卫京城，即送亲属做人质；4. 送还被俘的宋朝官吏；5. 解散蕃汉军队；6. 释放被俘的宋朝兵民；7. 如果边境发生纠纷，要服从宋朝政府的处理。

对于宋朝提出的七个条件，李德明只同意了五条，其中有两条坚决不同意。一条是归还灵州领土，另一条是送子弟到京城做人质。他的借口是："先祖没有过这样的故事。"结果宋朝也没有办法，只好采取对应措施，取消允许夏人进入内地贸易和西夏青白盐在沿边内销两个条款。这便是宋夏"景德和约"。

"景德和约"是历史上宋夏签订的第一个和约。自从这个和约签订之后，宋夏之间二十多年没有发生过大的战争，双方都有了一个相对和平的环境，给了老百姓一个短暂的休养生息的机会。

（张　灵）

占领河西　西夏国稳固根基

西夏自李继迁开始，就确立了向西开拓的战略方针，先是攻占灵州，接着采取声东击西的战术，扬言出兵环庆，而暗地里发兵西凉府（今甘肃武威市），打败西凉吐蕃潘罗支。正当李继迁攻取凉州，踌躇满志之时，潘罗支乘其不备，在李继迁返回西平府途中设下埋伏。李继迁被流箭射中，回到灵州后，因伤势过重，不久去世。二十三岁的李德明在父亲的灵柩前继位。他审时度势，对外和好辽宋，全力向西，“西掠吐蕃健马，北收回鹘锐兵”。1032年李德明死后，其子李元昊继续向西用兵，最终占据整个河西走廊。

李德明刚一继位，以报杀父之仇为名，发兵凉州吐蕃。他先策反凉州吐蕃政权内部的党项族，里应外合，一举杀死凉州吐蕃大首领潘罗支，再次占领凉州。凉州吐蕃潘罗支政权灭亡，一部分族帐投奔河湟地区的吐蕃唃厮啰政权。

凉州吐蕃潘罗支政权灭亡后，甘州（今甘肃张掖市）回鹘乘机发展起来。不久，从李德明手中夺取了凉州，这时河西走廊西端的瓜州（今甘肃瓜州县）回鹘与沙州（今甘肃敦煌市）汉人曹氏政权均依附于甘州回鹘。甘州回鹘一时声名鹊起，成为李德明、李元昊父子占领河西走廊最大的障碍。从1008年到1026年，李德明同回鹘展开了六次争夺甘州的战争，每次都遭到失败。李德明因此同回鹘结成世仇。1028年，李元昊已长大成人，李德明经过了充分的准备，派李元昊带兵去攻打甘州，李元昊一战告捷，攻破甘州，甘州回鹘可汗夜落隔仓皇出逃，留在城中的后妃子女家属都被李元昊虏获。甘州首战成功，深得李德明欢心，李元昊被立为太子。

李元昊攻取甘州后，驻守凉州的回鹘人就失去了大本营。李元昊又采取声东击西的战术，将宋兵吸引到环庆一带，又使回鹘失去戒备，然后出奇兵突袭凉州，回鹘人弃城而去，投奔河湟吐蕃唃厮啰。

李元昊占领甘、凉二州后，河西走廊西部的肃州和瓜、沙二州失去了屏蔽。当甘州城危时，隶属于甘州回鹘的瓜州王曹贤顺带兵来援，兵至甘州，城已被李元昊攻破，曹贤顺见李元昊兵强马壮，表示愿率部归附。李德明接受了他的投降，因为战线太长，李德明没有直接派兵占领瓜州，而是让曹贤顺返回瓜州，继续做他的瓜州王。

李元昊继位之初，忙于同吐蕃唃厮啰作战，也没有时间过问沙州。直到1036年，才率军攻占瓜州，直取沙州，又回师占领肃州（今甘肃酒泉）。这样，李元昊便完全控制了河西走廊，结束了甘州回鹘的统治。

在基本占领河西走廊后，李德明父子又把向西开拓的重点转移到吐蕃唃厮啰政权控制的湟水流域。唃厮啰，本是一个人名，吐蕃语意为“佛子”，为吐蕃赞普后裔。由于唃厮啰有这样的背景，被宗哥城（今青海西宁市东）僧人李立遵和邈川（今青海乐都）大首领温逋奇拥戴为王，建立了一个拥有数十万居民的地方封建政权——吐蕃唃厮啰政权。

1032年，李元昊继位之后，宋朝想利用唃厮啰的势力牵制李元昊，封授唃厮啰为宁远大将军，温逋奇为归化将军。第二年又任命唃厮啰为保顺军节度观察留后。李元昊为了解除后顾之忧，在河西走廊战事还没有结束前，又发动了对河湟吐蕃的进攻。

这一年七月，李元昊派大将苏奴儿带兵五千进攻猫牛城（今青海西宁东北），被吐蕃击败，苏奴儿被俘。李元昊听到消息后，于九月亲自带兵远征，再次围攻猫牛城，攻了一个多月，硬是打不下来。于是李元昊派人向吐蕃守将诈称约和，骗开城门后，李元昊纵兵蜂拥而入，对城内居民残酷屠杀掳掠。

1035年，唃厮啰内部发生叛乱，李元昊乘机出兵包围青唐城（今青海西宁市）。唃厮啰派安子罗领兵十万，截断李元昊退路。战斗十分激烈，安子罗快支撑不下去了，李元昊更是困难，粮草供应不上，士兵饥饿而死者越来越多。李元昊只好撤退，部队渡宗哥河（今湟水）时，慌不择路，争先恐后地跳入河中，被河水冲走淹死者不计其数。

宗哥河之败使李元昊十分恼火。同年十二月，又亲率大军进至河湟。唃厮啰自知寡不敌众，屯兵鄯州（今青海西宁境内），不出来迎战。李元昊主动进攻，这次他接受上次教训，渡河时，在水浅的地方插标识为记，作为退路。这些被唃厮啰的细作侦察得一清二楚，暗中使人把渡河标识移到深水处。李元昊对唃厮啰的进攻惨遭失败，士兵争相逃命，到达河边，寻找浅水标识渡河，不料误入深水，士兵溺水而死者十有八九，失去辎重无数，只有为数不多的残兵败将保护李元昊逃回。李元昊又一次败于唃厮啰，从此，再不敢轻易涉足其境。

第二年（1036年），当李元昊击败甘州回鹘，完全占领河西走廊，准备对宋用兵时，他担心宋朝利用河湟吐蕃抄自己的后路，于是带领大军攻破兰州吐蕃族帐，进军马衔山（今甘肃临洮县北），在瓦川会（又作凡川会）修筑城寨，留兵镇守，以隔断吐蕃与宋朝的交通。

西夏黑釉刻字瓶
（上海博物馆藏）

1038年李元昊称帝建国后，宋朝想利用河湟吐蕃以牵制西夏，任命唃厮啰为保顺节度使，遣使臣出使青唐，要求唃厮啰从背后攻击西夏。唃厮啰只是口头答应出兵攻凉州，没有具体行动。1040年宋朝又派刘涣出使青唐，唃厮啰给予热情接待，但仍没有实质性的行动。

西夏国的疆土由三大板块组成，按照占领的先后顺序，第一块是以夏、绥州为中心的鄂尔多斯，第二块是以兴、灵州为中心的河套平原，第三块是以甘、凉州为中心的河西走廊，这三大板块是一个有机的整体，缺一不可。如果把西夏比喻成一只猛虎，那么，夏、绥就是虎首，兴、灵是虎腹，甘、凉是虎尾。清代史学家吴广成对此评论说：有兴、灵州则绥、宥之势张，得甘、凉则兴、灵之根固。西夏立国基础从此奠定。

（杜建录）

登基开国　李元昊成就霸业

李德明与宋朝缔结和约之后，表面上臣服宋朝，接受宋朝封给他的定难军节度使、西平王等官爵，暗地里却不动声色地为称帝建国做准备。

1010年，他役使民夫数万人在鏊子山（今陕西延川县西）修建了庞大的宫殿，宫室“绵亘二十余里，颇极壮丽”。李德明出行时，“大辇方舆，卤簿仪卫”，俨然是帝王气派。每逢宋朝的使者来夏州时，李德明便撤下宫殿题榜，放在廊下，等使者刚一离开，马上更换红褐色的袍子，鸣放鞭炮，由鼓乐引路回到宫中。

他还仿照帝王之制，追认父亲李继迁为太祖，庙号武宗，册立儿子李元昊为太子，立李元昊的母亲卫慕氏为皇后。

同时，他还用谶纬迷信为自己铺路搭桥。一天，有人给李德明报告，说在怀远镇（今银川市）北边的贺兰山温泉山上看见了龙。李德明说这是祥瑞之兆，立即派人前往怀远镇去祭祀，随后他取飞黄腾达之意，升怀远镇为兴州，大兴土木，修建宫殿。1020年，将都城由西平府（今宁夏灵吴平原境内）迁往兴州（今宁夏银川）。

宋明道元年（1032年）十月，正当李德明称帝立国的各项准备基本就结，即将登上皇帝宝座时，却突然因病身亡，终年51岁。

李德明死后，儿子李元昊接替了父亲的职位。这一年，李元昊29岁。宋朝在接到表章后，任命李元昊为特进、检校太师，侍中、定难节度使、夏绥银宥静等州观察处置押蕃落使，并封他为“西平王”；与此同时，辽朝也封他为“夏国王”。

李元昊这个人，和他的父亲李德明不大一样，他桀骜不驯，野心勃勃。他的父亲去世后，宋朝派工部郎中杨告前往兴州为李元昊颁发任命诏书。宋朝的使团来到兴州后，李元昊故意拖延着不去迎接，宋使向他宣读宋仁宗的封授诏书时，他只是远远地站着，不肯跪拜。在杨告的再三催促下，李元昊才勉强地跪下接诏。拜完后起身对身边的臣僚说：“先王真是大错，我们有这样的国家，还要向别人称臣跪拜！”他在设宴招待宋使时，故意把自己的席位设成上座，在杨告委婉地劝说下，才按接待天子使节的礼仪设座。

李元昊不愿向宋称臣，并不是从继位时开始的。少年时，他就对父亲向宋朝称臣而感到屈辱，多次劝说父亲不要臣服宋朝。他曾对父亲说：“从宋朝所得来的俸赐只归我们自己使用，可是我们的部落又实在很多，都非常穷困。如果失去众人，我们用什么来守邦土？不如练兵习武，断绝朝贡，小则可以掠夺财物，大则可以侵占疆土。上下俱丰，我们有什么舍不得呢？”

听了李元昊的话，李德明觉得儿子年纪太轻，还不懂得“识时审务”的重要性。于是，他告诫儿子：“我多年用兵，已经疲惫了。我族三十年穿锦绮衣裳，这是宋朝的恩惠，不可忘恩负义啊！”

父亲的话，让李元昊十分生气：“穿皮毛衣裳，从事畜牧业，这是我族的习性。英雄之生，当作霸王，怎么能够只是为了穿锦绮衣裳呢！”

李元昊从小就爱读兵书，长大后他桌上常放着法律书籍，出征打仗时身边常带着《野战歌》《太乙金鉴诀》等兵书。他常常穿一件白色的长袖衫，头戴黑冠，身佩弓箭。每逢出行的时候，常骑一匹骏马，前面有两名旗手开道，身旁有侍卫打着青色伞盖，后面跟随着百余骑兵，耀武扬威，气势非凡。

边境上有关李元昊相貌、气度和故事的传说很多，宋朝驻陕西沿边的大将曹玮听了以后，很想亲眼一睹李元昊的风采。他派人四处打探李元昊的行踪，听说李元昊经常到沿边的榷场来转悠，便等在那里，希望能见上一面。谁知，他等了几回都没有遇见，就派人暗中画了李元昊的像拿来。一看见画像，曹玮惊呼一声：“哎呀，真是英雄人物也！”

当时边界上还传说这样一个故事，说李元昊13岁那年，李德明曾派人赶着马匹去宋朝换物品，由于换回来的东西获利不大，李德明就很生气，一怒之下要将这个人杀了。周围的人很害怕，都不敢出来劝阻，只有李元昊站出来对父亲说："我们党项人本是骑马民族，你用战马去资助邻国，这已经失策了，现在却还要因为货物而杀人。这样的话，谁还愿意为我们做事呢？"

听了这个故事，曹玮的心中产生了忧虑。他想，这么小的孩子就在想着用人的事情，此人心中必定存有异志。他担心地说："日后李德明死了，这个儿子必定是宋朝的大患。"

曹玮的担心果然变成了现实。父亲一死，唯一的约束消失了，李元昊加快了立国的准备工作。

1. 改姓氏。他首先下令去掉唐、宋所赐的李、赵姓氏，改姓"嵬名"，改名"曩霄"。他以避父亲的名讳为借口，改宋明道年号为显道，将宋明道二年（1033 年）改为西夏显道元年。从这之后，西夏开始使用自己的年号。

2. 秃头发。西夏显道元年（1033 年）三月，李元昊颁布"秃发令"，规定境内党项人一律不准使用汉人发式。他率先剃去自己顶上的头发，并且穿耳戴重环。命令国人三日内一律秃发，凡有不服从命令的，许众人共杀之。

西夏鎏金铜牛

（西夏陵陪葬陵出土）

3. 定服饰。李元昊在服饰上也做了新的规定，他按照党项民族崇尚白色的习俗，参照吐蕃赞普和回鹘可汗的服制，为自己设计制作了白色窄衫和后垂红色丝带的红里毡冠。他规定，文武官员穿紫色、红色的衣服，平民百姓穿青色、绿色的衣服，以颜色来区分人的等级贵贱。

4. 建都城。升兴州为“府”，改名为“兴庆府”。大兴土木，“广宫城，营殿宇”，新建成的府城四周有护城河，河宽 10 丈。规划布局，建筑模式，处处仿照唐都长安和宋都开封。就连城门也要像唐宋都城一样，用“光化”、“南薰”等名字来命名。

5. 立官制。李元昊仿效宋朝设立了中书省、枢密院、三司、御史台、开封府等一套完整的官制。中央官员从中书令、宰相、枢密使等以下，党项人和汉人都可以担任。

6. 革礼乐。党项民族兴起之初并无礼乐制度，自归属唐朝后，才开始学习尊卑跪拜的礼节。李元昊认为蕃俗以忠实为先，战斗为务，唐宋缛节繁音，不足为法。于是简化了礼乐制度，改礼仪九拜为三拜，改乐之五音为一音。

7. 设军区。在整治朝纲的同时，李元昊对西夏的兵制进行了重大改革。把全国划分成左右两厢，设置了 12 个“监军司”，相当于现在的 12 个军区，后来增加到 18 个，以 7 万人护卫首都兴庆府，5 万人镇守西平府，5 万人驻守贺兰山，10 万人防宋朝，7 万人防辽朝，3 万人防守河西吐蕃和回鹘。总兵号称 50 万。

8. 创文字。李元昊在立国的进程中，还做了一件伟大而留名千古的事情，那就是创制了西夏文字。党项族虽然有自己的语言，却没有文字，过去一直使用汉字。李元昊认为，只有自己独有的文字才能建立本民族的文化。于是，他下令大臣野利仁荣创制西夏文字，并在朝中专门设立了学习西夏文的“蕃学院”，选拔优秀子弟入院学习，还把国中通行的文告、诰牒，以及一些佛经、汉文书籍，全都翻译成西夏文字。

李元昊用了整整 6 年时间，改革政治军事制度，清除内忧外患，完成了称帝立国的最后准备。西夏大庆三年（1038 年）十月的一天，李元昊在野利仁荣、杨守素等大臣的簇拥下，在兴庆府南郊戒坛祭拜天地，然后登上皇帝的宝座，受册称帝，接受群臣的拜贺。定国号为“大夏”，全称为“白高大夏国”，西夏语发音为“邦泥定国”。李元昊自号“大夏世祖始文本武兴法建礼仁孝皇帝”，简称为“大夏皇帝”，改年号“天授礼法延祚元年”，表明自己受命于上天。

接着群臣奉册为祖宗上谥号，追谥祖父李继迁为“神武皇帝”，祖母野利氏为顺成懿孝皇后，父亲李德明为“光圣皇帝”，母亲卫慕氏为惠慈敦爱皇后。立妃子野利氏为宪成皇后，立儿子宁明为皇太子。

登基仪式结束后，李元昊在蓬子山检阅了士兵。他派使臣上表宋朝，要求宋朝承认夏国，并且册封帝号。

（张　灵）

人造天书　西夏文通行境内

西夏文字是李元昊称帝前夕，授意著名学者野利仁荣创制的一套专门用来记录党项民族语言的文字。这套文字在当时被称为“国字”或“蕃书”，现在的中国学术界称之为“西夏文”，部分外国学者称之为“唐古特文”。西夏政权灭亡后，随着时间的推移，党项族逐渐同化于邻近的民族中，作为一个民族，在明清之际慢慢地消失了，被党项人使用的西夏文字也渐渐成为无人可识的死文字，向有“天书”之称。那么，这种“天书”究竟是怎样创造出来的，到底是一种什么样的文字呢？

在西夏立国前，党项族长期没有记录本民族语言的文字，日常和书面交际都使用汉文。李元昊继位后，西夏已囊括整个河西走廊，俨然成为一个泱泱大国。于是李元昊不再满足于像其父辈那样关起门来偷偷摸摸地做皇帝，决意公然称帝。但既要与宋辽平起平坐，三分天下，在各国之间表奏往来时若无自己的文字，岂不自显低人一等？创制一种作为党项族表征的文字势在必行。

然而，对整日忙于建国大业和军事征讨的李元昊来说，哪有时间去亲自创造这样的文字？他想到了学贯蕃汉，堪称西夏第一文士的野利仁荣。此人对中国文化典籍非常精通，是西夏王朝建立初期各种典章制度的参与者和谋划者，李元昊一向视为知己，与之无话不谈。李元昊找来野利仁荣，一番酝酿，君臣二人很快达成了关于创制新文字的设想与规划，决定借鉴汉字笔画、构造，而不袭用现成的汉字，尽量避免与汉字雷同的方法，创制自己的文字。

最后李元昊对野利仁荣叮嘱道：“创制新的文字是西夏立国的一个基本条件，这副重担就交给您了，望先生不负众望，早日成书。”

野利仁荣辞别李元昊后，独上高楼，闭门谢客，潜心造字，终于在西夏大庆元年（1036年）演绎出了十二卷西夏字。新文字颁布时，李元昊下令尊为“国字”，所有公文均用西夏文字书写，群臣上表敬献颂词，举国欢腾，并改广运三年为大庆元年以示庆祝。

为了推广西夏文字，野利仁荣派弟子到民间教习传授，帮助他们使用西夏文字记事。他自己也不辞辛劳，亲自到过很多重要场所传授、解惑。野利仁荣为西夏文化事业的开创和发展做出了不朽的贡献，死后李元昊曾三次前往哭吊，给以厚葬，赠为富平侯。1162年，仁宗李仁孝又追封野利仁荣为广惠王。

西夏官府和民间非常重视西夏文的研究、传播与学习，西夏文创制后，相继编纂出版《文海》《同音》《义同一类》等西夏文辞书和夏汉对音对义词典《番汉合时掌中珠》，这些工具书都保留了下来，成为今天解开西夏文字之谜的钥匙。

西夏文是仿照汉字创造的，在形体上借用了汉字的基本笔画，如点、横、竖、撇、捺、拐、提等，并将它们组合成一些类似汉字偏旁、部首的“字素”，再把这些字素拼合成结构功能、形体特征都类似于汉字的方块字。因其偏旁、部首都是利用汉字笔画另造的，虽然形体极像汉字，但六千多个西夏字没有一个与汉字相同的。

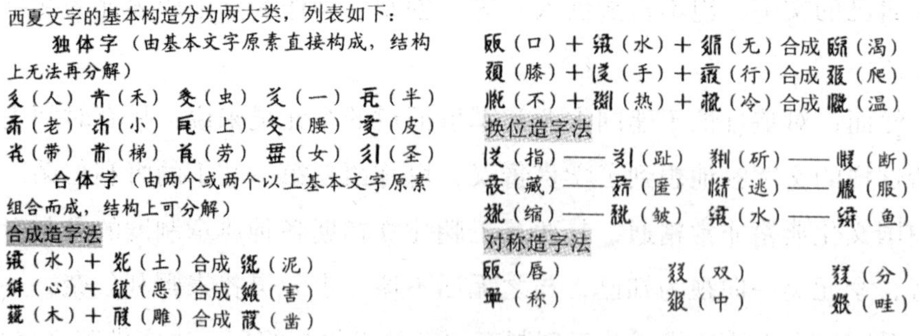

西夏文字创制规律表(部分)

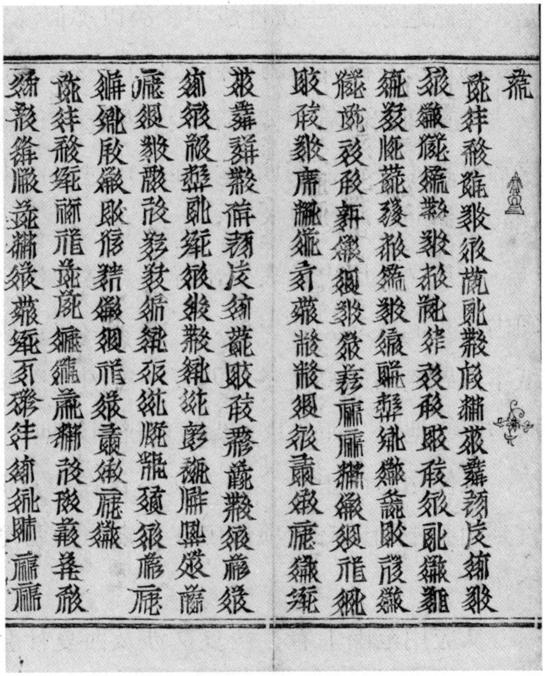

西夏文《大方广佛华严经》卷第十一

（国家图书馆馆藏）

在文字构成上，西夏文可分单纯字和合体字两大类。单纯字笔画较少，无法再进一步分解成更小的单位，可独立地表示与原字相关的音和义，是构成合体字的基础，这类字较少。如乡（人）、夋（虫）、肯（禾）等。合体字占绝大多数，可分为合成字、互换字和对称字等。合成字包括会意合成字、音意合成字和反切合成字等。会意合成字是由两个（少数是由三个或四个）西夏字各用其一部分或全部组合成一个新字，其字义也是由这些西夏字的字义所合成的，类似于汉字的会意字。如𦈢（泥），由綫（水）加𦀉（土）合成。

音意合成字是由两个西夏字各用其一部分或全部组合成一个新字，一个字起标音的作用，与新字读音相同或相近；一个字起表意的作用，与新字字义有关，类似于汉字的形声字。如禨（观察），由䄍［那］加䋴（看）合成。

反切合成字由两个西夏字各用其一部分或全部合成，其读音则由第一个字的声母和第二个字的韵母拼合而成。这类字多用于标注汉姓、地名、真言的译音。如蕔（汉姓）［栾］，由𦽟［论］加祾［短］合成。

互换字是把一个字中的两个部位交换位置组成新字。新组成的字和原来的字往往在字义上有密切的关系，它们常联起来共同组成一个词或词组。如𦐇（斫）𢗑（断）。

对称字由两个相同的形体构成，其中一部分带有“双”的意味。如𠬛（唇）、𠈌（聚集）、㸚（双）等。

西夏文在结构功能方面主要是吸收了汉字“六书”的某些原理，但因其是“半路起家”，一次性成字，故以类似汉字的会意字、形声字为主体，这两类字约占所有西夏字的百分之八十左右，而象形字、指事字却极少。

西夏文创制后，西夏再没有另造其他文字，不像契丹、女真那样造出大字后又造小字，说明西夏文在使用过程中未曾发生大的困难，是当时创制得比较成功的一种文字。

西夏文在历史上表现出异乎寻常的生命力。从传播区域上看，在西夏版图内，东起陕北，西至敦煌，北到内蒙古额济纳旗，南到固原，都曾发现过纸本或题刻的西夏文字。西夏文字的使用甚至超出西夏故地，远播到汉人聚居的腹心地带，如北京、保定、杭州等地。

从使用时间上看，西夏文不仅在西夏时期用，西夏灭亡后，仍在流传，直到明朝中期还有党项遗民在保定修造西夏文石经幢，前后持续了四百六十余年。

从应用范围上看，西夏文涉及西夏社会生活的方方面面，有西夏国与其他王朝、民族政权往来公文；有译自汉文的典籍，如《论语》《孟子》《孝经》《孙子兵法》《黄石公三略》《六韬》《贞观政要》《类林》等；有西夏人自撰的作品，如西夏文字典《文海》《音同》《五音切韵》《三才杂字》等字辞书，夏汉双解辞典《番汉合时掌中珠》以及百科性辞书《圣立义海》等；有《天盛改旧新定律令》《亥年新法》等法律著作；有《新集锦成对谚语》《月月乐诗》等文学作品；有用译自汉文、藏文的佛经；等等。

此外，还有用西夏文书写的审案纪录、契约账目、医方历书，以及西夏文碑刻、印章、符牌、钱币等。

每当翻阅那些西夏文印制的法典和审案纪录时，翻阅那些西夏文契约时，不禁令人浮想联翩，仿佛看到西夏的官员正在伏案习法、当堂问案，西夏的边远乡村先生正用熟练的西夏文草书为买卖、借贷双方书写契据。西夏从官方到民间，上上下下都能熟练地使用西夏文字。

明代中叶以后，西夏文逐渐成为一种无人识读的死文字。20世纪初，大批西夏文献陆续出土，许多中外学者对之进行了卓有成就的研究，目前解读工作已取得长足的进展，被世人遗忘达数百年之久的西夏文字重新焕发出青春，为人们打开了一个丰富多彩的文化宝库。但蒙在西夏文字上的那袭神秘的面纱并没有彻底揭去，在笔画繁冗的西夏文字的背后，必然还隐藏着一些我们至今尚未认识到的简单的造字规律。

（彭向前）

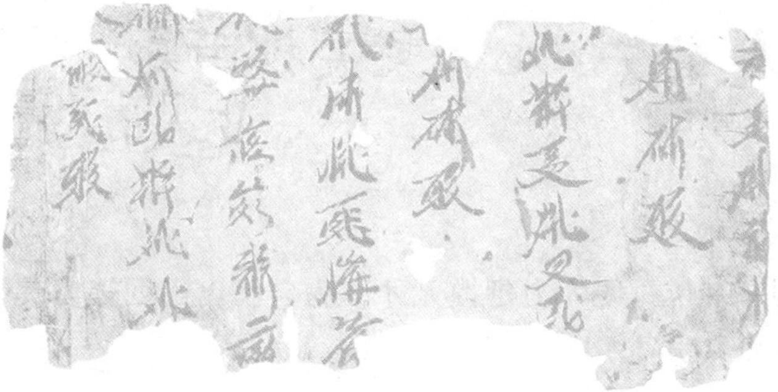

延揽人才 张元、吴昊投西夏

李元昊刚一继位，便大力延揽人才，为自己出谋划策，其中张元、吴昊就是两个典型的人物。

张元、吴昊是陕西华县的两个落榜文人，他们的原名并不叫张元、吴昊。张元本名为“源”，字雷复；吴昊的本名已无从可考。两人自称“侠士”，都是风流倜傥、才华横溢的有识之士。

为什么称作“侠士”呢？史书上有记载：陕西葛县河水里突然冒出一条几丈长的大蛇，经常到桥下喝水，一时人心惶惶，不敢从桥上行走。正好张元漫游到葛县，一天，他见大蛇爬在石头上喝水，顿生豪气，抱起一块大石从桥上砸下去。蛇被砸中了，扭曲着身体慢慢地死去，血一直流了好几里地。张元侠义举动，为当地百姓解了难，因此被记在史书上。

张元喜欢夜游山林，他常常一边走，一边吹着铁笛，绿林强盗听见笛声，知道是张元在此，便躲开了。结果，这个地方变得安宁了，老百姓因此很感激他。

张元、吴昊有一个好朋友叫姚嗣宗，三个人都是满腹经纶、胸怀大志的热血青年。他们经常一起出行，到边塞游览考察，希望能有机会报效国家。

此时的宋朝，正是重文轻武的年代，只有通过科举考试才能做官。他们“累举进士不第”，在科场上一再碰壁，落魄而不得志，心中积满了怨气。于是，常常“放意诗酒”，借酒消愁，咏诗抒志。张元在一首《咏雪》诗中写道：“七星仗剑决云霓，直取银河下帝畿。战退玉龙三百万，断鳞残甲满天飞。”姚嗣宗在一首《述怀》诗中写道：“踏破贺兰石，扫除西海尘。布衣能效死，可惜作穷鳞。”怀才不遇的心情溢于言表。

三人觉得在地方上不能施展自己的才华，于是决定投军去，希望在战场上为国家效力。当时正是李元昊准备称帝，西北边防吃紧的关头。三人结伴来到西北边塞，拜见了边帅，讲了他们的意图。边帅却犹豫了，不知是否应该收留和任用他们。一腔热血遭到了冷遇，一气之下，张元、吴昊二人不辞而别，“径走西夏”，投奔李元昊去了。姚嗣宗知道后，立即禀报边帅，派骑兵去追，但为时已晚，二人早不见踪影。姚嗣宗被留了下来，在边帅营中担任幕僚。

张、吴二人偷偷越过边境，历尽艰辛，来到了兴庆府。可是，二人一介草民，无法见到李元昊。他们盘算着，如果没有特殊的办法，恐怕是见不着李元昊的。于是想出了一个奇招，要让李元昊来找他们。

一天，他俩来到李元昊宫城附近的一家酒楼，狂饮了一整天。临走时，向店家要来笔墨，在墙壁上写下一行大字：“张元、吴昊，来饮此楼。”这事被告发后，二人在下榻的旅店被抓，并上报给了李元昊。

李元昊听说此事后，感觉到这二人绝非寻常之辈，便亲自召见他们。见面后李元昊问他们，你们为什么到夏国来？为何不避名讳（指元、昊二字）？难道不怕问罪吗？

张、吴二人理直气壮地大声说道：“有人连姓都不在乎（指元昊姓唐、宋朝赐的李、赵姓），还在乎名做什么？”

闻听此话，李元昊大吃一惊，竟然张口结舌说不出话来。他听出这两个人在说自己，感觉这两个人来路不凡，立即以礼相待，“尊宠用事”，授以官职。

西夏石雕文臣头像

（西夏陵101号陪葬墓室出土）

李元昊重用张、吴二人为谋士，让他们参与国家政事。西夏立国的规模、攻打宋朝的机密，都让他们参与策划。李元昊十分信任他们，出兵征战，要将他们带在身边，随时听取他们的意见。后来张元官至太师、尚书令、国相，受到李元昊的特别重用。

张元、吴昊投靠西夏并且受到重用，宋朝知道后，也很后悔，想将二人招回来，于是对二人的家属实行“怀柔”政策，赐给米、钱，还给张元的弟弟和侄儿封了官，命令他们招谕张、吴二人。后来，看到“怀柔”政策不奏效，又将他们的家人关押起来，想用这个办法引诱二人回来。

得知张、吴两家人关押的准确地点后，西夏派遣奸细，乔装成宋朝的官员，假传朝廷诏令，将张、吴两家人释放。两家人被马车接走了，当地的官吏和百姓竟然没有人察觉出其中有诈。当马车驶到边境时，李元昊又派出骏马轻车，并且伴有乐队，一路迎到兴庆府。看见西夏人奏着鼓乐迎走了张、吴两家人，宋朝边将这才明白是怎么回事。但，明白也晚了，只能眼睁睁地瞧着他们渐渐远去。

李元昊重用张、吴二人，厚待两人家属的事，对宋朝朝野影响较大，一些失意的宋朝文人，由于“举子不第”，投奔李元昊而来，有的被授以将帅的职务，有的被任之为公卿，推诚不疑，倚为谋主。正是因为有这样一批有才能的知识分子围聚在李元昊身边，为他出谋划策，西夏才能建国立业，形成了与宋辽相抗衡的三国鼎立局面。

（张　灵）

首战告捷　李元昊败宋三川口

李元昊称帝建国的消息传到宋朝，犹如晴天霹雳，朝野上下，议论纷纷。怒火中烧的宋仁宗下诏削去李元昊的官爵，取消赐给他的“赵”姓，并且禁止内地与西夏贸易。宋朝边帅夏竦还在边境上张贴榜文悬赏：“有得元昊首者，赏钱五百万贯，封爵西平王。”

李元昊针锋相对，给宋朝写了一张榜文，“有得夏竦首者，赏钱两贯。”

宋夏关系破裂，战争一触即发。为了取得战争控制权，也为了逼迫宋朝承认西夏的国家地位，李元昊在建国的第二年，便主动出兵宋朝。

在宋夏沿边州郡中，延州（今陕西延安市）是宋朝边境的一个军事要地，也是西夏出入的交通要冲，取得延州后，西夏便可南下中原。西夏原来进贡时一直走的是鄜延路，因此，李元昊十分熟悉延州的山川地形，知道那里地形开阔，堡砦稀少，驻守的士兵多为老弱，又没有名将。因此，他把延州作为对宋作战的第一个目标。

金明砦是延州外围的一个堡砦，要想攻取延州，必须先拿下金明砦。金明守将李士彬，能征善战，李元昊感到强攻不行，于是采取计取。他派人把一封写给李士彬的信和锦袍、银带扔在路上，宋朝士兵捡到后，层层上报到延州，信里的内容是约李士彬叛宋投夏。不料，此计被延州官员一眼识破：“这肯定是夏人施的离间计。李士彬与西夏世代有仇，不可能投敌。即使要投敌，也是秘密进行，岂能让众人知道！”

一计不成又生一计，李元昊又派宋朝降将刘重信到延州去招降李士彬。

结果，李士彬抓住刘重信，将他处死。

诱降不成，又采取诈降，即派手下部落主动投降李士彬。李士彬将这一情况报告给延州知州范雍，范雍是一个怯懦无能、不懂军事的人，他信以为真。不仅全部接纳，还赏赐给“降民”们金帛，把他们安置在李士彬的各个堡砦中。于是，“投降”的人越来越多。

诈降成功后，李元昊又采用“骄兵之计”。李士彬家族原是沿边蕃部“属户”，因忠心向宋，改汉姓李，世世代代镇守金明砦，他作战勇猛，手下有士兵10万，延州人称他为“铁壁相公”。李元昊命令手下将士，凡遇到李士彬，都不战而逃。然后放出话来：“我的士兵听到‘铁壁相公’的名字，胆都吓得没了，狼狈逃跑，拦也拦不住。”结果，一贯骄傲自恃的李士彬真的以为夏兵怕他，愈发骄横，对自己的部下更加严酷。士兵偶有过失，李士彬就令严刑拷打，手下人多生怨恨。李元昊在暗中用金帛、官爵去引诱那些心怀怨恨的将士，让他们为自己做内应，这些人也都接受了。

李元昊见李士彬已经中计，便准备出兵攻打金明砦。西夏天授礼法延祚三年（1040年）正月，李元昊亲率10万大军南下。他没有直接攻打金明砦，而是先奔保安军去了。他作出一副要攻打保安军的样子，迷惑李士彬。李士彬严阵以待，做好了准备，但等了一整天也不见动静，以为夏兵真的害怕不敢来攻他，便解甲就寝。凌晨时分，李士彬尚在睡梦之中，李元昊攻入砦中。

忽听李元昊到来，李士彬急忙起身披挂，命令士兵给他牵马来。随从已被李元昊收买，给他牵来一匹断了缰绳的弱马，结果没战两个回合，便与儿子李怀宝一同作了夏军的俘虏。

李元昊兵不血刃，轻而易举地攻下了金明砦。占领金明砦后，得到了李士彬所属的几万党项武装，李元昊又乘胜进军，直逼延州城。

此时正逢严冬，满山积雪，河谷冰封。李元昊的大军将延州城围了个水泄不通。知州范雍恐慌之极，他一面下令紧闭城门，一面派人去召环庆路副都部署刘平、鄜延路副都部署石元孙赶快带兵来救延州。

石元孙、刘平调集了5万人，昼夜行军，往延州赶来。到达离延州城只有20里的大柳树时，忽然有一个急脚子（传令兵）自称是范雍的使者，前来传达命令："范太尉传话，他已在东门等候。但是，队伍黑夜入城，恐有奸细混入，请在远处分队放人马入城。"

刘平、石元孙接到命令，不辨真伪，下马坐在行军椅上，亲自调拨队伍。每放一队人马走出 5 里，再放下一队。将近一更时分，大约放了 50 队人马。刘平忽然回头要问"急脚子"话时，发现已不见人影。二人大惊，急忙派人前去侦察。探马回来报告说，延州城上并无灯火，前面派去的队伍已经不知道去向。二人明白情况不好，急忙整军列阵而行。当队伍走到距延州城仅 5 里之遥的五龙川时，两人心中稍稍感到一些安稳。正在这时，突然四面山上鼓角齐鸣，伏兵突起，夏军从四面合围，宋军陷入了 10 万大军的包围之中。

此时，赶来救援的鄜延路都监黄德和、保安军北巡检万俟政和宋将郭遵等人，也被夏兵裹入包围圈中。五位将领会齐步骑兵一万人马，结阵东进，到达三川口。

三川口在今陕西志丹县的南边，是延川、宜川、洛川三条河流的汇合处。宋军行至这里，时值大雪之后，平地雪深五寸左右。李元昊令夏军在河东岸摆成偃月阵等候，刘平也令宋军摆成偃月阵相对。两军相持了一会儿，李元昊命步兵列成横阵涉水过河攻击宋军，郭遵等率兵逼近敌阵，发起猛攻，斩杀夏军 700 余人。夏兵又摆好阵，以盾牌作掩，发起反攻，被宋军击退，混战中，刘平的左耳、右腿被流箭射伤。

至日落时分，夏军故意丢弃老弱士兵和牛马，宋军士兵都争着抢着去夺，兵阵大乱。士兵们把砍杀的首级和获取的马匹拿来，向将领们要赏赐。刘平劝他们："战事正急，暂且自己先记着，以后全部赏赐你们。"

话音未落，只见夏军以轻兵杀入宋军，来到阵前。宋军被迫向后退却 20 余步。此

西夏琉璃鸱吻

（西夏陵出土）

时的黄德和正在后阵观望，见前面军队退却，又见夏军人多势众，竟吓得率领部下骑马逃走。其他士兵不了解情况，跟在他们后面乱跑。一时间，宋兵溃不成军。

刘平急派儿子刘宜孙骑马追赶黄德和。刘宜孙追上黄德和，拽住他的马缰绳劝道：“大敌当前，应当勒兵还击，并力拒战，为什么先逃跑？”黄德和不听，纵身策马而逃。刘平派亲兵持剑拦截逃跑的士兵，结果只拦住了一千多人。

刘平率领余众退到西南面的山上，设置了七道栅寨固守。此处距夏军只有一里左右。夜里，李元昊派人扮成送文书的宋兵来到寨前，刘平下令放入寨中杀死。四更时分，李元昊派兵环绕栅寨大声喊叫：“那么一点儿残兵，不投降还等什么？”刘平的兵也叫骂道：“狗贼！你们赶快投降，等明日救兵到来，看怎么收拾你们！”

黎明时分，李元昊亲自率领骑兵从山后冲入寨中。郭遵骑马冲入阵前，他左冲右杀，杀死杀伤夏兵几十人。夏将杨言上前去阻拦，郭遵挥起手中 90 斤重的铁杵，一杵把杨言的脑袋砸得稀烂，惊得两军将士齐声叫了起来。夏军派人拿着绳索站在高处去绊马，被郭遵全部斩断了。夏军知道郭遵不可战胜，便放开一条路，纵郭遵深入，然后一齐向他放箭，马中箭扑倒在地，郭遵这才被杀。

李元昊冲进寨中时，刘平与石元孙正在东侧巡阵，军阵被夏军冲开，分成两截。刘平、石元孙等宋军将领，终因寡不敌众而被李元昊擒获，宋军全军覆没。

李元昊在三川口全歼宋军后，率军直扑延州城下。城中人忧愁沮丧，不知如何是好。知州范雍毫无办法，竟跑到城南的嘉岭山上去求神保佑。

李元昊围城到第七天时，天降大雪，天寒地冻。夏军缺少御寒的衣物，士兵无心再战。于是李元昊下令撤围退兵，离开了延州城。

三川口战役，是西夏立国后对宋朝的第一战，西夏大胜，长了李元昊的威风。宋军的惨败，朝野震惊。宋仁宗下诏，将延州知州范雍贬到安州；黄德和被腰斩处死，砍下头颅挂在延州城下。

（张　灵）

银鸽传信　宋军覆没好水川

三川口战败后，宋朝为了加强对西夏的防范，调户部尚书夏竦担任陕西都部署兼经略安抚使，韩琦、范仲淹为副使，共同负责对西夏的军事防务。韩琦主持泾原路，范仲淹主持鄜延路。

宋朝边境将帅统兵数量按官的大小来定。“都部署”可领兵1万，“钤辖”可领兵5000，“都监”可领兵3000。出兵迎敌时，先由职位最低的军官率部出击。范仲淹来到延州后，改革了这个不合理的用兵制度。他说：“不根据敌兵的多少，而以官位的尊卑为序进行出击，是自取失败。”他大规模地检阅延州守兵，从中精选出1.8万人，分给六位将领统率，每位将领统兵3000，日夜操练，根据敌兵多少，领兵出战。

范仲淹的这一做法很快传开了，边境各路纷纷效法。西夏人知道后，互相告诫说：“不要把进攻的重点放在延州了，现在小范老子（范仲淹）肚子里有数万甲兵，不像大范老子（范雍）那样好欺负。”范仲淹又请求朝廷建鄜城为军，修筑了承平、永平等12个堡砦，逐渐招回流亡人口，使边地人民陆续回归田园，安居就业。

宋朝新任边帅韩、范二人对西夏用兵方略不尽相同。范仲淹主守，即在加强防务的基础上，修筑堡寨，步步进围西夏，前述范仲淹在延州采取的防务措施就说明了这一点。韩琦主攻，即大举进攻，寻找西夏主力，进行战略决战。他们分别上书朝廷，陈述自己的方略。

宋仁宗及两府大臣认为，范仲淹的方略虽然稳妥，但费时费力，不如韩琦的方略来得快，他们幻想一举解决问题，于是批准韩琦的攻策。但范仲淹力主不可，最后提出一定要攻的话，就让韩琦统帅的泾原路进攻，鄜延路负责牵制。宋仁宗只好同意由泾原一路进攻。

泾原路韩琦的进攻准备还没有做好，李元昊却于西夏天授礼法延祚四年（1041 年）正月先发制人，亲率 10 万大军直赴泾原路的渭州（今甘肃平凉市）。韩琦闻讯后，立即赶到镇戎军（今宁夏固原），调集镇戎军守军 1 万人，又临时招募勇士 8000 人，共有 1.8 万人，任命环庆副总管任福为统帅，都监桑怿为先锋，钤辖朱观、都监武英率所部随同，迎战夏军。

出发前，韩琦授给任福作战方案："从怀远城直奔得胜寨（今宁夏西吉县东南），到达羊牧隆城（今宁夏西吉县南），插入敌后，占据险要，设置伏兵，以逸待劳。待李元昊退兵时出击，可保全胜。"任福率军出发时，韩琦一直送到城外，又再三叮嘱他："一定要按计划行事。"

然而，骄傲率性的任福贪图小利，出了镇戎军城，就把韩琦的叮嘱忘得一干二净。他脱离大部队，率领几千名轻骑兵，长驱奔袭，贸然挺进。

李元昊率 10 万铁骑自天都山、得胜寨南下，来到怀远镇（今宁夏西吉县偏城乡）。他听说宋将任福正领兵北上，于是命令队伍连夜行军，向羊牧隆城进发。夏军在羊牧隆城南、瓦亭川（今宁夏固原市瓦亭）东山地摆好阵势，等待任福的到来。

任福行至奈龙川时，正遇上镇戎军一支队伍在张家堡（今宁夏固原市张易乡）南与夏兵激战。任福便指挥军队参与战斗。一战下来，斩杀夏兵数百人。夏兵佯装败退，抛下老弱不顾，将马、羊、驼驼丢弃在路上，引诱宋军。宋军将士俘获这些战利品后，愈发高兴，人人贪功奋追，不可遏止。任福也紧随其后。

傍晚，任福与桑怿合兵后，令所部在六盘山下的好水川（甜水河，今宁夏隆德县北、西吉县南）扎营；朱观、武英率领的另一支队伍驻扎在笼络川（好水川支流）。两军隔山相距五里，约定第二天两路并进，在川口会合，不使夏军一人逃跑。可是，他们并不知道，此时的李元昊早在川口埋伏了 10 万大军，单等他们钻进口袋。

第二天清晨，桑怿先率兵沿好水川西行。当队伍走到距离羊牧隆城还有五里远的地方时，突然发现道旁摆放着几个泥盒子。泥盒紧闭，盒中有扑腾跳跃的声音。桑怿心中疑惑，不敢打开。任福赶到后，下令士兵打开泥盒。突然，百余只带着响哨的鸽子从泥盒里飞了出来，盘旋在好水川上空。

宋军还没有定过神来，西夏金鼓喧天，伏兵四起。任福看到自己的军队陷入埋伏，没了退路，只得仓促迎战。然而，军阵还没有布好，一支铁骑就冲了进来。顿时，两军相交，流箭如雨，杀声震地。战斗从早晨一直进行到中午。李元昊站在山顶上，树起一面两丈多高的大旗，指挥夏军。宋军向东突围，李元昊的大旗挥向东边，夏军就向东边冲去；大旗挥向西边，夏军又向西边冲去，宋军无法突围。于是，许多宋兵就向山顶上冲，企图抢夺制高点，却不料夏军一支骑兵从山后冲下来，宋军士兵大多落崖而死。

混战中，任福的儿子任怀亮和桑怿等几员大将战死。李元昊又派出一支骑兵，断了宋军的后路。任福持一柄四刃月牙铁锏拼杀，身上已经中了十余箭。他的小校刘进劝他逃走，以免一死。任福说："我身为大将，兵败，应该以死报国！"说罢，挥动铁锏冲入阵中，被夏将一枪刺中左脸颊，铁锏掉到地上。任福用手扼住自己的咽喉，气绝而死。

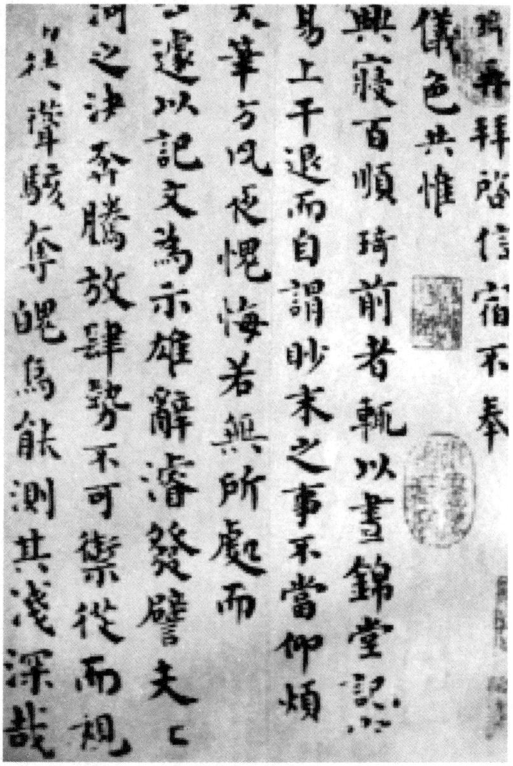
韩琦·信宿帖

好水川一战，宋军大败。几十员大将除朱观率 1000 多士兵冲出重围外，其余全部阵亡。泾原路 18000 人马，死亡达 10300 人，所剩仅几千人。

战后，随同李元昊出征的西夏军师张元，得意地在山崖峭壁上题诗一首："夏竦何曾耸，韩琦未是奇。满川龙虎辈，犹自说兵机。"

西夏大军凯旋天都，饮酒高歌，欢庆胜利。

韩琦收拾残局，带领残兵败将往回走，刚走到半路上，就遇见阵亡将士的父母妻儿几千人为阵亡亲属招魂。他们扶老携幼，手里捧着死者的衣物，提着纸钱，跪在韩琦的马前，放声大哭。哀声震天动地，韩琦悲愤羞愧，掩面而泣，停留很长时间不能前行。

战事奏报朝廷后，宋仁宗十分震惊，下令撤销夏竦的职务，降职为永兴军通判。韩琦上表认罪，被降职为秦州知州。范仲淹被降职为耀州知州。宋仁宗还给陕西边境将帅下令："不要轻易进入西夏境地。"从这以后，宋朝政府改变了对西夏的策略，基本采取持重守御的方略，很少派大部队深入进攻。

（张　灵）

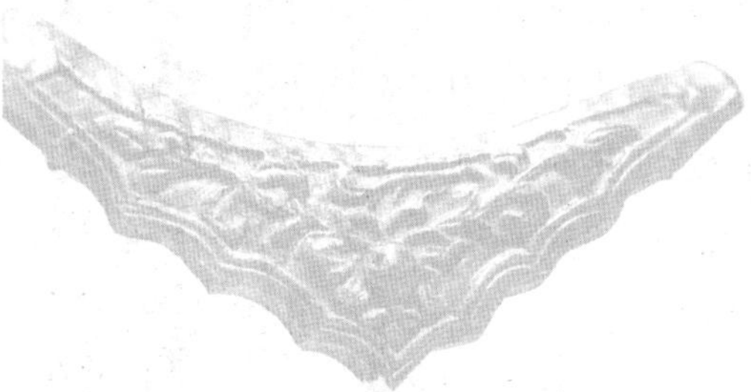

再出奇兵　长城壕边歼宋军

好水川战役之后，宋朝撤了夏竦的职务，韩琦、范仲淹也降职调离。但时隔不久，宋朝又重新起用范、韩二人，并对西北边防重新进行了调整。将陕西分为秦凤、泾原、环庆、鄜延四路，令韩琦知秦州，王沿知渭州（今甘肃平凉），范仲淹知庆州，庞籍知延州，各兼本路马步军都部署、经略安抚招讨使。

在陕西四路中，鄜延、环庆、秦凤三路地势险要，又有名将把守。而泾原路地势平坦，沿泾河大川直抵泾州（今甘肃泾川）、邠州（今陕西彬县），丝毫没有险阻，虽也有一些城寨，但都建在平地上，如遇敌人进攻，很难防守。加上主持这一路防务的渭州知州王沿，虽然品级最高，却缺乏军事才能。因此，渭州就成了宋夏边境上的一个弱点。于是，李元昊的进攻矛头便指向渭州。

西夏国相张元向李元昊献策说："宋朝的精锐部队集中在边境，关中必然空虚。如果用重兵围住边城，使宋军不能出战，我军就可乘机深入。东阻潼关，隔绝两川贡赋，那么长安就在我们的掌中了。"李元昊同意了他的计策。

西夏天授礼法延祚五年（1042 年）闰九月，李元昊在天都山（今宁夏海原县南）集合左右厢兵 10 万，分为东西两路，一路出刘璠堡，一路出彭阳城，向镇戎军杀来。

渭州知州王沿命令泾原路马步军副都总管葛怀敏率兵占据瓦亭寨（今宁夏固原市原州区南）阻击夏军。临行前，王沿告诫葛怀敏切忌深入，可以在第背城（今宁夏固原市原州区南）扎营，然后诱敌深入，以伏兵攻其不备，即可得胜。

葛怀敏率兵来到瓦亭寨，没有遇见夏兵，便擅自改变知州王沿在第背城扎营、诱夏军深入的部署，领兵开赴安边寨、开远堡，直奔养马城（今宁夏固原市原州区西郊大堡村）。

镇戎军知军曹英，泾原路都监赵珣，西路都巡检李良臣、孟渊都从山外赶来会师。王沿又给葛怀敏写信，告诫他不可深入，安营扎寨，以伏兵攻击，可以建功。葛怀敏依然不听。

这时，听说李元昊把兵移到了边壕外面，葛怀敏和大家商议，想趁天亮时出兵袭击。赵珣认为不妥，他建议道："敌兵远道而来，速战对他们有利。我军不如背靠马栏城设置栅栏，控制敌兵的归路，固守镇戎城，以便守住运粮的道路，等到敌兵士气衰落时进攻他们，这样必可获胜。不然，必定被敌人所破。"

石螭首
（西夏陵9号陵出土）

葛怀敏听不进下属的意见，一意孤行，命令大军分成四路，连夜向定川寨（今宁夏固原市原州区北、葫芦河西）进发，准备在定川寨迎击夏军。

宋军还没走到定川寨，就接到来报，说夏军5000人已经在定川寨北列好阵势。将近中午时分，葛怀敏率部进入定川寨。随后李元昊下令，烧毁定川河上的木板桥，切断宋军的退路；挖断定川水泉上流，断绝定川寨水源，以饥渴宋军。夏军专为自己搭起了二十四道桥梁，以便出兵合围宋军。

此时葛怀敏才知道中了李元昊的计，心中慌乱，赶紧派士兵到寨外阻止夏兵断水，结果被夏兵打败，兵士四散逃走。葛怀敏为中军，率本部人马屯集在寨门东边，曹英等率部把守在东北角。

黄昏时分，夏军突然从四面发起进攻。先以精锐骑兵冲击中军，被葛怀敏击退，转而进攻曹英所部。正在此时，突然一股黑风从东北方向刮起，顷刻间飞沙走石，天昏地暗，队伍之间失去联系，宋军兵阵大乱，士兵争相攀城入寨，场面一片混乱。主帅葛怀敏被士兵拥挤踩踏得昏死过去，抬入瓮城中后，好久才苏醒过来。

危难之际，赵珣带着刀斧手赶来，与四面合拢的骑兵一起，挡住了夏军的进攻。然而，此时的宋军已是人心涣散，了无斗志。

四更天时，葛怀敏召集众将商量计议，众将都不知道从哪里能突围出去。赵珣提出，自己带领部队撤往笼竿城，他认为“那里没有危险，而且出敌不意。”大家都不同意他的意见，最后议定，天亮时突围，结阵退往镇戎军。

李元昊早已料到宋军逃跑的路线，在长城壕边挖断了通往镇戎军的道路，然后伏兵以待。葛怀敏等率部撤到长城壕边，见路已挖断，没了主意。这时，夏军从四面围了上来，将宋军分割包围。宋军一战大溃，葛怀敏及随从的16名将领全部被杀，宋军9400余人，600多匹战马，全部为夏军所俘获。

定川寨大捷后，李元昊乘胜挥师南下，直抵渭州，攻克栏马、平泉二城(今甘肃平凉市境内)。纵横驰骋六七百里，一路焚烧房屋，毁坏城寨，掠夺财物而回。退兵前李元昊命令国相张元写了一封“诏书”，声称“朕今亲临渭水，直据长安”，宣泄自己得意的心情。

（张　灵）

河曲大战　退避三舍败契丹

夏辽两国都是少数民族建立的政权，它们之间的关系是在共同对付宋朝时建立起来的。982年李继迁反对族兄李继捧献出世代生活的银夏绥宥四州八县之地，起兵抗宋。在与宋朝作战中，李继迁胜少败多，屡遭重创。这时，他感到自己势单力薄，要想割据一方，称王自立，必须投靠宋朝的劲敌辽朝，以求得支持，而当时宋辽战争正打得十分激烈。

986年宋军第二次北伐节节胜利，连克沿途州县，辽国感到形势危急。恰在此时，李继迁遣使请求投附。辽圣宗采纳了西南诏讨使韩德威的意见，准予李继迁归顺，并任命李继迁为定难军节度使，支持他和宋朝对着干。

李继迁归附辽朝不久，为了进一步加深两国关系，取得辽朝更大的支持，亲自率领五百骑兵到边境向辽朝求婚，请求辽圣宗下嫁公主。当时辽与宋作战失利，辽圣宗急需李继迁牵制宋朝，于是非常痛快地答应了这门亲事。要知道，此前辽朝从未将公主下嫁于藩邦邻族，以后也是很少。而李继迁刚结好辽朝，辽圣宗就把公主许配给他，由此可见，夏辽关系从一开始就非同一般。三年后，辽圣宗将宗女封为义成公主，下嫁给李继迁。

李继迁从986年与辽朝结盟，到他中箭身亡的10年间，对辽朝毕恭毕敬，小心从事。他每一个半月就要向辽朝进贡一次，其贡品之丰，纳贡次数之勤，真是少有。而辽朝为了表示对西夏的重视，也在西夏进奉时，回赐一些礼品，其中不乏贵重之物。李继迁为了显示自己的实力与能力，每当与宋朝作战或取得胜利后，都要向辽朝禀报或告捷，有时甚至打了败仗也称取胜，而辽朝为了巩固夏辽联盟，也不予深究。

李德明即位，宋辽和宋夏之间相继达成和平协议，夏辽之间失去了共同对付宋朝的基础，双边关系渐渐疏远了，不愉快的事情时有发生，乃至于1020年辽圣宗以狩猎为名，亲率50万大军攻打了西夏凉州。当时李德明也不示弱，竟“率众逆拒”，打败了辽朝大军，并停止向辽朝的贡奉。这一下辽朝皇帝才认识到对西夏采用压服的办法已经行不通了，于是又实施笼络政策，封李德明为大夏国王。

李德明、李元昊时期的夏辽关系与李继迁时代的夏辽关系已发生了很大的变化，虽然两国又进行了第二次和亲，但随着宋、辽、夏三国对峙形势的不断变化，夏辽两国之间不断发生摩擦，以至于发展到后来的兵戎相见，进行了两次大规模的战争。

西夏四角琉璃套兽

（西夏陵3号陵出土）

一次是在1044年。战争的导火线是争夺边界地区的党项族。当时辽朝境内的党项族看到自己本民族建立的西夏国日渐强大，纷纷投附。李元昊不但不送还辽朝，反而主动派人接收，这下惹怒了大辽朝的皇帝。辽重熙十三年（1044年）十月，辽兴宗亲自率领10万骑兵出金肃城（今内蒙古准格尔旗西北），以皇太弟天齐王耶律重远为骑兵大元帅，率领7千骑兵出南路，北院枢密使韩王萧惠统兵6万出北路，以东京留守赵王萧孝友率师为后援，兵分三路，浩浩荡荡，渡过黄河，向西夏发动大规模进攻。

西夏与辽朝隔河相望，河边历来没有什么城堡可守。因此，辽朝三路大军进入西夏境内后，长驱直入四百余里，没有遇到任何的阻击和抵抗，甚至连个敌人也没见！辽兴宗率领大军屯住在德胜寺南壁，以捕捉战机。辽朝北路大军抵达贺兰山北侧时，遭到李元昊的埋伏。辽将军萧迭里得英勇无比，“左右驰射，跃马直击中间”，杀退夏兵。

李元昊伏击失败后，率部退守贺兰山，这时，辽朝大军源源不断地进入西夏境内，人马越聚越多。多谋善计的李元昊感到自己处于明显的劣势，若要硬拼，无疑是自找苦吃，于是以退为进，使用缓兵之计，派出使者向辽朝谢罪请降。辽兴宗担心李元昊诈降，就派遣右夷离堇萧滴洌到西夏营中探个究竟，看李元昊是否真的是诚心投降。

萧滴洌到了西夏大营后，李元昊答应奉还投靠西夏的党项部落，并向辽朝进贡。辽兴宗得到准确消息后，命令北院枢密使萧革率部接受李元昊的投降。萧革先严厉责备李元昊：大辽朝历来对你李元昊不薄，你这个反复无常的小人，为何对辽朝屡有不恭，背叛了辽夏联盟，还教唆辽朝境内的党项部落叛逃！

李元昊连连赔罪，极力表示悔过自新。萧革见此，认为李元昊是真心悔过了，便取出辽兴宗所赐御酒，对李元昊好言相慰。在一片鼓乐声中，李元昊举杯为辽兴宗祝寿，并拿过一枝箭，当众折断，发誓道：我李元昊如再对辽朝不敬，背叛夏辽联盟，就如同此箭！随后李元昊与萧革各自返回军营。

辽兴宗与李元昊盟誓后准备班师回国。韩王萧惠向他建议："李元昊是个反复无常的小人，他不念我朝大恩，屡生奸计。如今他穷途末路，如果不趁此机会杀了他，消灭了西夏主力，就等于留下祸患，以后可是追悔莫及啊！"辽兴宗沉默了半晌，觉得韩王萧惠说的有一定的道理，默许萧惠次日凌晨向西夏不宣而战，一举消灭李元昊和他所率领的西夏军队。

李元昊见辽朝军队人多势众，心生一计，以没有得到辽朝的宣战书为由，提出后退 30 里等待战书。这样一连退了三次近百里地，"每退必赭其地"，一把火烧了个精光，让辽军兵无粮，马无草，在这种情况下，辽兴宗只好许和。

李元昊又故意拖延了好几天，估计辽军已经草尽粮绝，人马疲惫，再无精力打仗了，李元昊突然向辽军发动了猛攻。辽军毕竟人多将广，把李元昊所部团团围住。这一战，直杀得天昏地暗，日月无光，正当李元昊溃不成军的时候，突然狂风大作，飞沙走石，天昏地暗。辽兵被飞沙迷了眼睛，看不见对面的人影，犹如无头的苍蝇，乱作一团，一时阵脚大乱。李元昊乘机纵兵急攻，横冲直撞，斩辽军首级如同砍瓜切菜，一举扭转了败局，取得大胜。接着，又乘胜进攻辽军大本营——德胜寺南壁，众将士死死护住辽兴宗，拼命杀出一条血路，突出重围，落荒而逃。

这一仗西夏俘获了辽朝驸马都尉萧胡以及辽朝近臣数十人，缴获的车骑、器服等物堆积如山。

夏辽河曲之战，以西夏大获全胜而结束。想当初，辽兴宗以 10 万大军直逼西夏，大有踏平贺兰山，活捉李元昊之势。然而李元昊以乞降麻痹辽军，以主动退兵疲惫辽军，等到辽军人困马乏时，果断出击，一战打败强大的辽朝大军。这个战役的全过程充分显示李元昊把握战机、指挥有方的高超的军事才能。

李元昊取得河曲之战的胜利后，考虑到西夏连年战事，国内财力困乏，百姓需要休养生息，而辽朝虽然战败，但其综合国力仍远远强于西夏。同时，在夏、辽、宋三国的关系中，西夏最为弱小，要和强大的宋朝抗衡，只有和辽朝结盟，利用辽宋矛盾向宋朝讨价还价，才能取得更多的经济利益。因此，李元昊取胜后，又不失时机地遣使同辽朝讲和。辽朝因为暂时无力与李元昊再战，也乐得就坡下驴，答应和西夏讲和，辽夏第一次河曲之战宣告结束。

辽兴宗是个虚荣心很强的皇帝，为了掩盖吃败仗的事实，派人到幽州（今北京市）地界张贴榜文，大肆吹嘘其对西夏作战已取得了很大的胜利，说什么“躬驱锐旅，往覆危巢，方迩贼庭，乞修觐礼”。

（田金明）

诱敌深入　西夏再败大辽兵

辽兴宗是一个虚荣心极强的皇帝，认为“河曲战败”是奇耻大辱，日夜盘算着报仇雪恨，对西夏发动新的进攻。

辽重熙十五年（1046 年）十一月，辽兴宗再次对西夏大举进攻。辽朝大军渡过黄河后，向西夏腹地推进。辽兴宗对上次河曲之败心有余悸，因此，在进攻之初，便考虑到退路，派西南面招讨使萧蒲奴把数十艘大型舰船用铁索连在一起，在黄河上搭起十分壮观的浮桥。为了防止黄河上游顺流而下的漂浮物撞坏浮桥，萧蒲奴又派军士划着小船来回巡逻。有关这次战役史书没有留下更多的记载，似乎没有找到西夏主力。

1049 年，李元昊被弑身亡，年仅周岁的儿子李谅祚继位，朝政落到母后没藏氏及李谅祚的舅舅没藏讹庞的手中。一直准备对西夏大举用兵的辽兴宗认为机会来了。他不仅不册封李谅祚，反而以西夏贺正旦使来迟为由，扣留了西夏贺正使。

西夏这边见派出的使者迟迟不归，又听说辽朝准备大举进攻西夏，没藏氏没有别的办法，只得再派使者到辽朝。这次使者带了丰厚的贡品，一则请求辽兴宗原谅，二则顺便探听一下辽朝的动静。可没想到的是，这次派出去的使者跟上次一样，羊入虎口，又被辽兴宗给扣下了。

在这期间，辽朝已经做好了进攻西夏的全部准备工作。辽兴宗一声令下，兵分三路向西夏杀来。南路由韩王萧惠任行军都统，赵王萧孝友、汉王贴不为副都统，北路由敌鲁古为行军都统，中路由辽兴宗亲自率领，以天齐王耶律重元、北院大王耶律仁为先锋。

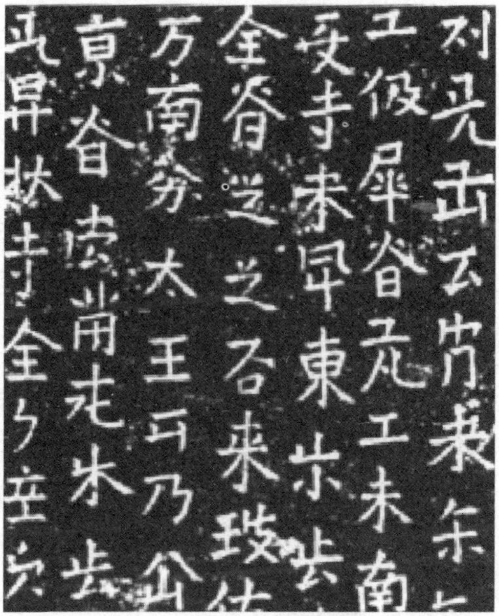

契丹文字拓片

先说兵力最多，实力最强的南路大军。南路统帅萧惠早就窝了一肚子火，上次进攻西夏，眼看得就要将李元昊生擒活捉，大功告成了，可不知是什么原因，刮起了一股邪风，吹得兵士们睁不开眼睛，不但让李元昊逃脱，自己还损失了不少兵马。更要命的是李元昊乘胜进攻辽军大本营，险些活捉了皇帝老子，老天保佑，幸亏兴宗命大，不然的话，自己的罪过就大了，恐怕不仅仅是杀他一个人头的问题了。为了这件事，萧惠很长一段时间提心吊胆，惶惶不可终日。虽然后来辽兴宗并没有向他问罪，这次又委任他为南路统帅，可萧惠心里明白，这是给他一个将功补过的机会，这次可得给西夏一点颜色看看，让他们知道萧惠的厉害！

南路大军很快渡过黄河，进入夏境。萧惠认为西夏主力肯定去迎战辽兴宗统领的中路军，根本顾不上南路，于是下令士兵们将铠甲兵器都放到车上，军士也不得骑马，全军空手徒步而行。有部将提出“我们已经深入西夏，如今人卸甲、马卸鞍，兵士们手中没有兵器，万一遇到西夏军队来袭击，这可如何是好？还是要提高警惕。”萧惠听后哈哈大笑，不以为然！他坚持己见，丝毫也没把部下的劝告放在心上。就这样，南路大军一连走了几天，并没有遇到任何西夏军队，萧惠好生得意。

然而这种好日子并不长，一天忽然有探子来报，说附近有西夏军队活动。萧惠听后却不相信。怎么会呢？这些天从未见到西夏一兵一卒，料他们早已被我辽朝大军吓破了胆，这个探子肯定是胡言乱语，谎报军情，一定要处置他！

萧惠正要喝令把探子拉下去重责时，只听得对面山上鼓声大作，杀声四起，数不清的西夏兵呐喊着直扑过来，辽军顿时乱作一团，他们身着便衣，手无寸铁，根本来不及披甲上马，只得四下里狂奔乱逃。这一仗，辽军死伤数万人，损失十分严重。

辽朝南路大军虽然由于轻敌而遭到惨败，可其他两路大军却取得了胜利。辽兴宗的中路大军打败了西夏军队的拦截，渡过黄河，攻克西夏东部要塞唐隆镇。北路辽军在行军都统敌鲁古率领下，经凉州直趋贺兰山，与扼守贺兰山险要的三千西夏军队相遇。

夏军凭借贺兰山关口易守难攻的地势，据险死守，打退了辽军的一次又一次进攻。辽军首战失利，包括萧惠儿子在内的一批将领战死。但辽军毕竟在人数上有很大优势，加上统帅敌鲁古身先士卒，率领将士冲杀在前，最终反败为胜，俘虏了西夏国母没移氏及一部分臣僚的家眷。

西夏文残碑

（西夏陵出土）

这次战役，夏辽双方互有胜负，西夏太后没藏氏及外戚没藏讹庞等并没有审时度势，向辽朝求和，反而不自量力，接连向辽朝发起反攻。在战役结束后的第二年（1050年）二月，没藏讹庞派遣大将洼普、猥货、乙灵纪等，率兵进攻辽朝金萧城，遭到了早有准备的辽朝南面林牙耶律高家奴、西南招讨使耶律普里笃的迎击，结果夏军大败，猥货、乙灵纪等大将战死，洼普中箭，带伤逃回。三月，没藏氏又率兵进屯河南三角川（今内蒙古达拉特旗南），准备偷袭辽朝的威塞堡，结果又被辽朝殿前都点检萧迭里得率领的轻骑兵击溃。

西夏的一犯再犯，激怒了辽兴宗，新仇旧恨涌上心头。五月，辽兴宗再次发兵西夏，命西南面诏讨使萧蒲奴、北院大王耶律宜新、林牙萧撒末等率部出征，行宫都部署别古得监战，北院同知枢密使萧革驻守边城声援。辽军长驱直入，将西夏首都兴庆府团团围住，没藏氏不敢出城迎战，只下令诸将闭城坚守。六月，辽军攻破了贺兰山西北的摊粮城（今内蒙古巴音浩特北）。

在辽国接连不断的打击下，没藏氏深感国力衰减，无法与辽国抗衡，只好接连派人向辽朝求和。而辽国也因与西夏的几次战争，国力消耗不少，虽然在前两次战争中失败，但第三次战争的胜利多少挽回了些面子。辽兴宗心里明白，两国再打下去，得利的只能是宋朝，因此，也就答应了西夏的求和。辽重熙二十二年（1053 年）西夏国主“李谅祚进降表”，辽兴宗“遣林牙高奴赍招抚谕”，辽夏两国终于恢复了和平。

（田金明）

为了议和　范仲淹私焚元昊书

范仲淹，字希文，祖上为陕西彬县人，后举家南迁，定居苏州吴县，成为江苏苏州人。989 年生，1052 年卒，享年 64 岁，北宋著名的政治家、军事家、文学家。

范仲淹两岁丧父，母亲改嫁。青少年时家境贫寒，发奋读书，终成功名，26 岁考中进士，从此步入仕途，历任幕僚（节度推官）、法官（大理寺丞）、谏官（右司谏）、州官（苏州、饶州、润州、越州知州）、京官（开封府知府）、教育部门长官（国子监判）、军事统帅（陕西路经略安抚招讨副使、鄜延路经略安抚使兼知延州、环庆路经略安抚使兼知庆州）。1044 年宋夏议和后，从陕西前线调回朝廷，任副宰相（参知政事），是宋代通过科举成长起来的平民宰相。

范仲淹一生干过两件大事，一是抗击西夏，二是庆历改革。抗击西夏取得了成功，庆历改革却失败了，被贬官后，写下了“先天下之忧而忧，后天下之乐而乐”的千古名言。

1040 年三川口战败后，宋朝调整沿边军事统帅，任命夏竦为陕西路经略安抚招讨使，驻京兆长安（今西安市），韩琦、范仲淹为副使，韩琦驻泾州（今甘肃泾川县），负责泾原路防务，范仲淹驻延州（今陕西延安市），负责鄜延路的防务。范、韩两位边帅的用兵方略不大相同，范仲淹主守，反对深入夏境的进攻战，主张持久防御战；韩琦主攻，主张集中兵力，深入夏境，寻找李元昊主力进行战略决战，试图一战解决问题。他们各持一策，主帅夏竦断不了，派韩琦等亲到汴京面陈皇帝，请朝廷裁决。

宋仁宗和两府大臣经过商议，认为以防御为主的持久战耗费太大，国家财力吃不消，幻想一举解决问题，于是采纳韩琦的攻策，下令鄜延、泾原两路合师，于西夏天授礼法延祚四年（1041 年）正月出兵。

接到皇帝出兵命令后，范仲淹立即上了一道奏折，提出两点意见：一是初春天寒地冻，天时不利，不宜轻易出兵。二是如果一定要出兵，请朝廷只发泾原路大军，留下鄜延路，一方面以前西夏进贡时走的是延州，如果鄜延不发兵，可以为以后招安李元昊留下退路；另一方面鄜延路虽然不出兵，但可以通过修筑工事，牵制李元昊东部人马，同样能配合泾原路大军发起攻击。仁宗皇帝最终同意了范仲淹的请求。后来战事证明，范仲淹稳扎稳打的持久战是正确的，这是后话了。

宋朝内部两种不同意见，被西夏的奸细传到李元昊那里，李元昊认为有机可乘，为了麻痹宋军，为他对宋发动第二次战役创造条件，西夏天授礼法延祚四年（1041 年）正月，李元昊放回被俘的宋朝塞门寨寨主高延德，让他带信给范仲淹。范仲淹见高延德带来的不是求和表，而是一纸信函，尤其李元昊在信中称帝号，这是宋朝君臣一直不能接受的，所以没敢报告朝廷，就自己写了封回信，派监押韩周和寨主高延德送交李元昊。

西夏木雕供桌

（贺兰山拜寺口西塔出土）

这封《答李元昊书》收在《范文正公集》里，洋洋洒洒两千多字，范仲淹首先历数和平年代的兴旺景象与战争给两国人民带来的灾难，接着劝说李元昊不要称帝，改称单于、可汗之类名号，指出“名不正则言不顺，言不顺则事不成”。大王世世代代生活在西土，有本民族的语言和穿戴，何必在名称上和“中国”一样叫天子呢！如果大王手下人要拥戴，实在推辞不掉，可以称单于或可汗。最后范仲淹陈述了和平与战争的利弊，请李元昊慎重选择。

韩周一行三人进入夏国，起初迎接他们的人彬彬有礼，非常友善，两天后传来了宋朝在好水川吃了败仗，夏国官员便傲慢起来了。韩周等到了兴庆府，李元昊避而不见，等待了40多天后，李元昊才让大臣野利旺荣写信给范仲淹，另遣使人与韩周带回。

韩周等人日夜兼程，四月回到延州，将李元昊的书信交给范仲淹。范仲淹说了一些鞍马劳顿，一路辛苦的话，打发韩周带夏使到驿馆休息，然后坐在案前，打开李元昊书信，急切地阅览起来。

不看不知道，一看吓一跳。范仲淹发现，在26页书信中，带有侮辱和不恭敬语言的就多达20页。于是他急忙拿起笔，悄悄地把其中的“求通好语”誊录下来，小心藏好。然后招来夏使，告诉他带来的书信言辞不恭，不能上报朝廷，并当着夏使的面，焚毁书信。过后，范仲淹把抄录的李元昊求和语稍加删改，上报枢密院，转呈仁宗皇帝。

这件事在宋廷内部掀起了一场轩然大波，大臣们纷纷责难范仲淹不应当与李元昊私自来往书信，更不应私焚李元昊的来信，参知政事宋庠干脆要求把范仲淹斩首。御史杜衍替范仲淹说情，他说：“范仲淹是忠于朝廷的，他这样做本意是替朝廷招安叛贼，怎么能处以重罪！”宰相吕夷简和谏官孙沔都赞成杜衍的意见，上书为范仲淹辩护。宋仁宗的头脑也冷静下来，决定从轻发落，免去范仲淹边帅职务，降任耀州（今陕西耀县）知州。

这时的韩琦因好水川战败，也被降官一级，改知秦州（今甘肃天水市），宋朝派陈执中为同陕西经略安抚诏讨使，协助诏讨使夏竦处理军务，但夏、陈二人意见不合，于事无补。李元昊也非常轻视他们，夏竦曾在边界张榜，悬赏五百万贯取李元昊的人头，李元昊听了大怒，亲自写了一张悬赏夏竦人头的榜文，派奸细装扮成卖荻箔（编席子用的）的山民，悄悄地带到宋朝。

西夏奸细背着荻箔，装模作样地在宋朝边界市场绕了一圈，然后找了一个酒馆，将荻箔立在酒馆门外，叫了酒菜，吃喝起来。酒足饭饱后，故意把荻箔落在酒馆门口，扬长而去。到了晚上，食客全部走光了，酒馆老板偷着乐，以为发了洋财，让店小二把荻箔搬到后院，打开捆绳，发现里面夹着李元昊榜文，说“有得夏竦头者，赏钱两贯”。夏竦听说后，赶快派人遮掩，但消息早到处传遍了，可见李元昊是如此轻视夏竦。

还有夏竦曾秘密召集幕僚商议五路进讨，花了五昼夜时间完成一大摞调动兵马、运送粮草文件，封锁在一个大柜里面。突然一夜之间这些绝密文件被西夏间谍盗走了。夏竦惊恐万状，连忙派人私下访求，过了几天，间谍又把文件放回柜盖上，从此夏竦不再议五路伐夏。

朝廷见夏竦、陈执中无能，不到半年就解除二人统帅职务，决定重新起用韩琦、范仲淹。出于军事上的需要，宋朝将陕西路划分为秦凤、泾原、环庆、鄜延四路（四个军区），任命韩琦为秦凤路经略安抚使兼知秦州，王沿为泾原路经略安抚使兼知泾州，范仲淹为环庆路经略安抚使兼知庆州庞籍为鄜延路经略安抚使兼知延州，庞籍到延州后，重新打开夏宋两国议和大门。

（杜建录）

讨价还价　咬文嚼字争名分

西夏天授礼法延祚五年（1042 年）十月，宋知延州兼鄜延路经略安抚使庞籍到任不久，向朝廷报告：“从各地传来消息，西夏境内大旱，黄鼠啃光庄稼，多年和宋朝不通贸易，茶货奇缺，物价飞涨，老百姓都希望两国和好。”宋朝因战事失利，困难重重，也希望尽快结束战争，于是请辽朝出面向西夏传话。

辽朝十分乐意充当中间人的角色。宋庆历三年（1043 年）正月，辽使王惟吉从西夏来到宋朝，对宋仁宗说：“我奉大辽皇帝的命令，见过西夏国主李元昊，让他请罪讲和，如果宋朝按照辽朝礼制册封李元昊，李元昊肯定会洗心革面，悔过自新的”。

听了辽使的话，宋仁宗感到议和有门，立即下令鄜延路经略安抚使兼知延州庞籍具体负责这件事。宋仁宗给庞籍的议和原则是：“只要李元昊称臣，其他一切都好商量，甚至称皇帝也无妨，但如果能改称单于、可汗，那是最好不过了。”这比范仲淹提的议和条件宽多了。

庞籍领命后，考虑用何种方式与西夏接触才不失大国体面，这时他想起了被扣押的夏国间谍李文贵，让他回国给李元昊传话，是最合适的人选。于是派人召来李文贵，做了一番交代，并一再强调，一定要有正式的国书，才能上报朝廷。

李文贵回到夏国后，向李元昊报告了庞籍的口信。早有讲和之意的李元昊十分高兴，当即从地牢里放出宋朝奸细王嵩，同李文贵一起到延州见庞籍。

经过李文贵和王嵩的投石问路，李元昊知道议和有望，西夏天授礼法延祚六年（1043年）四月正式派刺史贺从勖出使宋朝。

贺从勖一行人马来到延州，鄜延路经略安抚使兼知延州庞籍在帅府接见夏使。双方分宾主坐定，贺从勖说："契丹派人到本国，转告南朝（宋）派梁适侍郎到契丹，说南北两朝已修好，只有西界还不安宁，请出面劝西界讲和，所以本国派我来上书。因为本国已有自己的国号，不能以臣子的身份上国书"。

贺从勖的一番外交辞令，说的圆滑，不失身份，他来宋朝上书是辽朝从中斡旋的，称本国为西界，与南朝、北朝相提并论，因为有自己的国号，所以李元昊不能以臣子的身份上表。

庞籍听明白了，绕来绕去，就一句关键性的话，即西夏不愿向宋朝称臣。他心里在琢磨，这样的书信是不能随便转呈朝廷的。于是庞籍让负责接待夏使的保安军判官（负责文案处理的幕僚）邵良佐打开来信。信的开头有这样一句话，"男邦泥定国兀卒曩霄上书父大宋皇帝"，"邦泥定"是西夏自称"大白高国"的党项语称，"兀卒"意为青天子，表示李元昊已称皇帝，"曩

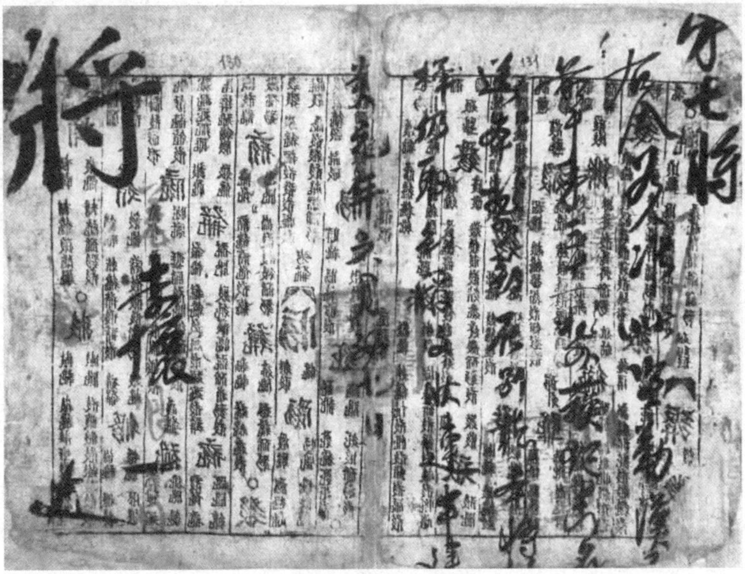

宋朝西北边境军事公文

（黑水城出土）

胥”是李元昊新改的名字。按照当时的封建正统观念，西夏是夷狄，宋朝是“中国”，“中国”对夷狄称男则为卑，夷狄对“中国”称男则为亢。李元昊对宋称男不称臣，是抬高自己，贬低宋朝。

庞籍心中很不高兴。此前，宋仁宗给他交代过，讲和底线是李元昊称臣，只要称臣，其他条件好商量。现在李元昊称男不称臣，名分不正，庞籍表示不敢向朝廷呈报。

贺从勖这下着急了，连忙解释道：“子事父和臣事君一样，请让我到汴京见天子，如果天子不答应，我再回去商量。”表示在这个问题上有商量的余地。

为了能使和谈继续下去，庞籍将这一情况报告给朝廷，并说李元昊虽然没有在信中称臣，但派来的使节言语恭顺，不如让他入京朝见，然后再选派善辩使臣到西夏劝说，李元昊“必称臣矣”。求和心切的宋仁宗认为庞籍言之有理，同意夏使来京。诏令沿途州县隆重接待，各州通判（州副）亲到驿馆宴请慰劳。

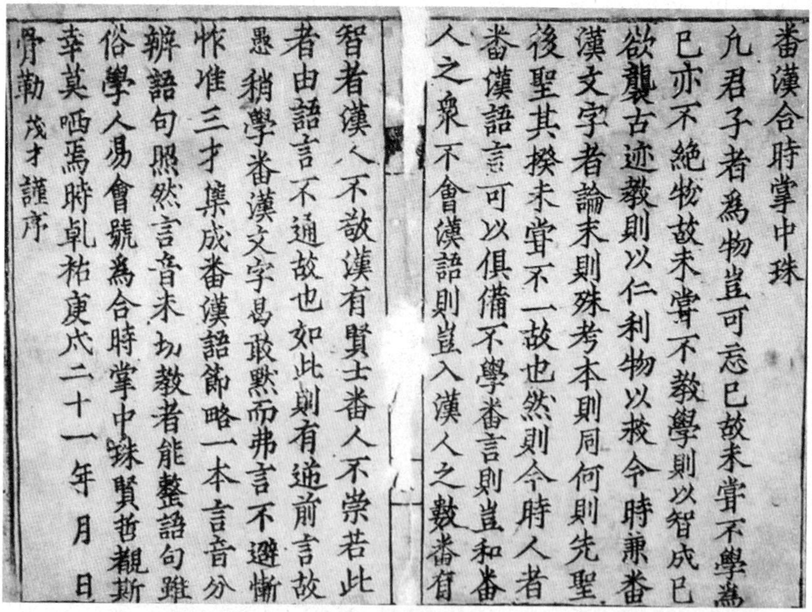
番漢合時掌中珠
凡君子者為物豈可忘已故未甞不學為已亦不絕物故未甞不教學則以智成已欲襲古迹教則以仁利物以救今時兼番漢文字者論末則殊考本則同何則先聖後聖其揆未甞不一故也然則今時人者番漢語言可以俱備不學番言則豈和番人之衆不會漢語則豈入漢人之數番有智者漢人不敬漢有賢士番人不崇若此者由語言不通故也如此則有逆前言故愚稍學番漢文字曷敢默而弗言不避慚怍准三才集成番漢語節略一本言音分辨語句照然言音未切教者能整語句雖俗學人易會號為合時掌中珠賢哲覩斯幸莫哂焉時乾祐庚戌二十一年 月 日
骨勒茂才謹序

番汉合时掌中珠·序

（黑水城出土）

得到皇帝同意后，庞籍立即派保安军判官邵良佐陪伴贺从勖起程，经潼关、陕州（今河南三门峡市）、西京（今河南洛阳市）、郑州（今河南郑州市），到达汴京开封城外的都亭西驿，等待朝廷命令。

机要人员将李元昊的书信取来，交给资深的外交家富弼和中书、枢密两府大臣。经过激烈讨论，富弼和两府大臣认为，贺从勖朝见皇帝名不正，言不顺，只有李元昊称臣，皇帝才能接见。于是决定由枢密院出面，召见贺从勖，提出六点意见：一是带来的书信有一字犯圣祖名讳，不能进呈皇帝，原书退回；二是李元昊对宋帝称男，虽表示情愿恭顺，但父子之间没有不称臣的道理，今后上表称臣，朝廷当册封为夏国主；三是允许西夏自设机构，自任官员，即建立行政特区。四是宋朝每年赐赠西夏白银二万两、绸绢二万匹、茶叶三万斤（战争赔款）；五是允许开放两国边贸市场；六是两国在沿边修筑堡寨维持原状。

贺从勖听了枢密院提出的六点意见，不敢当面争执。仁宗皇帝令邵良佐以著作郎的身份出使夏国，与贺从勖一同返回兴庆府商议。

邵良佐到了兴庆府后，李元昊俨然以战胜者自居，十分傲气地躺在龙椅上，责问宋使邵良佐，“朝廷既然想议和，何必去问辽国”，脸色十分难看。

针对宋朝提出的六项提议和条件，西夏天授礼法延祚六年（1043 年）六月，李元昊派如定聿舍、张延寿等人同宋使邵良佐到汴京，向宋朝提出割地、赔款（岁赐）、不称臣、自立年号、改“兀卒”为“吾祖”，“巨细凡十一事”。

面对西夏的强硬态度和提出的十一件事，宋朝内部展开了激烈的争辩。宰相晏殊等两府重臣大多厌战，主张答应。只有一人坚决反对，他就是刚从陕西前线调回朝廷，新任枢密副使韩琦。二人在皇帝面前各抒己见，相持不下。宋仁宗下令两府再议，到了宰相府，韩琦的态度更加坚决，晏殊“变色而起”，不欢而散。

李元昊这次提讲和条件时，玩了一个文字游戏。本来宋朝已答应了他的“兀卒”（青天子）称号，他偏偏又把“兀卒”改成“吾祖”，以刺激宋人的神经，作为讨价还价的砝码。正如李元昊所盘算的，宋朝资深的谏官在“兀卒”改“吾祖”问题上大做文章。

谏官蔡襄说：“李元昊开始号称‘兀卒’，等到邵良佐回来，又改称‘吾祖’，这是夏人在侮辱朝廷。‘吾祖’就是‘我翁’，‘我翁’就是‘我父’，即使李元昊称臣，朝廷给他赐诏书时称‘吾祖’，这叫啥话！”

谏官余靖也认为李元昊改称“吾祖”是在玩弄朝廷，他说古时候边疆民族称单于、可汗，中外共知，如果称这类名号，当然没有嫌疑，现在李元昊无端编出个“吾祖”。他称陛下为父，却让陛下称他为“我祖”，这不是明明在玩弄朝廷吗？

以文学著称的欧阳修更是咬文嚼字，他分析说：“‘吾’，就是‘我’的意思，‘祖’，就是‘翁’（‘父’）的意思，现今贩夫走卒都不肯随便呼人为父，何况是贵为天子的皇上。如果答应李元昊称这个名号，今后朝廷赐诏书时就得写上‘吾祖’，这不是让皇上呼李元昊为‘我父’吗？不知何人敢开口！”

既然李元昊改称“吾祖”是这样的意图，宋朝当然不会答应。一个多月后，宋朝又派张子奭、王正伦出使西夏。这次宋使张子奭把价压得很低，要西夏归还侵占的城寨，赔款（岁赐）不超过十万，以迫使李元昊在名分和称号上让步。

李元昊更是针锋相对，派人对张子奭说：“至少二十五万，没有这个数，你别想回国，就在这里待着吧！”经过激烈的斗争和讨价还价后，双方都有一些让步，李元昊基本上同意称臣和去掉“吾祖”名号，张子奭原则上答应每年赔款（岁赐）20万。李元昊这才放他回去。

虽说双方都妥协了，但离正式签约还有很大的距离，因为李元昊放张子奭回国时，让他给朝廷带了一封信，李元昊提出每年向宋朝出口10万石青盐，这样问题又来了。中国历史上自汉武帝实行盐铁专卖后，把盐利收归国家，卖盐收入成为国家财政的重要支柱，如果答应西夏在沿边地区出口青盐，就破坏了一千年来的专卖制度。如果官方把西夏的盐包买下来，又得给西夏10万贯钱，加上已答应的20万赔款，就30多万了，和给契丹的赔款差不多，又担心引起契丹不满，要求追加赔款（岁币）。

张子奭回来一个多月后，即1043年12月，李元昊又派张延寿出使宋朝，把赔款（岁赐）提高到30万，比原来达成的20万涨了10万，而宋朝只答应再加5万。

正当夏宋议和陷入僵局的时候，夏辽关系发生了重大变化。两国因边界民族问题，矛盾越来越尖锐，以致发展到战争，李元昊既然得罪了辽朝，就不敢再同宋朝闹翻。1044年6月，李元昊遣使向宋朝上议和保证书（誓表），同意向宋称臣，同时请宋朝赐颁“誓诏”（议和保证书）。

这时的宋朝神气起来了，也想来个坐山观虎斗，派人到辽朝打探消息。9月李元昊再次遣使来请，为了使李元昊“专力东向，与契丹争锋”，宋朝很快颁赐“誓诏”，给李元昊吃了个定心丸。12月宋朝遣张子奭等前往兴庆府，正式册封李元昊为夏国主，每年赐赠西夏（赔款）绸缎15.3万匹、银7.2万两、茶3万斤，总计25.5万。一年多的夏宋议和终于画上了句号。

（杜建录）

天都藏美　李元昊新纳没㖡氏

没㖡（一作摩移），是西夏的一个大姓，这个家族在西夏王国没有显赫的社会地位，其族人也没有创造出惊天动地的丰功伟绩。但却出了一位绝代佳人，由此引发的宫廷斗争，上演了一幕幕残酷而凄楚的人间悲剧。

美女没㖡氏是李元昊臣没㖡皆山（一作克结星）的掌上明珠，她的家乡在葫芦河（今宁夏南部清水河）东岸的群山中。这里草丰林茂、牛羊遍野，这方山水养育了楚楚动人、婀娜多姿的没㖡氏。

西夏天授礼法延祚四年（1041 年）的早春二月，西夏出兵天都山，发动好水川（今宁夏隆德县西北）之战，宋将任福全军覆没。战后，李元昊凯旋天都，欢庆胜利。在南牟会（一作鼐摩会）城，天都大王野利遇乞大摆宴席，招待昊王及各路将领。

此战出奇制胜，重创宋师。李元昊认为胜利全赖于天都优越的军事地理条件。故而经营天都意义重大，必须加紧实施。随军出征的太师、尚书令兼中书令张元心领神会，建议尽快在天都打造一个小兴庆府，就近决策指挥，直取长安。

春光明媚，山花烂漫的四月，有一天李元昊偕张元、野利遇乞等文武大臣游览天都风光，登高览胜，李元昊喃喃自语道：“江山无限好，只是缺美人”。张元马上附和道：“昊王乃当今英雄，自当拥有一切。”事后张元上了一道奏折说：“天都为五路要地，是我大夏点集兵马的军事基地，由此发兵可经渭州（今甘肃平凉），直捣长安。今昊王欲取关中，雄霸天下，现有的南牟会城已不适应这种战略需要。应在天都修建一座繁华壮丽的离宫，让昊王运筹帷幄，处理军政大事。”众将领同声赞成，李元昊喜笑颜开。遂任命张元为国相，着手离宫建设，以迎娶他新相中的美人没哆氏。

西夏女供养人像

（安西榆林窟第 29 窟）

西夏天授礼法延祚五年（1042 年）8 月，天都离宫按期竣工，宏伟壮丽的七座大殿布局精美，巧夺天工，飞檐翘角，雕梁画栋，曲廊通幽，红墙绿瓦，一派皇家气象。

一个天高云淡、风和日丽的日子，没哆氏身着党项民族的华丽嫁妆，乘坐李元昊派来的迎亲彩车，在族人的伴送下，欢欢喜喜地向天都离宫走来。

浩浩荡荡的迎亲队伍来到天都山下，西夏数万将士列队迎接，鼓乐喧天，欢声如雷。在国相张元的主持下，李元昊与没哆氏举行了盛大的结婚典礼。从此，李元昊春风得意，“日与没哆氏宴乐其中”。英雄戏美人，美人伴英雄。

新婚燕尔，如漆似胶。李元昊与没哆氏蜜月还未度完，远在贺兰山下的兴庆府城内就有人放出谣言，说没哆氏本是太子的未婚妻，昊王见其美，竟占为已有。

这事还得从皇后野利氏说起。野利氏是李元昊奶奶野利家族的人，出身豪门大族，仅朝中就有野利仁荣、野利旺荣、野利遇乞等重臣。她和李元昊生有三个儿子，长子宁明为太子，次子宁令哥，三子薛哩（一作锡哩）早死。谣言所说的“太子”当指长子宁明。造谣者显然是对李元昊怀恨在心，借此想引起宫廷内乱。好在李元昊与太子并未在意，此事也就销声匿迹了。因为西夏人有“妻其庶母及伯叔母嫂、子、弟之妇”的婚俗，国君娶未过门的儿媳为妇，无可厚非。

当年闰九月，李元昊出兵攻打镇戎军（今宁夏固原），定川一战，斩杀泾原路副总管葛怀敏，纵兵南下渭州，大肆抢掠财物，满载而归天都山，李元昊送给没㖫氏许多战利品。

乐极生悲。这年十二月，太子宁明学道修功，走火入魔，不幸身亡。李元昊悲伤之际，立年幼的次子宁令哥为太子。他不想回兴庆府，继续与没㖫氏住在天都山离宫。

天都山兵马云集，声势浩大，西夏中央政府官员往来频繁，这使宋朝的边将们十分担忧。边帅韩琦、范仲淹联名给朝廷写了一份报告，说："今李元昊在天都山营造离宫，必有建都郊祀之僭，以后官方文字与军民语言，当有西朝、西帝之称。因其地直通汉界，我方逃亡人员必去投奔李元昊。西顾之忧，后果不堪设想。"

为铲除边患，宋朝巧施离间计，先后杀了野利王旺荣和天都王遇乞，断了李元昊的左右臂。西夏国天灾人祸，内外交困，李元昊不得不称臣纳款，这使张元直捣长安的宏伟理想化为乌有。西夏天授礼法延祚七年（1044年）冬，壮志未酬的张元一病不起，愤然离世。李元昊失去了几位心腹大臣，心里空荡荡的，就把没㖫氏接到兴庆府，以排解郁闷，消遣时光。

西夏绢花
（贺兰山拜寺口双塔出土）

1047年6月，李元昊废掉失宠的野利皇后，立没㖫氏为新皇后，然而好景不长，一年多后，西夏祸起萧墙，太子宁令哥受没藏讹庞的挑唆，刺杀元昊，结果割掉了父皇李元昊的鼻子，李元昊因伤势过重，不久死去。没藏讹庞以谋逆罪杀掉太子，立自己的外甥，年仅一周岁的李谅祚为帝，遵李谅祚母为太后，朝政落入没藏家族手中。

身居贺兰山离宫的没㖫氏听到李元昊惨死的噩耗，如晴天霹雳，悲痛欲绝，终日以泪洗面。她多次要求回天都山离宫以度残生，但都被讹庞以国母身体尊贵，不得轻易外出为由拒绝。

1049年的冬天，贺兰山分外寒冷，凄凉的离宫内死气沉沉，全没有往日的繁华热闹景象了。十月，辽朝大将军耶律敌鲁古挥师由凉州直扑贺兰山，夏人战败，契丹兵轻取离宫，国母没啰氏及部臣僚的家眷成了辽军的战利品。

茫茫雪原，寒风呼啸。一辆木轮老牛车咯吱吱地碾过冰雪覆盖的大草原，车上蜷缩着身心疲惫、容颜憔悴的没啰氏。经过几十天的风雪兼程，没啰氏一行来到了辽国的上京（今内蒙古巴林左旗南波罗城）。辽朝君臣认为，没啰氏虽不是国主李谅祚的生母（一说误为生母），但毕竟是开国皇帝李元昊的皇后，是国母，拘押没啰氏可以重挫西夏锐气，炫耀大辽霸业。同时还可以作为谈判筹码，要挟西夏，使其俯首称臣。但没藏讹庞与没藏太后并不买账，他们点集兵马，日夜操练。

1051年的夏天，辽主觉得把没啰氏留在上京已没有啥意义了，决定迁到后方。六月的一天，没啰氏与先后被俘的西夏人，统统被迁往苏州（即高丽人的南苏，今辽宁新宾东北一带），也有人说迁到了蓟州（今天津蓟县和河北三河一带）。

此次迁居，离西夏国土更远，回首西望，关山重重，故国遥不可及，没啰氏的心破碎了，只有孤独忧伤将伴随着她走完这漫漫的人生之路。

（刘　华）

巧施离间　李元昊屈杀野利王

野利家族为党项豪门望族。李元昊称帝建国，野利氏被封为皇后，内主后宫；野利旺荣统领明堂左厢兵马，野利遇乞统领天都右厢兵马，外掌兵权，成为西夏东西两大军区的兵马大元帅，分别指挥着横山地区与天都山地区的军事行动。

野利旺荣，号横山大王，宋朝边将又叫他刚浪凌，他的帅府设在夏州（今陕西靖边统万城）弥陀洞，以横山为大本营，对抗宋朝的鄜延、环庆路。野利遇乞，号天都大王，驻防在南疆天都山，这里是西夏人的“畜牧耕稼膏腴之地”，以今天宁夏南部海原县的西华山、南华山、月亮山为天然军事屏障，对抗宋朝的泾原、秦凤路。

旺荣、遇乞骁勇善战，为李元昊的左右臂膀，常常重拳出击，使宋朝边境不得安枕。1038年后，他俩配合李元昊的武力扩张政策，曾攻陷延州的金明寨，生擒宋朝的“铁壁相公”李士彬；大败宋军于三川口，活捉鄜延、环庆副都部署刘平、石元孙；取塞门寨，执寨主高延德；攻三川寨，杀西路都巡检使杨保吉；用兵好水川，杀行营总管任福；用兵定川寨，杀泾原路马步军副都总管葛怀敏。

西夏铁骑东征西战，攻城略地，兵锋直指长安；宋王朝损兵折将，疲于奔命，惶惶不可终日。当时陕西四路统帅王沿、韩琦、范仲淹、庞籍虽然拥兵30多万，但防不胜防，一筹莫展。

边境烽火连天，关中人心动摇。宋廷厌战求和，曾多次指示边帅招抚李元昊，诱降旺荣、遇乞二将，以解朝廷的西顾之忧。但西夏君臣不吃这一套，依然是天马行空，所向披靡。

当时青涧城里驻扎着宋朝的一员名将，此人叫种世衡，计谋多端。他摸准了李元昊猜忌大臣的心理，决定巧施离间计，屈杀野利旺荣和野利遇乞。

话说青涧城外有座紫山寺（一说悟空寺），寺内有个不安分守己的僧人，名叫王光信。此人强悍勇健，精通骑射，对西夏境内的山川道路了如指掌。种世衡经长期观察，发现此人重义气，诚实可靠，能共大事。他将王光信请进城内将军府，冠带加身，尊为座上宾，改名王嵩。

王嵩放荡不羁，挥霍无度，种世衡投其所好，为其置办了衣食住行用等一切生活品，“恣其所欲，供亿无算”。王嵩吃喝嫖赌，无所不为，种世衡不但听之任之，而且成了莫逆之交。

突然有一天种世衡翻脸大怒，对王嵩呵斥道：“我种某待你不薄，你怎敢背着我私通西夏?！来人！拉下去重打八十大板！”兵士一拥而上，不由分说，将王嵩按倒在地，“械系捶掠，极其苦楚”，好一顿棍棒齐下的毒打。前后一个月的苦刑折磨，王嵩皮开肉绽，九死一生。但他对种世衡忠心耿耿，从无怨言。行刑官不明内情，威逼招供。王嵩慷慨陈词：“我王嵩大丈夫立世，一仆不事二主！今种将军听信奸人谗言，陷我于不义。请转告种将军，我王嵩忠贞不贰，此心苍天可鉴！”

此情此景，种世衡感动的唏嘘不已，心里踏实了。他亲自给王嵩解去绳索，洗浴敷药，搀扶到自己的卧室，安慰厚谢，并说出真相：“你没有过错，我这是在考验你。因为以后你会遭遇到比这更惨酷的场面。我想用苦肉计离间西夏君臣，你能为我保密吗?”王嵩涕泪横流地说：“知遇之恩，没齿不忘！王某愿为将军赴汤蹈火，死而无憾！”

种世衡在一块白布上给野利旺荣写了一封信，语句多为问候日常生活中的饮食起居情况，但在字里行间闪烁其词，夹杂了一些隐讳的词语，读来容易造成歧义。如曾多次秘密约会，盼望早日决断，弃暗投明，等等。书信写好后，种世衡用蜡水密封，藏进王嵩的百衲衣内，外面又用针线严密缝住。他告诫王嵩：“此信不到生死关头不得泄露。待时机成熟泄露时，你也要说出大功未成辜负了将军的重托等话，以迷惑西夏君臣，使他们深信不疑。”王嵩一一铭记在心。临行前，种世衡又画了一串枣子和一只乌龟，意思是期盼旺荣早归大宋。

王嵩不敢耽误，直奔西夏山界。没去多远，便被巡逻的夏兵捉获，押送到大帅野利旺荣帐前。王嵩直言受种世衡将军托付，把枣龟图呈给旺荣。旺荣见此大笑道：“我平素很敬重种将军，今日却玩此小儿妇人伎俩！”但心里还是有些后怕，他想这老和尚一定带有密件，于是严令交出。王嵩贼眉溜眼，故意环顾左右，似有隐情。旺荣叫部下搜身但没有发现任何信物。可枣龟图事关重大，旺荣不敢销毁，赶紧上报李元昊，表明自己对大夏皇帝的忠贞。随后把王嵩囚禁在帅府的地牢中，等待昊王发落。

李元昊看了枣龟图，心中疑虑加剧，速令旺荣带上王嵩前来兴庆府。旺荣押着王嵩，一路风尘，马不停蹄赶到都城兴庆府。先押到枢密院，后又转入中书府，开庭审问。大堂上坐着几位西夏官员，旺荣也在其中，气氛异常紧张。一夏官严令王嵩坦白交代，王嵩应对如前，不承认有什么秘信。夏卒扒去他的外衣，捆绑住他的手脚，一顿杀威棒，痛苦万状的王嵩咬牙切齿，死不改口。

严刑拷打得不到什么结果。几天后，王嵩被带到一座豪华宫殿，只见门上挂着斑竹帘子，穿着绿色衣服的小宫人站在两边，他估摸着这里一定是李元昊的皇宫，心中有了主意，该到泄露机密的时候了。一会儿，有人掀开帘子走了出来，严厉呵斥道：“你不从实招来，死路一条！”王嵩镇定自若，应对如故。那人一声令下：“拉出去砍了！”此时，王嵩号啕大哭，声泪俱下：“种将军托我给野利王送信，叮嘱再三不得泄露。今不幸空死，误了大事。我辜负了将军！我辜负了将军！”高坐在帘子后面的人（李元昊）一听此言，急命刀下留人。追问之下，王嵩一一招供。夏卒从百衲衣中搜出了书信，呈给帘后坐着的人。随后，王嵩被安排到馆舍，受到热情招待。

李元昊看着种世衡写给旺荣的信，似懂非懂，将信将疑，心乱如麻，野利旺荣真的要背叛大夏吗？为探明此事真相，西夏天授礼法延祚五年（1042年）夏的一天，李元昊秘密派遣他的爱将李文贵假冒野利旺荣的党徒，去青洞城拜见种世衡。李文贵通报说："王嵩带来的书信，旺荣大元帅百思不解其意，是否为了通和一事，请种将军明示在下。"种世衡不知此人底细，未便当即接见。他叫部下把李文贵安排到馆舍休息，派了一位副将与其面谈。当问及兴庆府的人事风物，此人对答如流，无所不知；当问及旺荣帅府的情况，此人含糊其辞，模棱两可。这个时候，正好有几个西夏俘虏在青涧城，种世衡让他们从门缝里偷窥，他们一眼就认出此人正是李元昊近臣李文贵。种世衡立即报告庞籍，庞籍认为这是李元昊在试探虚实，应将李文贵扣留下，不要急于放回。

西夏力士像
（贺兰县宏佛塔出土）

李文贵一去不复返，使李元昊对野利旺荣的反叛深信不疑。他决定继续利用旺荣。转眼到了西夏天授礼法延祚六年（1043 年）的正月，宋仁宗诏令庞籍招纳李元昊。乘此机会，庞籍释放了李文贵，让他向李元昊转达仁宗皇帝希望双方休战和好之意。李元昊喜出望外，因为连年征战，国力艰难，正需休养生息。来而不往非礼也，李元昊也释放了王嵩，并令旺荣起草拟定议和的条款，由王嵩带着李文贵，拿着旺荣的书信前去延州谈判。这样一来二去，宋夏最终达成协议，李元昊认为野利旺荣再没有存在的必要，遂以叛国投敌罪，诛其全家。

种世衡用"苦肉计"陷害野利旺荣时，暗算野利遇乞的"借刀杀人计"，也在一步步地实施着。

天都大王野利遇乞佩挂着一把李元昊赏赐的宝刀。种世衡琢磨着在这把刀上做文章。几经刺探，种世衡发现羌酋苏吃曩的父亲深得遇乞宠信，二人关系密切，亲如兄弟。于是，他便派人潜入西境，用高官厚禄将苏吃曩诱骗到青涧城，酒肉招待，歌舞伺候，使苏吃曩神魂颠倒，无力自拔。

有一天，种世衡邀请苏吃曩到他的将军府，酒过三巡，他拐弯抹角地说：

“听说天都大王野利遇乞有一把宝刀，削铁如泥，锋利无比，种某想一睹真容，不知大酋长能否取来让我一饱眼福?”

苏吃曩正喝到兴头上，脱口而出：“这有何难！凭我老爹和天都大王的关系，我一定能给你弄来。”种世衡一拍胸脯，许下重愿：“只要你把宝刀拿来，我当奏请朝廷，赐你金带、锦袍，并封你官位，让你一生荣华富贵!”

想到自己风餐露宿，终日跟着牛羊的屁股奔走的苦处，苏吃曩心花怒放。他告别种世衡，快马加鞭，直奔天都而去。

苏吃曩曾跟随父亲多次拜访过野利遇乞大王，遇乞把他当作侄子看待，并不戒心。这一次，苏吃曩买通野利遇乞的卫兵，乘他去天都山石窟礼佛的机会，入室盗取宝刀，扬鞭催马，返回青涧，交给种世衡。

种世衡抚摸着寒光闪闪的昊字宝刀，一条借刀杀人的毒计生成了。他利用野利遇乞与李元昊乳母白姥的矛盾，派人在西夏边界散布谣言：野利遇乞大元帅为西夏立下过汗马功劳，但却遭到小人的诽谤，蒙受不白之冤。遇乞送给种将军一把宝刀为信物，决定投奔大宋明主，不料被人告发冤死九泉之下，种将军为表达对野利遇乞大元帅的敬重之意，决定择日在边境上祭奠。

事出有因，无风不起浪。这里加说一段故事：有一年，野利遇乞带兵巡边，深入宋朝境内数日，夜不归宿。李元昊乳母白姥乘机告了一状，说是遇乞图谋不轨，李元昊由此对遇乞有所怀疑，但因是用人之际，没有公开问罪。

这一次丢了宝刀，着实让野利遇乞吃惊不小。苏吃曩见遇乞追查得紧，早就藏匿起来，再也没有抛头露面。正当遇乞为宝刀忧心忡忡之际，外界又传来种世衡因刀设祭的谣言，一种不祥的预感涌上了他的心头。此事一定会传到兴庆府，也一定能传到李元昊的耳中，生死攸关，可现在只能听天由命了。

1042 年的秋末冬初，在一个风清月朗的夜晚，种世衡邀请了紫山寺的僧人，并派了几个部将，在兵士的保护下，悄悄地来到西夏境内的一个山塬上，面向天都山，设置了祭祀的道场。他们点燃大堆纸钱（夹杂着柴草），火光冲天，照耀川谷。有几片木版，上面写着宋朝边将与野利兄弟多次相见的欢乐情景，功败垂成，对其不幸遭遇痛心疾首等语句。祭悼的人有意识地把木版烧的残缺不全，将要紧的文字故意留给西夏人看。僧人们高声诵经，金鼓齐鸣，悲怆的唢呐声响彻夜空。

祭悼活动惊动了西夏的巡边士卒，他们呼喊着向山塬冲来，参加祭悼的人假装害怕，落荒而逃。西夏士卒面对眼前的精美祭具及千余两金银财宝欢呼不已，原想这回可发大财了。不料有人拾到了昊字宝刀，有人从火中拣出了写有文字的木版，众人倒吸一口凉气，这不是闹着玩的。他们急忙将这里发生的一切报告给边将，边将更怕祸及自身，不敢怠慢，于是十万火急，昼夜兼程，把收缴的物品全部上呈李元昊。

李元昊抚摸自己赐给遇乞的宝刀，两眼凶光熠熠，雷霆大发："遇乞老儿，为何负我！"他在地下转了几圈，拿起烧焦的木版，看着那些残存的文字，怒火中烧。这使他又想起了那些不愉快的往事——当年白姆告发遇乞有叛逆之心，当时正是用人之秋，本王未去追究。现在看来，不杀遇乞不能正军纪！

更为可怕的是，近来谣言四起，说野利家族将来在太子宁令哥成婚之夜起兵反叛，此事宁可信其有不可信其无。现在看来，先下手为强，不杀遇乞会后患无穷！

还有一件难以启齿的事：野利遇乞的老婆没藏氏风情万种，姿色不减当年，弄得李元昊心猿意马，魂不守舍。碍于君臣名分，不得放肆。不杀遇乞李元昊怎能如愿以偿呢！

但咋个杀法，的确让李元昊犯难。倘再来个灭其家，没藏氏咋办？倘留下没藏氏而杀了遇乞全家，大臣们必然有异议。李元昊前想后思，权衡利弊，最终下定决心：赐死遇乞一人。

1043 年，是野利家族家破人亡走向衰落的凶煞之年。九月的一个黑夜，李元昊的幸臣悄然来到囚禁野利遇乞的大牢。向遇乞宣布了昊王的谕旨，并递上那把失而复得的昊字宝刀。天都王野利遇乞一言不发，悲愤地看着这把夺命刀。突然，他仰天长啸，拔刀自刎。

（刘　华）

祸起萧墙　太子宁令弑元昊

1034 年的寒冬，是西夏人悲喜交加的日子。一是他们的皇太后饮鸩驾崩了，二是他们的皇后又生了一个儿子。

当年十月，有人告发李元昊的舅舅卫慕山喜谋反。李元昊大怒，将卫慕山喜家族全部投进黄河淹死了。后来又追查同党，皇太后卫慕氏（又作米母氏）脱不了干系，因为是母后，当然不能投河，李元昊一杯毒酒把老母送上了西天。国人悲恐，无不胆寒。生母尚且不能活命，其他人的命运可想而知。寒雾阴霾笼罩在西夏国的天空。

出人意料的是妃子卫慕氏活了下来。她是李元昊舅舅的女儿，当时大义凛然，谴责李元昊的凶残成性，大逆不道。李元昊本想连她一并沉入黄河的，因见她身怀六甲，即将临产，就把她幽禁起来，等待产后处置。

恐怖的日子令人窒息，兴庆府死气沉沉。十一月的一个夜晚，一阵怪异的婴儿啼哭声划破了迷茫的夜色，后宫的人都被惊醒了。原来是皇后野利氏为李元昊生下了第二个儿子——宁令哥（又作宁凌噶、宁凌哥、宁令格）。

李元昊坐在野利皇后的身旁，仔细审视着这个刚刚出世的儿子。他越看这孩子越像自己，正宗骨肉，后继又有人了，心里十分疼爱。第二天，李元昊大摆宴席，文武百官欢天喜地，以示庆贺。不久，李元昊向宋朝献良马 50 匹，求得佛经一藏。他此举既想超度卫慕皇太后的亡魂，又想为儿子宁令哥祈福。

我们回过头来再看皇妃卫慕氏。第二年的五月，卫慕氏妊娠期满，产下一个男婴，李元昊动了恻隐之心。他本想给这母子二人一条活路，不料野利皇后却在他的耳旁嘀咕道：卫慕氏生的儿子太像某某大臣了，简直是一个模子里刻出来的。李元昊一听，妒火中烧，大发雷霆，不由分说就将这可怜的母子二人一起杀了。

1036年，失宠的索妃自杀了，所幸没有留下后代。1038年，心高气傲的契丹兴平公主又一命归天，同样没有一男半女。野利皇后假哭了几声，暗自庆幸不已。如今她的长子宁明稳坐着太子之位，次子宁令哥将来长大成人，又是宁明的得力助手。两位皇子的前程不可限量，野利氏精心拨打着自己的如意算盘。

贺兰山拜寺口双塔

然而天不遂人愿，西夏天授礼法延祚五年（1042年）的金秋八月，一贯喜新厌旧的李元昊却在天都山营造了一座豪华离宫，迎娶没移氏为爱妃。这让野利氏有苦难言，忧心忡忡。转眼到了十二月，修道练气功的太子宁明又一命呜呼。野利氏哭得死去活来，李元昊为之心动，就依了皇后的请求，让8岁的宁令哥接任太子之位。

没移氏是李元昊所娶的第七个妃子，以前，从没有人为此说过闲话。可这一次却在兴庆府传出了流言蜚语，说没移氏本是太子的未婚妻，因天生丽质，被昊王霸占去了。这谣言出自何人之口，谁也不敢去追问。至于说没移氏是太子的未婚妻，可前太子宁明已病逝，死无对证，新太子宁令哥只有8岁，谈婚论嫁还不是时候。野利氏听到这个谣传，心里很是害怕。尤其是1043年，野利皇后的娘家人野利旺荣和野利遇乞相继被李元昊杀害。

1045年，又发生了一件恐怖的事，宁令哥的同父异母哥哥，远居夏州王庭镇的阿理，以谋反罪被李元昊沉入黄河，他的母亲咩米氏也被处死了。至此，李元昊只剩下一个儿子，他就是太子宁令哥。朝中文武百官见风使舵，对太子毕恭毕敬，都想早早寻个靠山。正当宁令哥少年得志，准备驰骋疆场，施展他的远大抱负的时候，一件破天荒的事彻底粉碎了他的远大理想。

1047年早春二月的一天，从两岔河畔的李元昊行营中，迸发出一个婴儿的啼哭声，闻者莫不惊诧。随李元昊出征的“尼姑”没藏氏喜得贵子，没藏家族欢欣鼓舞，这一消息迅速传遍兴庆府。

第一个感到大祸临头的是野利氏，她万万没有料到，已经到戒坛寺当尼姑的没藏氏，竟能给李元昊生下一个儿子来！宁令哥的太子之位受到挑战，她的皇后之位也会受到威胁。

野利皇后的担心很快变成现实，不久，李元昊下诏废野利氏为庶人，立没移氏为皇后。舅舅被杀，母亲被废，有这样背景的太子还能立多久。年仅13岁的宁令哥心中充满着恐惧和仇恨。而这时躲在幕后，以妹妹没藏氏裙带关系当上国相的没藏讹庞密切注意着事态的发展。他认为宁令哥迟早要废，不足为虑。担心的是新皇后没移氏若生下儿子，他的外甥，也即没藏氏生的李谅祚就当不上太子、继承皇位了。于是他想出了一个毒招：利用太子宁令哥杀掉李元昊，然后再杀掉宁令哥，立李谅祚为太子。

在没藏讹庞的挑拨教唆下，一个月黑风高的夜晚，宁令哥闯入李元昊的寝宫，一剑虽没有刺中要害，但却割掉了李元昊的鼻子。卫士闻讯赶来，把宁令哥的同党剁成肉酱，宁令哥趁乱逃出，躲到了没藏讹庞的家中。年少无知的宁令哥以为给他出主意的没藏讹庞会把他保护起来。这时已达到目的的没藏讹庞凶相毕露，将惊恐万状的宁令哥砍死。关在深宫的废后野利氏还不知外面发生了什么，就被讹庞的人以叛乱罪杀害了。

大夏国的天塌了，人心惶惶，四方躁动。国不可一日无君，讹庞独掌朝政，急令妹妹没藏氏抱着不到周岁的宁令两岔（李谅祚）匆匆登基，大夏国的第二代皇帝就这样登场了。

（刘　华）

尼姑皇妃　风流太后没藏氏

天都大王野利遇乞的爱妻没藏氏，美丽大方，高贵典雅，是没藏家族的一枝花。野利与没藏两大家族联姻，珠联璧合，比翼双飞于天都山。

1043 年秋天，祸从天降，李元昊屈杀了天都大王野利遇乞，贵妇人没藏氏一下子沦为社会底层的罪犯家属。出人意料的是，李元昊网开一面，没有株连没藏氏。丈夫屡立战功，刚正不阿，却招来杀身之祸，这使没藏氏悲痛欲绝，万念俱灭。她离开天都山大王府，辗转来到兴庆府，娘家回不成了，他们也受到牵连，自身难保。她只好寄宿在城外的一个叫作三香的佛教徒家里，青灯黄卷，了此一生。

后来，野利皇后在李元昊面前为野利遇乞鸣冤叫屈，李元昊良心发现，自知有愧，下诏赦免了野利家族的幸存者。不久，有人报告说在三香家发现了没藏氏。李元昊立即派人把没藏氏接进皇宫，安排在一座别墅里，山珍海味，绫罗绸缎，并指派仆人保细吃多巳及几个丫环悉心伺候，享受的是王妃的待遇。

李元昊是个爱江山更爱美人的皇帝，早在天都山，他就暗恋着没藏氏，只是碍于君臣名分，他只有单相思了。自把没藏氏接入皇宫别墅，他不时前来问寒问暖，关怀无微不至。这样一来二去两人坠入爱河。

天长日久，风言风语传到野利皇后的耳中。她颇为惊讶，对李元昊又是数落又是规劝："朋友之妻不可欺，大臣之妻更不可欺。你作为一国之君，社稷重要，迷恋女色成何体统！"李元昊也觉得这有失君臣之礼，于是按照野利皇后的意见，把没藏氏转移到兴州的戒坛寺，削发为尼，特赐法号“没藏大师”。

佛门圣地，清静无尘，外人都知道没藏大师将在这里潜心修行，殊不知这是李元昊特意选择的以礼佛为幌子的偷情之地。李元昊每次去戒坛寺宠幸没藏法师，均有贴身侍从保细吃多巳侍候。李元昊死后，他和没藏氏好上了，这是后话。

起初，李元昊借口礼佛，到戒坛寺和没藏氏幽会，后来干脆以出巡的名义，直接带上没藏氏外出游玩，部下也都知道皇帝新纳了一个尼姑做“妃子”。这时，已经失宠的野利皇后已无权过问后宫事务了。

1047 年的早春二月，李元昊外出打猎，马嘶犬吠，鹄飞鹰扬。和往常一样，没藏氏随驾远行。大半天的追逐颠簸，没藏氏隐隐感到腹部开始疼痛。黄昏回到两岔河行营，一个男婴呱呱坠地。因为生在两岔河，李元昊给孩子取了个名字叫宁令两岔，后来音转为“宁令谅祚”。第二天早晨，李元昊立即派车马把没藏母子送回娘家。

西夏承天寺佛塔
（银川城内）

出家为尼的妹妹居然生了个皇子，这让有政治野心的哥哥没藏讹庞喜出望外，整个没藏家族也为之感到无比的荣耀。讹庞安排下人精心伺候妹妹坐月子，并挑选了两个奶妈，一个是高怀正的妻子，一个是毛惟昌的妻子。

没藏氏不是平常女子，宁令两岔的降生，把她推向人生的风口浪尖，她没有退路，只有拼杀出一条血路，她母子二人才能生存下去，没藏家族才能出人头地。为此，她和哥哥没藏讹庞精心策划出一套连环计。

首先，没藏氏极力推荐没藏讹庞为国相。这是连环计的第一步。然后，鼓励和支持李元昊废掉野利皇后，册立没㖡氏为新皇后。这是连环计的第二步。紧接着教唆太子宁令哥弑杀李元昊。讹庞堂而皇之平叛，处决太子宁令哥及其生母野利氏。这是连环计的第三步。

1048 年年底，李元昊被太子宁令哥割掉鼻子，失血过多而死，没藏讹庞以国相身份，拥立未满周岁的宁令两岔为大夏国君，封没藏大师为宣穆惠文皇太后。至此，兄妹俩的连环计大功告成。讹庞继续担任国相，权势更加显赫。没藏太后临朝听政。

没藏太后是个有谋略的女人。她认为对抗契丹百弊而无一利，只有联合契丹共同对付宋朝，方能从中获取丰厚的利益。但契丹似乎对她这个尼姑太后冷眼相看，耻于合作。从 1049 年冬季开始，契丹先后破唐隆镇，深入贺兰山，掳去没㖡氏，包围兴庆府，大掠四境，破摊粮城，抢去国库粮草。这些掠夺战，是给没藏太后的下马威。忍无可忍的没藏兄妹也曾以牙还牙，发兵围契丹金肃城，攻三角川，骚扰其边境。但三战皆败，很是狼狈。

为了儿子李谅祚的江山社稷，没藏太后放下尊贵的架子，忍辱负重以各种手段和途径巴结讨好契丹。天祐垂圣元年（1050 年）十月通和，十二月乞臣。二年四月代献方物。三年五月拒收归附的阻卜酋长。福圣承道元年（1053 年）九月进降表，二年七月请婚，十月进誓表。没藏太后的奴颜婢膝没有感动契丹人，契丹主没有答应她的任何请求。直到她去世，契丹也没有给李谅祚册封名号。这让她寒心透顶。

宋朝毕竟是泱泱大国，李谅祚初立，宋仁宗就册封其为夏国主，这使西夏人感到莫大的荣幸。当年十二月，没藏太后派使者向宋朝献去马、驼各五十匹，以示答谢。至和二年（1055 年）春二月，绥州蕃族酋长阿讹等人率众投奔宋朝，仁宗皇帝念李谅祚幼稚，不愿边境生事，诏令阿讹等回归西夏。没藏太后感动不已，于当年四月遣使进贡方物，仁宗赐《大藏经》以示关怀。

没藏太后曾经出过家，掌权后大兴佛教，调动兵民数万人，在兴庆府西侧建造一座规模宏大的寺院，并在寺院中修造一座高大的佛塔。大寺竣工后，赐名承天寺。没藏太后把宋朝赐来的《大藏经》珍藏塔内，并邀请回鹘高僧登座译经讲经，她带着八岁的小皇帝李谅祚不时前来聆听。

当上太后的没藏氏在生活作风上不改初衷。她化妆妖艳，穿戴时髦，每次外出游玩，前呼后拥，骑从甚众。尤其是喜好夜间玩乐，张灯结彩，豪华奢侈，通宵达旦，纵情欢娱。

李元昊死去，她耐不住寂寞，身边收留着两个情人。一个是第一任丈夫野利遇乞的管家，名叫李守贵，因为这层关系，他们走得很近，成为无话不说的知心人。另一个是第二任丈夫李元昊的贴身侍卫，名叫保细吃多已，李元昊到戒坛寺和她幽会时，他是把门放哨的，所以也是知根知底的，“出入无所间”。

没藏太后虽然风流，但“御男”之术不高，经常引起二人争风吃醋，大打出手。没藏氏多站在偏向保细吃多已的立场，这更引起了李守贵的妒忌和不满，竟雇人杀死没藏氏和保细吃多已。没藏讹庞借机族灭李守贵。把年仅 9 岁的小皇帝李谅祚接到家中抚养，并将女儿许配给李谅祚，成为西夏历史上第二代没藏皇后。

这时的没藏讹庞摇身一变，既是国舅宰相，又是国丈大人，因没有没藏太后的约束，更是有恃无恐。对内诛杀异己，贪赃枉法；对外兴兵侵略，与邻为敌。

西夏奲都三年（1059 年）八月，讹庞借故要杀害高怀正、毛惟昌，李谅祚曾出面说情阻拦，希望刀下留人，网开一面，但讹庞却把李谅祚的话当作耳边风，这使李谅祚无比愤怒。谁都知道，李谅祚是吃高、毛二人的妻子的奶水长大的。他对奶妈敬如母亲，他把高、毛两位大臣倚为心腹。近年来，李谅祚渐渐懂事，高、毛二人经常将民间疾苦及朝野对讹庞的不满说给李谅祚听。这下得罪了讹庞，正巧有人告发高怀正放高利贷逼死人命，毛惟昌偷穿过昊王的盘龙服，证据确凿，罪名成立，讹庞将高、毛两家满门抄斩。

1061 年，李谅诈已 14 岁，他要行使皇帝至高无上的权力。对舅舅兼岳丈的没藏讹庞的专横跋扈憎恨不满，对奶妈两家人的悲惨遭遇愤愤不平。可要扳倒讹庞谈何容易，他发现大将军漫咩对讹庞不满，于是秘密召进宫来，结为心腹，授以密机。讹庞发觉有风吹草动，心中有些恐惧，与儿子密谋以梁氏为诱饵，伏兵寝宫，待李谅祚进来，乱刀砍死。

梁氏何许人也？她是讹庞的儿媳妇，年轻漂亮，早就和李谅祚缠绵在一起。红杏出墙，讹庞的儿子气得干瞪眼，拿李谅祚没办法。讹庞得知此事后，也是有苦难言，一个是外甥，一个是儿媳，谁也说不得，只好睁一眼闭一眼。这一回讹庞不想袖手旁观了，他要利用李谅祚与儿媳的暧昧关系，改朝换代。然而，讹庞父子的阴谋却被儿媳密告给李谅祚。

四月的一天，李谅祚以商议军政大事为由，召讹庞入宫。讹庞刚走进宫门，漫咩带兵冲入，将讹庞扑倒在地，五花大绑。李谅祚历数讹庞的罪恶，下令诛灭九族，废没藏讹庞女没藏后为庶人。“后号泣欲自裁”，被李谅祚赐死。

赐死了没藏皇后，李谅祚立梁氏为皇后，任命梁氏的弟弟梁乙埋为国相。

（刘　华）

一门二后　大小梁氏专皇权

西夏拱化五年（1067 年）岁末，年仅 21 岁的夏毅宗李谅祚突然驾崩。幼子李秉常登基继位，皇后梁氏以恭肃章宪皇太后的身份垂帘听政，梁太后的弟弟梁乙埋为国相，从此开始了西夏历史上第二次皇帝年幼，母后听政，外戚专权的时代。

次年二月，梁氏遣使到辽、宋两国报丧。十月，辽主册封李秉常为夏国主。宋朝对梁氏很是冷漠，迟迟不肯行册礼。原因是西夏多次犯边，宋神宗极为恼怒。西夏乾道二年（1069 年）二月，宋朝才册封李秉常为夏国主。

梁太后摄政初，继续执行前朝的既定方针，对宋朝一面进贡，一面打劫，鄜延、环庆、泾原、秦凤、熙河兰会五路烽火连天。

西夏天赐礼盛国庆二年（1070 年）五月，西夏以 10 万人在庆州界筑闹讹堡并城十二盘，大败庆州李复圭之兵。李复圭为挽回面子，竟偷袭西夏的金汤城。当时城中无防兵，仅有一二百个老人和儿童居住，李复圭下令全部斩杀，并以军功向朝廷报捷。边境冲突由此升级。

西夏天赐礼盛国庆三年（1071 年）正月，宋军攻占横山要塞啰兀，二月，梁太后向辽国求援，辽主答应发兵 30 万助夏，西夏士气大振。梁乙埋率十二监军司数十万兵马攻破抚宁城，宋军千余人阵亡。西夏大军乘胜包围顺宁寨，危急时刻，一名姓李的娼妇自告奋勇，站在城头一场臭骂，历数梁太后的丑事，夏兵羞得抱头而去。三月，夏兵夺回啰兀城。五月，顺宁之围才解。

1076 年，在文武大臣要求下梁太后还政于李秉常。同时立自己娘家侄女、国相梁乙埋的女儿为皇后，即后来的小梁太后。

在西夏国王中，夏惠宗李秉常仁慈懦弱，不喜欢打打杀杀，而对宋朝的典章制度却十分羡慕。1080年，他下令废除蕃礼，实行汉礼。

汉人李清是李秉常的心腹大将，他经常给李秉常招诱宋朝的美貌妓女和乐人，供李秉常玩乐。西夏大安七年（1081年）三月，他向李秉常建议把河南之地归还宋朝，以改善两国关系。不料事情败露，梁太后发动政变，杀死李清，逮捕惠宗李秉常，囚禁到离皇宫5里地的木寨。

李秉常被囚，他的旧党及亲近酋长拥兵自守，不与梁太后合作。梁乙埋几次发出银牌，招谕他们归顺太后，但无人响应。西夏群龙无首，局势失控，国内一时大乱。

一直准备对西夏用兵的宋神宗认为这是天赐良机，收复失地，一统天下，在此一举。于是，调集五路大军，浩浩荡荡，分头并进，大有铲平西夏之势。

大敌当前，梁太后镇定自若，她令各监军司坚壁清野，保存实力，避免大兵团正面作战，纵敌深入，然后以逸待劳，用游击战分兵抄袭。不到五个月，宋五路大军先后溃败，一场西讨闹剧宣告结束。梁太后迅速收复失地，为报仇雪恨，攻掠更加猛烈。第二年九月，西夏进军绥德，破永乐城，宋将士伤亡惨重。接着围困米脂城，宋将不敢出战，夏兵在城下挑衅辱骂了三天三夜才扬长而去。

西夏唐卡画

由于宋朝断绝了岁赐，禁止了和市，西夏国内经济萧条，人民生活用品极度匮乏，仅一匹布就买价十千文。尤其连年不断的用兵，横山一带的田地有一半不能耕种，粮草不足，人饥马乏。朝野反对梁氏集团的呼声与日俱增，为稳定时局，西夏大安九年（1083 年）闰六月，梁太后第二次还政于儿子李秉常。

天安礼定元年（1085 年）二月，国相梁乙埋病故。梁太后依照李谅祚的遗诏，让乙埋的儿子梁乙逋世袭国相之位。天安礼定二年（1086 年）七月十日，年仅 26 岁的李秉常突然驾崩，国相梁乙逋拥立 3 岁的外甥李乾顺继承皇位，尊梁皇后为昭简文穆皇太后，西夏梁氏专权进入下一个历史阶段。十月，遣使到宋朝报哀，宋哲宗辍朝三日表示哀悼，遣祭奠使和吊慰使前去西夏吊唁。

小梁太后要继承她姑妈老梁太后的衣钵，做个战争女强人，梁乙逋要学他父亲梁乙埋的用兵之道，当个盖世英雄。

西夏天仪治平元年（1087 年）四月，梁乙逋致函宥州，宣称“朱梁川系西夏土地，宋朝不得擅自筑堡。如若不然，后果自负”！这信号表明梁氏集团争夺土地的强硬立场。宋宥州守将还未回信解释，夏兵就突袭了泾原蔺家堡，掠去牛羊，焚毁庐舍。

五月，西夏与河湟吐蕃大首领阿里骨相约进攻宋朝，瓜分熙、河、岷三州及兰州、定西城。于是阿里骨破洮州，乙逋出河州，合围南川寨，大肆焚掠。随后又攻定西城，杀都监吴猛。

八月，小梁太后与梁乙逋召集 12 监军司兵马于天都山，谋攻兰州、熙河。阿里骨发兵 15 万围河州以响应，鬼章率 2 万人筑城洮州做接应，梁乙逋在黄河上架飞桥以联络。岷州知州种谊与总管姚兕间道出奇兵，断飞桥，破洮州，擒鬼章，蕃、夏兵闻风溃败。捷报传至汴京，百官大贺。

当时，对西夏持强硬态度的宋神宗已死，幼子哲宗继位，实际权力落到神宗母亲宣仁太后高氏手中，她起用反对变法的司马光为宰相，打着“以母改子”的旗号，将熙丰以来的新法全部废除。在对西夏政策上，也一反宋神宗的做法，主动提出归还用兵所占的西夏横山堡寨。西夏梁氏兄妹把宋朝的妥协看作软弱。经常因地界问题，对宋朝大打出手。

按照宋夏划界条约，当年李宪所筑的质孤、胜如二堡当属兰州地界，归宋朝所有。而梁氏集团则认为此地是西夏的“御庄”所在地，强烈要求宋朝废除二堡，不得屯兵。宋熙河将帅范育认为这是无理取闹，决不答应。你不接受我就出兵，梁乙逋当即率万余骑一举荡平质孤堡，又焚掠了胜如堡。

西夏天祐民安二年（1091 年）三月，西夏派出外交大使嵬名麻胡前去鄜延商议划界，双方依旧是口舌大战，争论没有结果。嵬名麻胡出言不逊，甩手而去，谈判中止。梁乙逋闻讯，以 10 万兵马压熙河通远军境，围定西城，毁沿边护耕七堡。

七月，拆毁镇戎军八处封堠，并警告不许再修。八月，又毁鄜延路移枝子、土门二堡。九月，集兵 15 万进犯麟、府二州，杀掠不可胜计。

在西夏人为麟、府二州之胜狂欢之际，塔坦大军袭破贺兰山，劫杀人户千余，掠去牛羊万计，此事无疑是朝西夏人的背后捅了一刀。章楶令都监张存统兵入韦州，斩杀蕃部千余人，此事又无疑是朝西夏人的胸前捣了一拳。腹背受敌，形势堪忧。1092 年，西夏向辽国求援，辽主命大将萧里海驻兵宋朝的北境以张声势。

十月，小梁太后亲率 10 万劲旅围攻环州，环州地处黄土高原，水泉奇缺，城外一百里地有一个牛圈积了一大坑水，宋朝环庆路统帅章楶派人连夜在水里放毒。西夏人马喝了有毒的水后，纷纷倒毙，士气大挫，攻城 7 天不下，只好撤兵。折可适率部伏击，命部下瞅准梁氏大旗，活捉梁氏。将士奋勇，高呼“活捉梁氏”！一顿穷追猛打。西夏数万铁鹞子拼死护驾，梁氏丢弃大帐首饰，用青幕遮盖，换了麻魁（普通女兵）服装，才侥幸逃脱。

1093 年宣仁太后病死，宋哲宗亲政，变法派重新登台，他们以“绍述先帝”为借口，恢复神宗时的内政与外交政策。1096 年，宋哲宗采用宰相章惇的建议，令各路停止与西夏划界谈判，采取步步进逼的政策。

面对宋朝的强硬立场，梁氏以牙还牙，与李乾顺率领 50 万大军杀向鄜延路，烽火数百里，劫尘蔽天。母子二人亲擂战鼓，一举攻破金明寨。2500 名宋朝守军，只有 5 人逃脱，城中 5 万石粮食、千万束草全落到夏人手中。梁太后母子写了一封信，挂在一名俘虏的脖子上，令其投送鄜延经略司。信的大意是：“疆界谈判半途而废，责任全在你朝的无赖悔改，我大夏全民愤慨，决心与违约之敌血战到底！今取金明一寨以示警告。”

面对西夏的猛烈攻势，宋朝各路依然是稳扎稳打，步步为营。西夏天祐民安八年（1097 年）正月，泾原路钤辖王文振袭破没烟峡（在今海原县苋麻河流域）。小梁太后不甘心丢失城池，出兵 7 万攻绥德，不胜。又转攻麟州神堂堡，不料被都监贾岩用数百骑击败，7 位大首领阵亡，将士羞耻，号哭而还。梁太后认为哀兵必胜，又围攻葭芦城，结果 6 天 6 夜仍未能攻克。宋军反守为攻，夺洪州、破盐州。在石门峡口筑平夏城（今固原黄铎堡古城），直逼西夏天都山。小梁太后集全国之兵，出没烟峡，欲毁平夏城，结果还是以失败而告退。出师不利，她恳求辽主出面干涉，责令宋朝返还所侵疆土、毁去所筑城堡。但辽主心怀鬼胎，敷衍了事，坐山观虎斗，对宋夏两方都不表态。

小梁氏的独裁专政，穷兵黩武，使西夏王国的巨轮一步步陷入内外交困、众叛亲离的泥潭。自 1097 年 5 月到 1098 年年底，在一年半的时间内，先后有 8 位重要官员投奔宋朝。同时，在军事上也屡战屡败，丢城失地。尤其是永安元年（1098 年）十月的第二次平夏城之战，小梁氏率 40 万大军鏖战半个月也没有攻上城头，最后丢盔弃甲，溃不成军，连南大门天都山都丧失了，从而导致西夏南疆防线全面崩溃。

国内民众不满梁氏统治，部族矛盾激化，反梁斗争剧增。小梁氏接二连三地向辽主乞兵求援，但没有得到一次有效援助，她口出怨言，对辽主大为不恭。有人借题发挥，说梁氏来日要报复辽国，以泄见死不救之恨。辽主本来对小梁太后不还政于皇帝非常反感，闻听此言，决计要除掉小梁太后。于是派使臣到西夏秘密联络西夏反对梁氏的大臣，在梁太后招待辽使的国宴上，偷偷在酒里面下毒，梁太后饮后，当即七窍流血，倒地身亡。这位好斗的女强人就这样结束了她轰轰烈烈的一生，梁氏集团统治西夏的时代一去不复返。

（刘　华）

坚壁清野　大败宋朝五路兵

西夏大安八年（1081年），西夏国内发生政变，皇帝李秉常被母后梁氏软禁起来。李秉常的旧党及亲近豪酋各自为政，拥兵自固，国内一片混乱。

这一重大事变传到宋廷后，一直准备对西夏用兵的宋神宗认为是一个千载难逢的机会，立即发动了规模空前的五路大进攻。李宪从熙河路出发，种谔从鄜延路出发，王中正从河东路出发，高遵裕从环庆路出发，刘昌祚从泾原路出发。

宋军的作战方略是：(1)泾原、环庆两路大军先会师攻取灵州，然后渡过黄河，直捣西夏都城兴庆府。(2)河东、鄜延两路大军会师夏州，然后西进，最终也以进攻兴庆府为目的。(3)熙河路也向西北方向挺进，形成进军兴庆府的态势。其中河湟吐蕃大首领董毡派出的蕃兵赴兴庆府太远，可北上攻凉州，牵制西夏右厢兵力。总的战略意图是诸路合围，一举消灭西夏。

大敌当前，那些曾经闹矛盾、搞分裂的部落大族抛弃了以往的成见，主动团结在梁太后的大旗下，誓与西夏共存亡。在梁太后召集的紧急军事会议上，年轻将领义愤填膺，壮怀激烈，纷纷要求决战沙场，捍卫国土，给宋军迎头痛击。只有一位老将军提出："来敌势猛，我们应避其锋芒，不必硬拼，只需坚壁清野，纵其深入。我主力部队可撤退到兴州、灵州一带，保存实力，待机反击。然后我们派出轻装灵活的骑兵，抄袭宋军的粮草。数十万大军一旦无食，就会不战自败。"

梁太后采纳了这条诱敌深入之计，令12监军司将10多万精锐部队撤回内地，沿边各城堡留守的人马能守则守，守不住就放弃或者假降。

现在我们来看看宋五路大军的征讨进程。

八月，李宪率大军由熙河北上至西市城（今甘肃定西县西南），西夏守将禹藏花麻假装败退，20 多个大小首领与 1 万多军队献城投降。攻克西市城后，李宪又向兰州进军，九月攻克兰州。然后东进，攻占龛谷城（今甘肃榆中县境内），挖出大量窖藏粮食和武器。十月，攻占屈吴山（今甘肃靖远县东）。随后翻越天都山，夺取南牟会。

种谔率 9.3 万鄜延兵从绥德出发，首战米脂。夏军统帅梁永能率 8 万将士赴援，大败而回，米脂守将讹遇献城投降。接着种谔进围石州，州将弃城逃跑。种谔的鄜延军起初受王中正节制，自攻取米脂与石州后，种谔在报捷表里提出独立行军，见机行事。宋神宗正在兴头上，认为言之有理，诏令种谔单独作战，争取更大胜利。种谔得了圣旨，信心大增，率部直逼夏州，西夏统军索九思早跑得不见踪影，谔军顺手收复银州。

王中正率领 6 万河东兵从麟州出发，一路慢慢腾腾，在白草平逗留了 9 天才渡过无定河，来到沙漠及沼泽地带，损失了不少兵马。士气低迷，只好跟随着种谔的部队到夏州休整。随后又走走停停，磨蹭了一个月，到达宥州地界，城中守兵早已弃城逃跑。他的部将说："人家鄜延军已取得了很大战功，咱们出征以来才弄了 30 个首级，将来咋向朝廷交代呢？今乘宥州城没有守兵，咱们赶紧抢先占领了，也好向皇上报功请赏。"于是，王中正率军冲入城门，屠杀城中老弱病残 500 多人，急忙将战报送到朝廷。

高遵裕率 8.7 万兵马从环州洪德寨出发，兵临清远军城下，守将嵬名讹兀举城投降。随后高遵裕大军又向韦州进发。韦州守军弃城北撤，保卫都城兴庆府，宋军攻占的是一座空城。高遵裕虽不懂兵法，但因为是皇亲国戚，深得宋神宗信任，让他节制泾原路的刘昌祚。

刘昌祚是泾原路的副统帅，和其他四路统帅相比，他的级别最低。他率领 5 万蕃汉兵进入葫芦河，在磨移隘遭遇了西夏 10 万大军的阻击。刘昌祚身先士卒，奋力冲杀，突破夏军防线，杀了大首领没罗卧沙、监军梁格嵬，并活捉了梁乙埋的侄儿讫多埋。然后乘胜直捣鸣沙州，取"御庄"粮食百万石。

战场形势瞬息万变，攻占鸣沙后，是前进还是待命，刘昌祚左等右等就是不见高遵裕的庆州兵。将在外，君命有所不受。刘昌祚一边给宋神宗上书，要求摆脱高遵裕的节制，自己部署军事行动；一边指挥兵马北上，一鼓作气，于十一月到达灵州城下。城中仅剩僧道数百人，诵经祈祷，并无抵抗之意，先锋部队几欲夺门而入。

高遵裕离开韦州，部队慢条斯理地向灵州进发。中途，他收到宋神宗的手谕，说刘昌祚是个不明事理的人，难以胜任其职，要求另择将帅取而代之。显然，神宗皇帝对刘昌祚此前的上书十分恼怒。高遵裕看完手谕，还没来得及处理刘昌祚，突然探马来报，说刘昌祚的泾原军已兵临灵州城下，准备攻城，高遵裕担心刘昌祚抢了头功，派人勒令刘昌祚原地待命，不得轻举妄动。

西夏瓷扁壶
（宁夏海原县文化馆藏）

刘昌祚怕城中有伏兵，未敢贸然攻城。部署停当后正欲下令攻打城池时，高遵裕的信使赶来，要他按兵勿动，等候大帅。这回环州兵一路飞奔，齐集灵州城下。刘昌祚前去拜见高遵裕，高遵裕拿出宋神宗的手谕，训斥刘昌祚好大喜功，违抗帅令，罪不可赦。他想剥夺刘昌祚的兵权交给姚麟代理，但灵州未破，事关重大，姚麟不敢受命。高遵裕只好让刘昌祚暂理军务，以观后效。刘昌祚所缴获的马匹粮草全被高遵裕没收，泾原兵由此牢骚满腹，愤愤不平。

宋军围住灵州城，因无攻城器具，高遵裕令将士采伐树木制作云梯，可灵州城下都是些小树，根本派不上用场。高遵裕改用劝降术，令士兵向城头喊话：“王师在此，何不速降？”城楼上一个老僧人心平气和地回道：“我们既没有叛变，又没有与你们交战，为啥要投降呢？阿弥陀佛！”

高遵裕气急败坏，在城下团团乱转。他又想出一条奇计，令兵士乘夜背土垒上城墙，说天明就可大摇大摆地进入灵州城了。可当时天寒地冻，挖土十分困难，待背土到城下又被城上的守兵一顿乱箭，死伤了不少士兵，负土登城之术又告失败。

宋军劳而无功，乱哄哄地折腾了18天，灵州城岿然不动。灵州是西夏重要的灌溉农业区，当时宋军驻扎在收割后的稻田里，地势低洼。梁太后密令将士偷偷决开黄河七星渠，大水咆哮，淹死冻死了很多宋军。西夏骑兵又劫掠粮草，宋军断炊，四散逃命。许多士兵竟投奔到灵州城内，两路大军10多万人马仅剩1.3万多人侥幸逃脱。夏兵乘机大举反攻，高遵裕率庆州残兵仓皇退走，却令刘昌祚殿后抵挡。刘昌祚边退边战，伤亡惨重，率部撤向韦州，又遭夏兵追杀，只得弃城南逃渭州。

种谔大军到达夏州麻家平，军粮供给不上，“三军无食，皆号泣不行”。到盐州后，又遇上了暴风雪，人困马乏，士兵逃跑的只剩3万余人了。士气低落，毫无斗志。

王中正大军由奈王井行至牛心亭，士卒饥寒交迫，归心似箭。还未投入大战，就有2万多人死的死、逃的逃。听说高遵裕和刘昌祚已败走，王中正匆匆收兵，退往保安军顺宁寨。

李宪大军夺取天都山，一把大火烧毁了当年李元昊的离宫，觉得这是空前绝后的不朽功勋。他踌躇满志，趾高气扬，在天都游山玩水，无心作战。当听到其他各路大军都纷纷败下阵来。李宪害怕夏兵反扑，也急忙收兵撤回兰州。

兴师问罪的五路大军乘兴而来，败兴而归，但各路将帅为开脱罪责，向朝廷汇报时都以粮草不济为理由。朝中大臣议论纷纷，有人说：粮草不济纯属自欺欺人之谈，当初报捷时，李宪说掘得龛谷“御庄”窖粟数万石，刘昌祚说收取鸣沙州积谷百万石、草万束，种谔说获取米脂藏粟9500余石，收七里平粟10万石，还挖出桃堆平窖粮不下数百万石。可自出兵至收兵还不到三个月，咋就粮草不继了呢？其实，在宋五路出师时，夏人早就将沿边各地的粮草转移得一干二净，那些所谓的捷报全是欺瞒朝廷，冒功请赏的把戏。

元丰西讨的闹剧就这样草草收场了。

（刘　华）

横山之战　血雨腥风永乐城

1081年，宋朝五路伐夏失败后，主帅李宪认为是没有根据地的缘故，于是上奏朝廷，提出再发大军，集中主力于泾原一路，从镇戎军熙宁寨开始，接连进筑堡寨，直抵鸣沙城（今宁夏中宁县鸣沙），作为驻兵进讨的根据地。“如此，则灵州不攻自拔，河外贼巢必可扑灭”。

鄜延路主帅种谔则主张经营横山，巩固和扩大这一地区的占领。延州知州沈括也上奏朝廷，建议筑乌延城，经营横山，断绝夏人越过沙漠的寇掠之路。种、沈二人的奏议异曲同工，都是想夺取横山以剿灭西夏。

由于当时大战刚刚结束，师疲民困，无力再发大军，宋神宗没有采纳李宪大规模进筑的主张，但对经营横山很感兴趣，因为好不容易从西夏手中夺取，放弃太可惜了。于是神宗皇帝就派大臣徐禧和李舜举到鄜延路与种谔商议此事。通过实地勘察，徐、李二人提交了一份报告，主张修筑银、夏、宥三州交界的永乐城。种谔极力反对，认为永乐虽然依山，但无水源，乃兵家大忌，不可筑城。神宗不听，决定采纳徐禧之言，兴筑永乐城。

西夏大安九年（1082年）九月，徐禧率数万兵夫前去永乐筑城。为赶在西夏军队到来前完工，士卒民夫夜以继日，三班轮换。苦干14个昼夜，修筑了6个堡寨。大寨周边900步，小寨500步；大堡周边200步，小堡100步。共用工21万个。城筑好后，宋神宗赐名“银川寨”。

宋军抢筑永乐城的消息惊动了西夏，梁太后召开紧急会议，认为永乐地接宥州，势控横山，不能等闲视之，置之不理。于是，命令统军悖麻率20万兵马前来争夺。

当时永乐城刚筑好，徐禧留下曲珍率万人屯守，自己率部回到50里外的米脂休整。边报一天十几次，说西夏集结重兵将犯永乐。徐禧半信半疑，在部将的催促下，与李舜举、李稷等率众赴援。临行时，大将高永亨劝道："永乐城小兵少，又无水泉，不宜死守。"徐禧怒斥道："大战在即，你这是动摇军心，拉出去斩了！"众将纷纷求情，徐禧命令将高永亨送到延州监狱，等他凯旋回来时发落。

徐禧一路奔驰进入永乐城，登上城头一望，不由得心惊胆战。只见远处尘土高扬，战旗如云，人山人海，漫无边际。高永能（高永亨的哥哥）说："乘夏兵还没有摆好阵，我军迎头痛击，挫其锐气，不然后果不堪设想。"徐禧瞪了一眼高永能，捋着山羊胡子说道："你懂什么！王师不鼓不成列，我自有破敌之策！"

徐禧以万人列阵城下，自己高坐在城门的瞭望楼上，手里拿着一杆黄旗，让将士看着自己的黄旗方向行动。曲珍的兵被安排在城外的无定河水畔，因地形不利，军心忧惧，曲珍要求收兵入城。徐禧训斥道："你身为大将，怎能遇敌未战先退呢！"

宋军部署刚刚结束，西夏的"铁鹞子"骑兵就开始渡河。曲珍急向徐禧请示："这是西夏的精锐部队，请允许我军在敌骑过河当中突然出击，必获大胜。若等到敌骑上岸后再战，那就为时已晚，必败无疑。"徐禧又不允许。西夏"铁鹞子"一上岸，以闪电般的速度发起扫荡，锐不可当；"步跋子"（步兵）紧跟其后，杀声震野。宋军阵营顿时大乱。

当时，鄜延军号称最为勇猛，可以一当百，将士们装备也最为精良，银枪锦袄，光彩耀日，被安排在最前线。初与夏兵接仗，一个回合未打完就败下阵来，争先恐后地往城里奔跑，后面的其他部队不知发生了什么，竟被鄜延军踏死了不少人。徐禧急令收兵回城，曲珍率残部夺路奔回，因山路陡窄，光战马就丧失8000多匹。夏兵四面合拢，永乐城被重重包围，水泄不通。

徐禧的告急快报送到汴京，宋神宗急令李宪率兵火速增援，又令沈括赶紧与夏人谈判，条件是：只要撤围退兵，就把永乐城送给西夏。此时，西夏的游骑四处攻掠，沈括自顾不暇，哪有机会找夏人谈判呢？

永乐城外战马嘶鸣，人声鼎沸，夏兵轮番攻城，曲珍率将士昼夜浴血奋战。城内窖水已用完，挖井数丈不见泉水，士卒几天喝不到水，渴死者十之六七，有人甚至从马粪中往出挤水喝。李宪援兵不至，将士望眼欲穿。沈括谈判无门，竟退保绥德去了。种谔高坐延安，找个借口见死不救。西夏的攻城部队如蚂蚁般一批接一批地爬上城墙，宋军殊死拼杀，伤亡惨重，永乐城岌岌可危。

曲珍见大势已去，死守也是徒劳，就劝徐禧率众突围，让将士各自求生。他说，不然城破后，我们这些朝廷官员都会落入敌手，那就有辱大宋尊严了。高永能也劝李稷拿出金银绢帛，招募敢死队，杀开一条血路，说不定还能绝处逢生。徐、李二人坚决不同意，表示愿以身报国，誓与永乐共存亡。

一日，夏兵突然停止攻城。城下有一裨将高声叫道："城内已断水三天了，尔等何不早早投降？"正好徐禧和李舜举每人还有一壶水，徐禧高举着自己的水壶，扬洒出水滴，大声喊道："睁开你们的狗眼，看这是何物？"夏兵哗然大笑，嘲讽道："就这点水，还是留着保你的老命吧！"徐禧自知无趣，下令全体将士继续死守。夏兵此时却围而不攻，他们知道，永乐宋军已成瓮

西夏文写本《佛说宝雨经》卷十版画

（黑水城出土）

中之鳖，用不了几天就会不攻自破。

围城第10天，悖麻提出要与宋将谈判。徐禧见有一线希望，赶快派裨将吕文惠前去交涉。吕文惠来到悖麻帐前，被勒令坐在地上，悖麻指着他的眼窝说："你乃无名小将，怎能担当谈判重任？滚回去！叫曲珍来见我！"吕文惠灰溜溜地回到城中，徐禧以曲珍负责军务，不能轻易出城为由，又派吕整、景思义出城谈判。临行前，徐禧拉着二人的手悲伤地说："此去万一有个闪失，不知能不能再见面。"

景思义慨然说道："大丈夫当报效国家！若能凭我三寸不烂之舌，拯救数万人的性命，就是赴汤蹈火，在所不辞！"谈判中，悖麻提出："宋廷若能归还兰州、会州、米脂等城堡，我大夏当解围撤兵。"景思义回绝道："这是朝廷大事，我等边臣不敢做主。"悖麻怒道："你小子做不了主，还胆敢跑来谈判，这不是要弄本帅吗？"一声令下，剃去景思义的头发，囚禁起来。吕整被轰出帐外，回城报信。谈判破裂，形势又严峻了。

在一个阴云密布、电闪雷鸣的夜晚，一场暴风骤雨铺天盖地而来。夏兵又发起猛攻，听说是仁多凌丁前来增援，士气高亢，一举跃上城头。危机时刻，高昌裔哭着劝爷爷高永能从小道逃走。永能仰天长叹："我从青年时代征战西夏，从没有打过败仗，今年已70，深受皇恩，愿以死报国！"遂换上士兵的破衣服，冲入敌阵，再也没有回来。

李舜举找来半张纸，写了一些字，用蜡液封住交给部下，然后骑马冲入月城，不料面部中箭，倒地而亡。混乱中，主帅徐禧下落不明，数年后有从西夏回来的人说在那里看见过他，听说改名换姓，还做了什么官呢。曲珍、王湛、李浦、吕整等人偷偷从城墙角遁下，光着脚丫落荒而逃。风声雨声雷声喊声哭声杀声交织在一起，城下尸体堆积如山，城内血流成河。这场恶战，宋朝光将校就阵亡了数百人，各堡寨及周边城池的士卒役夫伤亡损失20多万。

战后又有一种传闻说：永乐城缺水，宋军死守十多天后，滴水贵如油，士兵们渴疯了，"有杀人而吮睛饮血者"，有"绞马粪汁饮之"者。徐禧令将士挖井，挖了数十丈才有一点水。徐禧下令按军职高低排队，依此来饮水。

士兵怨愤，几欲哗变。每当取出一瓶水，士兵们就蜂拥而上，用衣襟浸上水争抢着吮吸。最后实在忍耐不住，大家齐集帅府，强烈要求打开城门，到护城河里喝口水，就是被夏兵杀了也心甘情愿。夜半时分，有人打开城门，士兵们呼叫着跳入护城河饮水解渴，西夏大军轻而易举占领了永乐城。

永乐大战的捷报传到兴庆府，梁太后欣喜欲狂，大宴群臣，召开隆重的庆功大会，颁诏嘉奖前线将士。悖麻意犹未尽，率千军万马耀武扬威于米脂城下，宋军不敢出战，任由西夏人羞辱了三天三夜。

当永乐城陷落的消息传到京城，宋神宗悲痛流涕，卧床不起。有人送上李舜举“臣死无所恨，但愿陛下勿轻此贼”的遗书时，神宗皇帝放声大哭，伤心不已。

（刘　华）

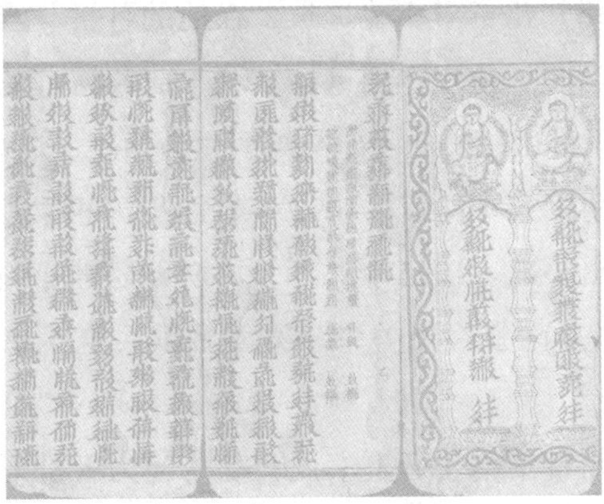

争夺天都　梁太后大战平夏城

天都山是西夏的南大门，早在李元昊时期，这里就是夏兵攻掠泾原、秦凤、熙河兰会的重要军事基地。因其川原平旷，水草丰美，夏人视为“唱歌作乐的地方”。宋朝也对天都地区十分关注，将这里看作是五路要地，志在必得。绍兴开边，渭州知州章楶率先进筑，在他的哥哥、当朝宰相章惇的大力支持下，他率军由渭州、镇戎军西进，筑城于葫芦河畔的石门峡口。目的是以此为根据地夺取天都山，贯通泾原与熙河兰会两路，居高临下，直捣兴灵。

为保卫天都，防御宋军西侵，1092年，西夏国相梁乙逋就在没烟峡筑垒建寨，控扼天都东出要道。1095年，西夏将防线延伸至石门峡。这里距渭州地界仅30里，为西夏南疆险要关口。梁太后派兵筑堡戍守，宋军探骑不敢过界。

当时，渭州知州章楶给朝廷上书说：葫芦河为天都形胜之地，若能夺取其地筑城驻以重兵，定会逼迫西夏臣服。宋哲宗大为赞许，任命章楶为五路统帅，暗中置办版筑工具，前往葫芦河修筑城堡。

章楶在石门峡口外筑城的消息惊动西夏朝野，梁太后迅速调兵遣将，左右两厢出兵10余万，汇集于天都没烟峡。

双方剑拔弩张，僵持了几天后。夏军突然发起攻击，冲开宋将折可适、姚雄的防御工事，向正在修筑的城堡猛烈扑去。梁太后命令士兵每人拿一把铁锹或镢头，并携带一捆草，填平护城壕，毁挖新筑的城墙。折可适与姚雄急忙收兵回城，全力防守。城下夏兵乱箭射上城头，姚雄的肩膀中了一箭，疼痛难支，但与将士齐心协力，拼死抵抗。双方昼夜鏖战，伤亡都很惨重。毕竟宋军占有城池之利，易守难攻，夏兵精疲力竭，破城无望，梁太后下令全军撤退。宋军乘胜追击，大获全胜。此战夏兵被斩3000多人，有数万人还被宋军俘虏。章楶令全体兵夫继续赶筑城堡，不日工程告竣，朝廷赐名“平夏城”。这就是宋夏第一次平夏城之战。

夏兵退入天都山休整，梁太后怒气难消，向辽国告状：“宋朝诸路齐发，大行杀掠，今又深入夏界，修城筑堡，夺我疆土。请大辽国主出面干涉，废毁所修城堡，归还所占领土。”梁太后想通过外交手段收复葫芦河，但辽主只是敷衍应付，并未对宋朝采取强硬态度。

西夏木版画供养人像

1098年，宋以平夏城为据点，多次进入石门峡和没烟峡，掠去许多西夏羊马。梁太后亦令天都守将自隆德寨、九羊谷出兵，侵杀宋朝的边铺戍卒。

小打小闹解决不了根本问题，不摧毁平夏城就控制不了葫芦河，丢失了葫芦河就保不住天都山。天都山一旦落入敌手，则左右两厢吃紧，兴灵危急。自从章楶筑平夏城占领葫芦河川后，西夏人就不敢再到葫芦河川耕牧了。天都地区的部族到处传说：“我们唱歌作乐的富饶田地都被宋军占去了，这以后让我们何以为生？抢夺我们饭碗的人，就是我们的仇敌，我们决不轻饶。”群情激愤，同仇敌忾，他们要与宋军决一死战。

梁太后更是将平夏城看作是眼中钉，肉中刺，必欲摧毁而后快。永安元年（1098年）十月，她在天都山点集两厢兵马，号称150万，准备犯边。宋哲宗闻报后，诏令五路厉兵秣马，严密防备，并抽调精锐部队增援平夏城。同时提拔郭成为第十一将，镇守平夏。

不久，梁太后与李乾顺亲自率领40万大军从没烟峡出发，直扑平夏城。为打胜这一仗，西夏人还制造出一种新式战车，名叫“对垒”。车身高大，暗藏机巧，能装载数百人。这种战车既可驰入护城壕以作渡桥，又可抛石于城头攻击敌人。

夏军连营百里，将平夏城层层包围，铁骑冲荡，尘土飞扬。梁太后与李乾顺在城外一高地上设立指挥部，帅旗高扬，金鼓齐鸣。将士们推着“对垒”战车，呼啸着扑向平夏城。一方猛攻，一方死守，昼夜鏖战，伤亡无数。平夏城虽坚固，但经不住夏军十多天的猛烈攻打，眼看就要破开城门了。一天傍晚，狂风大作，飞沙走石，席卷西夏阵地。“对垒”高车被大风吹倒。梁太后见破城无望，捶胸顿足，“厉面”而去。这是第二次平夏城之战。

梁太后兵败平夏城，既有天灾，又有人祸。在宋夏酣战之际，西夏御史中丞仁多楚清（仁多凌丁的儿子）因不满梁氏集团的统治，携带家眷及贵重物品投奔宋朝。宋哲宗喜出望外，授其为甘州团练使、右厢卓罗一带的都巡检使。此外，为防备宋军驰援平夏，梁太后曾特命驸马都尉罔罗屯兵罗萨岭以御熙河路，大首领咩心屯兵梁桎台，嵬名济驻白池，分别防御鄜延、秦凤两路。攻城第12天，紧急军报说熙河王愍斩了罔罗，鄜延刘安、张诚又大败咩心与嵬名济。听到这些消息，梁太后与李乾顺攻克平夏城的信心受到沉重打击，将士们心烦意乱，斗志锐减。当狂风袭来，自然溃不成军，败局已定。

残兵败将，狼狈逃窜。部队回到天都山大本营，各军仔细清点人马，发现此战损失了2万多士卒，数万牛羊马驼也不见了。宋军乘胜扫荡，周边数百里的族帐、蓄积被焚毁殆尽。为防宋军大举反攻，梁太后一面派大首领嵬名咩布向辽国求援，一面令各州挖窖藏粮，实行清野。同时，暗中派出精锐骑兵偷袭镇戎军，焚掠乾兴、天圣二寨，以解心头之恨。然而，天不佑人，当铁骑得胜返回时，天降大雪，冻伤人马过半。梁太后彻底失望了，她让统军嵬名阿埋、监军妹勒都逋留守天都山，自己则带着大军伤心地撤回兴庆府了。

嵬名阿埋是六路都统军，妹勒都逋是西寿保泰军司的监军，二人能征善战，屡立奇功。他们认为天都山进可攻，退可守，地形险要，万无一失。临别时向梁太后和皇帝李乾顺夸下海口：“有我二人在，宋军胆敢来犯，天都山下就是他们的坟场！”大军撤离后，他俩聊作部署，便安居山林，高枕无忧，终日醉卧不醒。

十二月，一个风高月黑之夜，宋将折可适从荡羌寨出发，分道并进，万骑衔枚捷走，直奔天都腹地。折可适让投降的蕃人做向导，神不知鬼不觉，绕开哨兵，直入大帐卧室，一举将嵬名阿埋和妹勒都逋活捉了。郭成从平夏城跟进，不费吹灰之力就歼敌 3000 多人，获牛羊不下 10 万。天都部族扶老携幼，纷纷投降。

宋军夺取天都捷报传至京城，宋哲宗大喜过望，在紫宸殿大宴群臣。君臣狂欢，认为这是“不世之功”，消灭西夏，指日可待。

梁太后回到兴庆府，还未从平夏城的惨败中缓过神来，就接到了天都失守的噩耗。她的精神彻底崩溃了，平夏城未能夺取，又丧失了天都山！祸不单行，天亡梁氏，人算不如天算啊！

（刘　华）

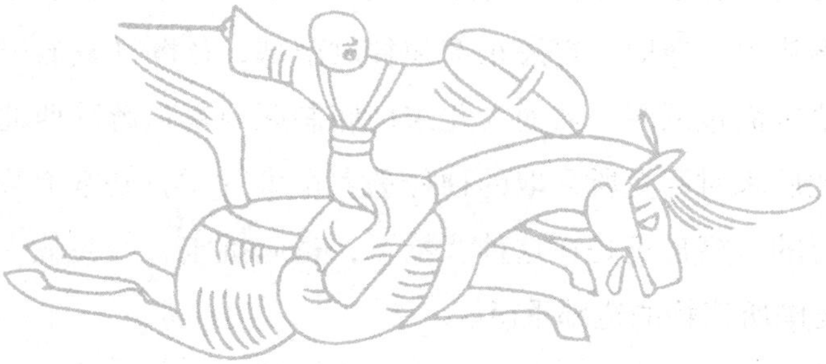

铁臂神弓　察哥一箭退敌兵

察哥，夏崇宗李乾顺同父异母弟，生年不详，卒于1156年。为人沉勇多谋，因军功封为晋王，独掌西夏兵政数十年。晋王察哥生活的时代，夏宋军事斗争形势发生了根本性的转变，西夏对宋战争失去了往日的优势地位。宋神宗继位后，在边备大增的基础上，改变北宋以往的御边政策，由战略防御转向战略进攻。这个进攻战略的基本构想是，在一个较长的时期内用武力逐步夺取西夏的横山地区，切断其左臂；与此同时，再用武力打败熙、河、湟、鄯地区的吐蕃势力，夺取今青海东部和甘肃南部，砍断西夏右臂，这一左一右，形成一堵扇面包围圈，从而为北宋彻底制服西夏，解除西北边患打下坚实的基础。此后宋对西夏所采取的种种重大军事行动，基本上都是按照这个战略构想进行的。察哥正是在这种背景下，奋起抗宋，经受战火的洗礼，逐步成长为西夏国所依赖的边鄙重臣。

在察哥的戎马生涯中，早年的表现已非同凡响。史称他力大无比，能把二石余的大弓拉得如同满月，射出去的箭能洞穿双重铠甲。曾随西夏大将仁多保忠援西番，兵败后退，前有湟水不能渡，后有宋军穷追不舍，千钧一发之际，察哥弯弓搭箭，一发射中宋将苗履的副将，宋兵乃退。察哥一箭射退宋军，使西夏军队免遭灭顶之灾，他的事迹被众口传扬。李乾顺因此破格提拔他为都统军，守卫都城中兴府。

为改变夏国在军事上的不利处境，察哥及时向李乾顺建言，指出宋朝的长处和西夏的短处，主张仿效宋朝大筑堡砦，进行有效防御。他说：“自古打仗都是步骑并用。我们虽然有'铁鹞子'可以驰骋平原，有'步跋子'可以逐险山谷，但是一旦遇上'陌刀法'，铁骑就难以施展；若碰到神臂弓，步兵就会溃败。原因在于我们的军队只会按老办法打仗，而不能应付战场上瞬息万变的情况。用兵贵在审视时机，善于变化。针对我们的军队弓弱矢短、射技不精的状况，今后应该改变方略，修筑堡砦，挑选蕃、汉身强力壮而又勇敢善战的青年，集中起来进行训练，教他们使用强弩和盾牌。平时一面练兵一面种地，战时轮番出击。学习宋人的长处，弥补我们的短处，如此，就能无敌于天下了。"

李乾顺对察哥的主张大加赞赏，夏贞观三年（1103年）九月，封他为晋王，负责抵御北宋的进攻。晋王察哥受命于危难之际，不负重托，屡立战功，最著名的要数统安城之战了。

西夏彩绘木椅
（贺兰山西塔出土）

宋徽宗在位期间，奸相蔡京当权，政治上极端黑暗和腐朽，对内大兴土木，广建宫室；对外则好大喜功，加紧对西夏的进攻。宋宣和元年（1119年）三月，童贯命熙河经略使刘法率兵进攻西夏腹心地带兴州、灵州等地。刘法鉴于时机尚未成熟，不愿冒险进兵，童贯斥责道："你在京师从皇帝那儿接受命令时，夸下海口，一定要成功，现在又为难起来，是何道理？"刘法不得已，只好率兵2万到统安城，会合那里的宋军，进攻夏国。

统安城原为李乾顺在边界所筑割牛城（今甘肃永登县西），宋将何灌攻破此城，改称"统安城"，成为进攻西夏的又一个新的桥头堡。李乾顺命晋王察哥亲率步骑迎战。察哥精心策划，先把夏兵列为三阵，阻挡刘法的前军，另派一支精锐骑兵绕到山后，进攻刘法的后军，前后夹击。双方激战7个时辰，从早晨一直打到夜晚，宋兵不得食，马也渴死许多，前军将领杨惟忠、后军将领焦安节、左军将领朱定国等相继战败。刘法见大势已去，利用夜幕仓皇出逃，大约逃了 70 里，天亮时至盍朱峗（今甘肃永登县南），被那里的守兵发现，随后尾追。刘法慌不择路，坠入山崖，一条腿摔断了。夏军中一个做杂役的小卒赶上前去，一刀砍下他的脑袋。

察哥见刘法首级，惋惜地对其部下这样说道："刘将军以前在古骨龙、仁多泉之战中打败过我，我常避其兵锋，不敢与他交战，认为他是一员天生神将，岂料被我的一个小卒枭首！他之所以失败，就在于他恃胜轻易出战，不可不引以为戒呀！"于是察哥收复统安城。是役北宋总共损失兵力多达 10 万人。

察哥攻占统安城后，又乘胜围震武城。震武城即古骨龙，1116 年筑，赐名震武城。自从宋修筑震武城后，多次遭到西夏的袭击，宋熙河、秦凤两路军队为援救震武城而疲于奔命。当时北宋援军未到，震武城危在旦夕，察哥本来可以一举攻下该城，但他却突然下令停止攻城。老谋深算的他对部下说："不要攻破此城，给宋朝留一个负担吧。"

察哥高超的军事方略由此可见一斑。这年六月，李乾顺在对宋作战大获全胜的情况下，又以辽的名义再次向宋朝请和，宋朝被迫暂时接受与夏议和。

晋王察哥虽战功卓著，但劣迹斑斑。史称他贿货公行，威福自用，对老百姓更是横征暴敛，利用民脂民膏建造起一座座豪华宅第，甚至多次抢夺民间园宅。虽已年逾古稀，仍是姬妾成群，尽情享乐。尤其是收受任得敬的贿赂，通过皇帝李仁孝把他调到朝廷，酿成后来的分国内乱。

（彭向前）

威震三国　传奇将领李世辅

李世辅，字君锡，陕西清涧人，出身世家大族，自唐朝五代以来，世为苏尾九族都巡检。父亲李永奇曾任同州观察使、延安巡检使。金人进犯鄜延地区时，经略王庶命李永奇招募军队，年方 17 岁的李世辅投笔从戎。第一次参战就杀死 10 余人，经略王庶发现他小小年纪已有大将风度，就补为承信郎，提升为队将。由此便在军中有了名声，不久提升为副将、鄜延路兵马都察兼第六正将等职。

金人攻陷延安后，要授李世辅父子官位。李永奇含着泪说：“我乃宋朝臣子，世袭国恩，怎么能替金人做事呢?”当时傀儡皇帝刘豫移都汴京，命李世辅率所部军马赴汴。李永奇叮嘱儿子：“此次南行，你若得机会，即归宋朝，不要因为我而放弃机会。事成，我的心迹世人也就明白了。”

李世辅到汴京开封后，秘密派遣部下雷灿携带蜡书赴南宋行在，联络南归宋朝。1137 年，金兀术以万余骑驰猎于淮河边上，李世辅准备生擒金兀术南归宋朝，但没有找到机会，只好在表面上对金兀术表示归附，接受金朝承宣使、知同州（今陕西铜川）的任命。

金朝元帅撒里曷来同州，李世辅以计将其擒获，飞马出城，准备南归。至洛河边，找不到渡河的船只，只好长驱北行。到鄜城县，急遣人告知父亲，父亲即带家人出城避难，到达马翅谷口，被金兵追上，二百余口全部被害，李世辅仅以身免。国仇家恨，集于一身。

宋绍兴八年（1138 年）十月，走投无路的李世辅带了 26 人逃到西夏。李乾顺听说大名鼎鼎的李世辅来投，甚为高兴，立即派翰林杨学士到郊外举行隆重的仪式，迎入馆舍，好酒好肉款待。

在一个风雪交加的夜晚，李世辅提着一壶好酒到杨府，杨翰林喜出望外，赶忙把他请到内室，让府下弄了几个菜，二人对饮起来。酒到酣处，李世辅声泪俱下，说父母妻子被金人杀害，愿领 20 万人马取陕西五路归于西夏，世辅亦得报不共戴天之仇。

西夏小石马

（西夏陵 102 号陪葬墓道出土）

第二天，杨翰林向西夏主李乾顺报告了李世辅借兵攻金的想法。李乾顺说："李世辅想立功，没必要向我借兵，'青面夜叉'有几万人马，把它拿过来就是了。""青面夜叉"是西夏边境上的流寇首领，手下有数万精兵，恃勇桀骜，劫掠边境十余年，是西夏的一大祸患。

李世辅听说要他去消灭实力强大的流寇，没有气馁，欣然自往。李乾顺问他需要多少兵，世辅说："我当以计取得，精锐 500 足矣！"李乾顺认为"此虏不易拿下"，最后给了他 3000 骑兵。

一切安排妥当后，李世辅带 3000 骑士裹粮卷甲，昼夜兼程。如同神兵天降，突然来到"青面夜叉"的老巢。

"青面夜叉"仓皇应战，没几个回合被李世辅打下马来，做了俘虏。手下兵士，一哄而散。

李世辅仅用 3000 骑兵平定了"青面夜叉"，解除了西夏大患，李乾顺大悦，传出话要将女儿嫁于李世辅。李世辅的心里哪有儿女情长，于是以父丧为由推辞。李世辅之举赢得了夏人的信任，夏主遂同意给他借兵 20 万收复陕西五路。以文臣王枢、武臣移讹为陕西招抚使，以李世辅为延安招抚使，鼓行而东。李世辅借西夏兵以雪金人耻辱的时机终于来了。

20万大军浩浩荡荡。李世辅所至之处，无不望风迎降，1139年的一天，达到延州城下。

这时宋金议和，金人归还包括延州在内的河南地，历经千辛万苦的李世辅，终于回到了“祖国”的怀抱。他与部下面南而拜。宋金议和，延州回归了，金人打不成，李世辅开始考虑南归的问题，但所率西夏人马怎么办？他深知夏人多怀乡土，不愿离故土而南迁，于是只带了800旧部来见王枢、移讹，提出南归宋朝的要求。

移讹不答应，他说：“当初，经略乞兵来取陕西。今既到此，你却南归，让我们回去如何交代?”

李世辅知道情况不是他所想的那样简单，不采取断然措施是不能脱身的。危急时刻，他当机立断，遂抽刀砍移讹，移讹闪过刀锋，夺路逃脱。李世辅只好将王枢捆绑起来，押上南下。

西夏人得知李世辅要南归，以“铁鹞子”军来追，李世辅跃马上阵，挥舞双刀，所向披靡，夏兵大败，杀死和蹂践者超过万人，获战马四万匹，这是一个奇迹般的大胜。有了这批战马，李世辅揭榜招兵，每得一人，给马一匹，十日内招得骁勇少壮者万人，组建了一支铁骑。及行至鄜州，已有马步军四万余人。时金元帅撒里曷还在耀州，听说世辅来，连夜逃遁。

南宋抗金名将吴玠在河池县（今甘肃徽县）与世辅相见。他说：“忠义归朝，唯君第一。”至行在，宋高宗抚劳再三，赐名显忠，又赐田镇江及金银绢帛。此后历任保信军节度使、浙东副总管、淮西制置使、京畿等处招讨使、太尉、宁国军节度使、御前诸军都统制、殿前都指挥使、武威节度使、左金吾卫上将军、提举兴国宫、提举万寿观等。宋淳熙四年（1177年）七月病逝，时年69岁。赠开府仪同三司，谥忠襄。

（薛正昌）

逼主分国　任得敬献女擅权

西夏元德八年（1126 年）九月，西夏乘金人攻宋之机，用兵宋朝西安州，州判任得敬见大势已去，令部下打开城门，率全体军民出城投降。任得敬因献城有功，李乾顺就让他继续担任西安州知州。

任得敬在西安州知州的位子上，一干就是 10 年，西夏皇室似乎把他早忘了。他不甘心一辈子这样默默无闻，他是个有野心的人，处心积虑，苦苦地寻找得到皇帝宠信或提拔的途径，最后把目光放在已长大成人的女儿身上。

1137 年，任得敬决定把年方 17 岁的女儿献给西夏皇帝。尽管夫人一百个不愿意，如花似玉的女儿哭成了个泪人儿。但任得敬已铁了心，最终还是苦口婆心地说服了女儿，由弟弟任得聪送亲到兴庆府。李乾顺见任氏美丽动人，落落大方，高兴得合不拢嘴，立即封她为贵妃，并提拔任得敬为静州防御使。任得敬终于有了出头之日。

任贵妃知书达理，庄重寡言，与曹贵妃亲如姐妹，相处和睦。宫中无皇后，但二人不争不抢，安分守己。任得敬瞅准了皇后缺位的时机，拿出金银珠宝，巴结贿赂朝中王公贵族，尤其是重金收买御史大夫芭里祖仁，让他出面上书，请李乾顺册立皇后之位。李乾顺犹豫不决，征求文武大臣的意见，大家异口同声，都说任贵妃门第高贵，德才兼备，是当皇后的最佳人选。西夏大德四年（1138 年）八月，李乾顺册立任贵妃为大夏皇后，并授任得敬为静州都统军。

然而好景不长，第二年的六月，李乾顺驾崩，16 岁的长子李仁孝继位，尊其母曹氏为国母，与任氏并列为皇太后。

李仁孝做了大夏皇帝，任得敬颇有失落之感，前功尽弃，如何是好？但时势造英雄。1140 年，夏州统军萧合达发动叛乱，占据州城，然后西进，围攻灵州西平府。才当了不到一年皇帝的李仁孝乱了方寸，任得敬挺身而出，请缨出征，一举攻克夏州，收复盐州，合达兵败被杀。捷报传到兴庆府，李仁孝大加褒扬，想把任得敬擢升到朝廷任职。

濮王仁忠劝谏道：“得敬兵威震慑河南，今大乱刚刚平定就解其兵权入朝，那些图谋反叛之徒会再次兴风作浪。所以，还应让任得敬在外领兵，弹压地方。这次大捷，朝廷给他加官晋爵就可以了。”李仁孝遂授任得敬为西平都统军，封西平公，并给予重赏。高官厚禄，威名远扬。任得敬在以后的岁月里更是不择手段，爬上高位。

西夏人庆四年（1147 年）五月，任得敬上表请求入朝，李仁孝认为，任爱卿功勋卓著，理应参与国政，要准其所请。但御史大夫热辣公济坚决反对，他对李仁孝说：“得敬表请入覲，实则想干预朝政。自古以来，外戚擅权，国无不乱。他虽然是皇亲国戚，但和我们不是同一类人。谁能保证他没有异心呢？请陛下三思。”濮王仁忠也表示同意热辣公济的看法，李仁孝遂以地方安危要紧为由，谢绝任得敬的入朝之请。任得敬怀恨在心，但不露声色。

1148 年，中书令、濮王仁忠卒。任得敬以金银珠宝笼络晋王察哥，在察哥的保举下，李仁孝终于同意任得敬入朝，升为尚书令。从此，任得敬拍马溜须，阿谀奉承，与察哥过从甚密。西夏天盛八年（1156 年）四月，骄奢淫逸、贪婪成性的晋王一命呜呼了。任得敬从此肆无忌惮，同年九月当上了国相。一人之下，万人之上，任得敬的目的达

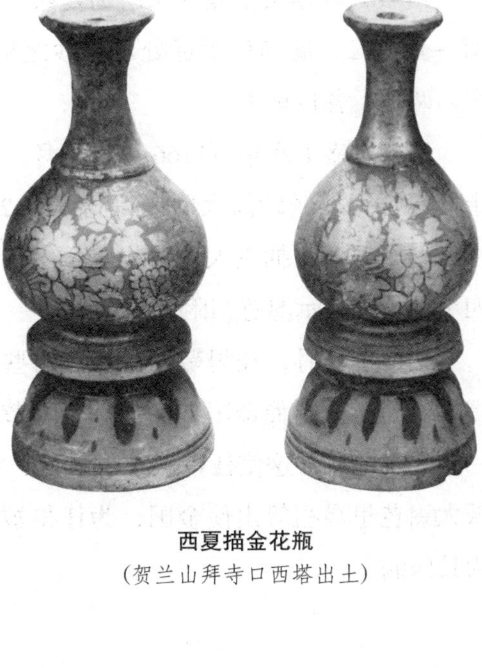

西夏描金花瓶

（贺兰山拜寺口西塔出土）

到了。他专横跋扈，政由己出，连李仁孝都让他三分。第二年，他任命弟弟任得聪为殿前太尉、任得恭为兴庆尹。二人仗着哥哥的权势，胡作非为，网络党徒。秘书监的王举看不惯，上书揭发其罪行，竟被罢官发配了。

李仁孝喜爱中原汉文化，曾大办学校，设科取士，尊孔崇佛，他想把西夏建设成为礼乐之邦。而任得敬却深恶痛绝，他不愿培养人才超过自己。于是，他对那些读书人冷嘲热讽，甚至找茬欺凌虐待。西夏天盛十二年（1160年）十月，他给李仁孝上了一道奏章，说："治国要勤俭节约，化俗要权衡利弊。我国处在戎夷之间，地瘠民贫，耕获甚少。那些儒士大都是滥竽充数，国家得耗费多少财物养活他们？"李仁孝对此事没有表态，但为了笼络任得敬，不久封他为楚王。

王爷的桂冠本是皇室嫡亲才能戴上的，这李仁孝咋赏给了外戚任得敬？热辣公济上书弹劾任得敬有僭越之罪，但李仁孝却焚烧了奏章，不让外人知道。任得敬作为一个汉人，由国相而楚王，这在西夏历史上还是第一人，他有些得意忘形了。出入宫廷，他的车马仪仗，与皇帝李仁孝的规模几乎一样了。

西夏天盛十七年（1165年）五月，任得敬征调10万民夫，大兴土木，改建灵州城，以翔庆军监军司所为宫殿。他有不可告人的目的，即将来把西夏国一分为二，逼李仁孝远处瓜、沙之地，自己则占据灵、夏。以黄河为界，东西两国，各自称王。

西夏天盛十八年（1166年）二月，庄浪族的陇逋、庞拜二部落发生叛乱，十月，任得敬派殿前太尉任得聪发兵2万，出其不意，袭破庄浪族的吹折、密藏两个部落，掳去人畜财物。金主得知这一消息，心中甚为不满，因为这四个部落曾表示愿意归附金国。

第二年正月，任得敬发觉事态有些严重，赶紧派他的族弟、武功大夫任得仁为贺节使出使金国，以贺其万春节为名，观察金主对此事的态度。金主一脸的不高兴，这使任得敬心事重重，病卧不起。十二月，李仁孝出面说情，派太尉芭里昌祖等出使金国，为任得敬求医，金主勉强答应派保全郎王师道为其医病。

西夏天盛二十年（1168 年）二月，任得敬病情好转，李仁孝就派任得聪到金国向金主答谢，任得敬乘机也向金主上表进献礼物。金主坚决不接受，说：“任得敬作为夏国的一个臣子，应注意自己的身份。他没有资格给我大金皇帝上表献礼！”这是一个危险的信号，任得敬有些坐立不安了。

此事让御史中丞热辣公济得知，他上书夏仁宗李仁孝，严斥任得敬不以国家利益为重，背着朝廷，假公济私，为个人捞取功名。这种人怎能和我大夏休戚与共呢？请陛下免去他一切职务，逐出朝廷！这下可得罪了权倾朝野的任得敬了，大骂热辣公济活得不耐烦了。西夏天盛二十一年（1169 年）二月，迫于任得敬的淫威，李仁孝强令热辣公济辞去御史中丞一职，回家养老。

任得敬逼走了又一个政敌，越发有恃无恐。他的女儿任太后屡次劝诫说：“谦受益，满招损，盛极必反。”但任得敬就是听不进去，一意孤行，唯我独尊。西夏乾祐元年（1170 年）四月，任太后撒手西归，死不瞑目。

任太后去世不到一个月，任得敬就提出另立中央，李仁孝被迫下诏：分夏国西南路及灵州、罗庞岭一带让任得敬自立为国，并赐国号“楚”。

随后，任得敬胁迫李仁孝派遣左枢密使浪讹进忠、参知政事杨彦敬、翰林学士焦景颜出使金国，为任得敬求封。焦景颜抗旨不遵，说任得敬分裂国家是大逆不道，罪不可赦。李仁孝说：“此事重大，你非去不可！”

三人来到金国，说明原委，金世宗觉得蹊跷，征求大臣们的意见。尚书令李石说：“他国之事，与我何干，不如做个顺水人情，许他就是了。”金主却道：“此言不妥！好端端的一个国家，突然要一分为二，这其中必有隐情。这肯定是贼臣逼迫，不是夏国王的本意。今朕为四海霸主，怎能容忍这样大不敬的事情发生。如果夏国王不能解决，我当发兵剿灭。”金世宗不但不册封，还要追究此事。

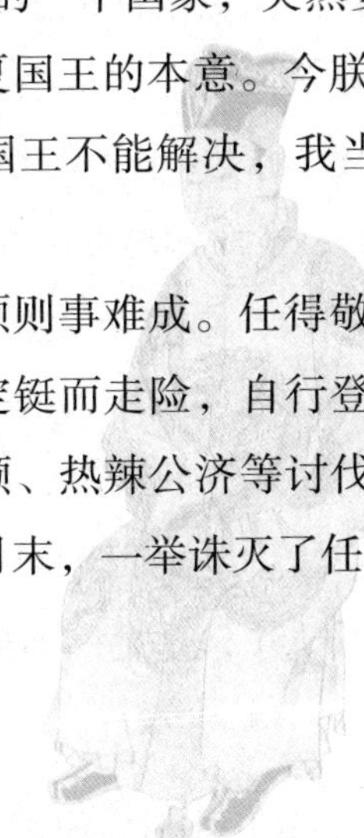

名不正言不顺，言不顺则事难成。任得敬讨不到册封，心情烦躁，精神崩溃。他别无选择，遂决定铤而走险，自行登基称帝。李仁孝调兵遣将，派斡道冲、芭里昌祖、焦景颜、热辣公济等讨伐任得敬，在金朝的支持下，西夏乾祐元年（1170 年）八月末，一举诛灭了任氏家族及其党徒。

（刘　华）

夏国“孔子” 儒学大师斡道冲

1183年，因为一个人的辞世，西夏举国上下，从黎民百姓到王公贵族，一时间都沉浸在无比的悲痛和思念之中。皇帝李仁孝在哀涕痛哭之余，诏令全国各地的学堂一律悬挂死者的遗像，以便让其和孔子一样接受西夏学子的顶礼膜拜。

那么，这个在身后受到国家高度赞扬的人物是谁呢？他有哪些优秀的品质和事迹呢？

这个人便是斡道冲，字宗圣，意思是效仿圣贤的德行，可见其父对他从小就寄托了很大的期望。斡道冲老家在灵州（今宁夏灵武），其先祖曾经追随李德明为创建西夏而东奔西走。1020年，李德明将国都由灵州迁往兴州（今宁夏银川），斡氏家族也随之北迁。

斡氏家族是读书世家，西夏历代皇帝都把纂修国史的重任交给他们。正是在这个书香门第的教育和影响下，斡道冲从小就养成了勤奋学习、刻苦求知的好习惯。8岁那年，在全国性的青少年文化考试（“童子举”）中，他凭借着对《尚书》的精通，一举夺魁，从此斡道冲的名字便和“神童”连在一起。道冲成年以后，继续研读古代经典，学习圣贤文章，掌握了《五经》（《诗》《书》《礼》《易》《春秋》）的精蕴，并开始个人的著述和翻译工作。

针对西夏国内蕃、汉两种语言并行的情况，斡道冲有计划地把汉文儒家经典翻译成西夏的国字（西夏文），并加以解释。比较著名的有《论语注》《论语解义》等，还有《周易卜筮断》，这是一本研究古代占卜术的著作。西夏国内盛行占卜习俗，斡道冲的书算著作，就是对当时这类现象的认识和解释。斡道冲的这些著作和他的学者风范，受到了社会和国家对他的尊重。

1151 年，仁宗皇帝任命斡道冲担任蕃、汉教授一职，主要负责国家预备官员的教育。顾名思义，所谓蕃、汉教授，指的是既懂得蕃学，又精通汉学的教授。不过，西夏的教授和今天的不同，它不仅仅具有教师督导员的身份，同时还具备高级官员的性质。斡道冲走上教师岗位以后，事必躬亲，殚精竭虑，兢兢业业，为西夏学校教育事业的发展做出了很大贡献。

斡道冲不仅是一个满腹经纶的渊博之士，还是一个正直奉公的清官。他步入政坛的年代，正是西夏历史上有名的权臣任得敬主政的时期。任得敬把持国政，专横跋扈，连李仁孝皇帝都要让上三分。只有斡道冲这样的少数耿直之士，才敢于和权贵抗争。

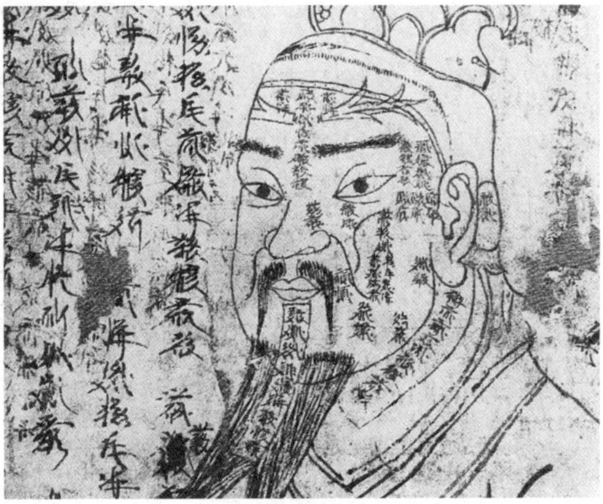

西夏文相面图

（黑水城出土）

早在任得敬上表请求以皇帝岳父的身份入朝为相时，斡道冲就进谏反对。他向皇帝说：“任氏任宰相，是外戚干预朝政。如果听之任之，那么东汉因为外戚干政而亡国的危险在今天的大夏有重演的可能！”任得敬入朝后，斡道冲更是不畏权势，多次冒死弹劾任得敬网罗党羽，专擅国政，滥杀无辜，图谋不轨。任得敬因此对斡道冲恨之入骨，想杀之而后快。无奈斡氏影响太大，只好将斡道冲逐出朝廷。

斡道冲被逐出朝后，在家赋闲近 20 年，以讲学和著述为业。1170 年，任得敬家族及其党羽被诛灭。第二年五月，李仁孝就起用斡道冲担任中书令这一重要职位，一时间大小官员纷纷把道冲引为做人与为官的楷模。他主持国家大计十余年，廉洁奉公，生活简朴，死的时候，家里除了大量书籍外，没有其他的积蓄。

斡氏的一生都在追随着圣贤的行为，实践着圣贤的品德：一是在儒学方面造诣非凡；二是在教育方面桃李众多；三是在政治方面刚正廉洁；四是在人生道路上百折不挠。这一切和当年那个始终在路上曲折前行的孔圣人是何等的相像啊！

斡道冲死后，其家风也一直为他的后人所遵守和传承。其孙斡扎箦，投降蒙元王朝后，曾担任原西夏中兴府地区的民政官员。在元太祖成吉思汗西征的过程中，他负责运输粮饷，毫发不取，被当时的舆论称为“满朝清”。而斡扎箦的儿子朵儿赤更有其祖斡道冲的遗风。朵儿赤在少年时代便通古博今，十五岁时熟读《论语》《孟子》《尚书》等儒家经典，成年后被元世祖召见任为中兴路总管，支持开荒大计。朵儿赤上任后，积极兴修水利，大力推广垦田。三年后，民众收成增加，国家赋税翻倍。元世祖十分高兴，升为潼川府尹，他在任潼川府尹时，也十分务实，发展生产，很有成绩。

朵儿赤晚年在云南做官。最终死于云南任上。其子孙定居云南，繁衍不息。今天的昆明、大理、丽江、昭通、东川、云溪、个旧等地，还有很多朵姓人家，他们大多是西夏名儒斡道冲的后裔。

（杨　浣）

嵬名察罕　成吉思汗的西夏养子

党项人察罕是蒙元早期一位重要的政治家和军事家，他为元代中国大统一做出了杰出的贡献。

《元史·察罕传》记载，察罕本名益德（或逸的），唐兀乌密氏。唐兀是蒙古人对西夏党项人的指称，而乌密则是西夏皇族嵬名的异译。

察罕的出身虽然高贵，但他的幼年却十分不幸。察罕的父亲叫曲也怯律，是西夏的一名大臣。他大概有好几个女人，从史料来看至少两个。察罕是曲也怯律的小妾所生。还在这个小妾怀有身孕的时候，曲也怯律的嫡妻（大老婆）出于嫉妒和憎恨，把她配给掌管牧群的家奴及里木为妻。这样当察罕出生时，就被人们当作牧羊人的儿子。直到稍稍长大的时候，母亲才把真相告诉了他，并且对他说，你的命不好，无法继承你父亲的财产了，因为那个狠心的女人给你又添了个弟弟。年幼的察罕并没有灰心丧气，他勤奋地练习着武艺和礼仪，等待着出人头地的机会。

13岁那年，蒙古大军入侵西夏，察罕被俘，发配到蒙古地区，负责放牧牛羊。为了练习礼仪，察罕每次放羊的时候，总要把放牧用的木棍插起来，将自己的帽子顶在木棍上面，恭恭敬敬地对着帽子跪拜歌舞。有一次，成吉思汗在猎取野兽时发现了这个举止奇特的牧童。成吉思汗问他："你是谁？"察罕回答说："我是唐兀人，是你俘虏中的一个孤独的孩子。""那你在干什么？""我在向帽子敬礼。当我一个人走路的时候，帽子是我的顶头上司，所以我向帽子表示敬意；当两个人走路，年纪大的是我的长辈，所以我向年长

西夏文内宿待命牌

（宁夏博物馆藏）

者表示敬意。这次听说有贵人要路过这里，因此我在练习拜见他的礼仪。”

听了这番话，成吉思汗满心欢喜，于是把察罕带到自己的大帐。对光献皇后孛儿帖旭真说：“今天我得到了一个天资聪慧的儿子，你要好好照顾他！”在皇后的关照下，察罕被任命为内宫行走。少年察罕聪明好学，做事干练，深受成吉思汗的宠爱。等到他长成大人的时候，成吉思汗便赐给他察罕这样的蒙古姓名，并且把宫廷侍女宏吉剌氏嫁给他为妻。

蒙古军队发动云中战役时，在野狐岭一带受到了金人的阻击。成吉思汗派察罕去侦察虚实。察罕回来报告说：“敌人不足畏，因为他们的骑兵非常自由散漫，没有纪律，我们完全可以取胜。”成吉思汗听从了察罕的建议，擂响战鼓，挥师前进，果然大破敌军。而察罕自己的部队也经过整整 7 天的围困，最终攻占了白楼地区。因为这些功劳，他被提升为御帐前千户。

之后，他跟随成吉思汗征讨西域地区的孛哈里、薛迷思干等城市，回回国国主札剌丁在铁门关负隅顽抗，蒙古军队无法前进。察罕看到这种情况，奋不顾身，破关斩将，其余敌军望风而降。接着他又参加了成吉思汗攻伐西夏的战争，占领了肃州。

当大军到达甘州时，正巧察罕的父亲曲也怯律把守着这座城池。察罕想利用父子的关系招抚甘州，于是写了一封书信射入城内，要求见他的弟弟。这个弟弟就是曲也怯律嫡妻的儿子。察罕让他 13 岁的弟弟，站在城池的高处相见，同时派出使节招谕城中兵将，要他们早早投降。但是，甘州副将阿绰等 36 人合谋，杀害了曲也怯律父子和蒙古使者，并力拒守。

甘州城破后，成吉思汗为了替察罕报杀父之仇，打算把甘州军民全部活埋。可是察罕却忍着内心的剧痛说，百姓是无辜的，只处置那些首恶分子吧。

攻打灵州时，察罕率军一举打败西夏的10万援军，随后直抵中兴府（今宁夏银川），西夏末主李睍坚守城池。察罕受命入城劝降，他晓以利害，谕以祸福，终于说服李睍献城投降。然而这个时候，成吉思汗突然驾崩（病逝），大将们根据他的遗嘱，把夏国皇帝李睍骗出城外杀害，接着又准备屠城，察罕极力劝阻，屠城计划才没有实施。

成吉思汗死后，窝阔台继承了蒙古帝国的汗位。此后，蒙古展开了大规模的统一中国的战争。作为国家重臣，察罕参加了这一时期很多战役。窝阔台略地河南，他英勇杀敌，战功赫赫，获赐马匹三百以示奖励。

皇子阔出、忽都秃伐宋，察罕受命担任斥候一职，斥候就是负责侦察敌情的先遣队。亲王口温不花南伐，察罕作为他的副手，先后攻克了枣阳及光化军。不久，大汗把口温不花召回行在，察罕实际成为南征部队的“统帅”。随后他被授予了马步军都元帅一职。在他的指挥下，蒙古各路兵马分别攻陷了天长县及滁、寿、泗等州。

贵由汗即位后，赐给察罕1件黑貂裘、10把镔刀，命令他挥师江淮，开拓疆土。蒙哥汗继位后，召见察罕，赏赐黄金50两、珍珠宝衣1件、金丝绸缎2匹，同时命令他以都元帅身份兼领尚书省差事，赐食邑3000户，赐草场14500余顷，2万多户口。没过多久，蒙哥汗又再次召见察罕，赐黄金450两以及锦绮、弓矢无数。

1254年察罕病故，死后追赠河南王，开府仪同三司、上柱国。察罕有10个儿子，长子木花里，官至万户，追封梁国公。

（杨　浣）

王朝湮灭　蒙古铁骑六践夏土

蒙古国刚刚建立的时候，成吉思汗就制定了一套长远计划，以军事手段攻灭蒙古周围的金、西夏和西辽。要攻金，必先灭西夏以安定后方。因而，成吉思汗将军事打击的矛头首先对准西夏。

对于西夏的灭亡，《蒙古秘史》里有一个神秘的传说。

传说西夏皇帝李乾顺豢养着一条黑鼻梁黄狗，能预兆军事战争。相安无战事时，它的声音平缓柔和；将要发生大战时，则号嗨大叫。在成吉思汗最后攻灭西夏的那次战争之前，这条黑鼻梁黄狗放声狂嚎，这次狂叫达 3 年之久。由于叫的时间太长了，西夏皇帝以为是黄狗老傻了，便没有理会，加强军事防御。因此，成吉思汗的蒙古大军第 6 次南下时，就一举消灭了没有多少防备的西夏国。

传说终归传说。其实，成吉思汗攻灭西夏也不是轻易就得手的，只是到了后期，西夏的确是山穷水尽了。黄狗的故事，只是成吉思汗利用巫术迷信为他对外征服战争服务的一种手段。

蒙古征夏战争，从 1205 年开始，到 1227 年西夏灭亡为止，历时 23 年。这期间共发生了 6 次大规模战争，其中 4 次是成吉思汗亲征。

第一次征西夏。1205 年春，成吉思汗以西夏接纳仇敌桑昆为由，发兵侵入西夏境内（今甘肃敦煌、酒泉一带），毁坏城寨，抢掠骆驼、羊、马。这是蒙古对西夏的一次掠夺性、试探性的军事进攻。蒙古大军撤退后，夏桓宗李纯祐下令大赦境内，修复了被毁坏的边墙。

成吉思汗征灭西夏的战争序幕就这样拉开了。

成吉思汗绣像

第二次征西夏。西夏应天二年年(1207)九月，成吉思汗以西夏不肯纳贡称臣为由，率大军再次侵入西夏，攻克西夏北部军事重镇兀剌海城（今内蒙古巴彦淖尔盟境内）。据城数月，分遣骑兵到处掳掠，直到1208年春，蒙古军队才退回漠北。

第三次征西夏。西夏应天四年(1209年）三月，成吉思汗发动了对西夏的第三次进攻，蒙古大军进入夏境后长驱直入，四月，攻陷兀剌海城；五月，进叩贺兰山关口要冲克夷门（今宁夏贺兰山三关口）。克夷门地势险要，蒙古人攻了几十天，岿然不动，成吉思汗见强攻不行，于是改变战术，采取游骑袭扰，将西夏守军引出关口，一举打败。

攻克贺兰山屏障，踏上宁夏平原的蒙古铁骑势如破竹，迅速包围了西夏都城中兴府。中兴府城池固若金汤，夏国主李安全亲自登城督战，成吉思汗的进攻再次受阻。九月，黄河水瀑涨，成吉思汗指挥军队在中兴府城外筑堤，引河水灌城。中兴府城内一片汪洋，有的房屋经不起几个月的浸泡，纷纷倒塌，军民死伤无数。十二月，灌城的大堤溃决，大水反淹蒙古大营，成吉思汗这才撤围。临退兵前逼西夏签订城下之盟：西夏答应向蒙古国称臣纳贡，充当攻取金朝的打手。这一纸盟约，成了西夏国走向衰弱的转折。

第四次征西夏。西夏投降蒙古之后的七八年间，成吉思汗在对周边战争中，不断地向西夏征取兵源，索取贡赋，使得西夏疲于奔命，朝野上下极为不满。1217年，成吉思汗西征时，又命西夏出兵随征，夏主拒绝出兵参战，成吉思汗大怒。次年正月，派遣木华黎率军队四征西夏，木华黎长途奔袭，迅速包围中兴府。夏神宗李遵顼措手不及，只好命太子留城拒守，自己逃往西凉府（今甘肃武威市），夏人一边守城，一边遣使求降。当时成吉思汗在西域用兵，无力灭掉西夏，于是接受了西夏的请降，蒙古军队撤离中兴府。

第五次征西夏。1223年，夏神宗李遵顼派遣骑兵10万前往陕西凤翔，协助蒙古木华黎攻金。因金兵坚守，再加上西夏官兵的厌战情绪，没有向主帅木华黎请示，就撤兵退回。蒙古人以此为口实，再次兴兵问罪。西夏乾定二年（1224年）九月，木华黎的儿子孛鲁统兵攻破西夏的银州（今陕西榆林鱼河镇），大肆杀戮一番后领兵退回。

第六次征西夏。西夏乾定四年（1226年）春，西征返回的成吉思汗以西夏叛离蒙古，密与金朝议和，不服从征调，不遣质子等为由，亲统大军10万，发动第六次进攻西夏的战争，也是蒙古最终灭西夏的战争。

这年二月，蒙古军队分东西两路攻破西夏边境重镇黑水城和兀剌海城。随后几个月，西路大军相继攻取沙州（今甘肃敦煌市）、肃州（今甘肃酒泉市）、甘州（今甘肃张掖市）等河西重镇。八月，蒙古军队扫平整个河西，然后经应理（宁夏中卫市），沿黄河北上，直取灵州西平府（宁夏灵武市西南）。

东路蒙古军在攻银、夏州之后，也直指灵州。西夏宝义元年（1226年）十一月，东西两路蒙古大军会兵灵州城下，一举攻克灵州。灵州西平府是西夏的南大门，为了守住门户，蒙古军队围攻灵州城时，西夏末代皇帝李睍派10万大军前往救援，与蒙古大军展开了战略决战，西夏战败，主力消耗殆尽。从此无力抗击蒙古军队的进攻。当时西夏的领土尽失，只有孤城中兴府了。1226年冬，成吉思汗看到西夏已是日暮途穷，便命一部分军队继续围困中兴府，自己于西夏宝义二年（1227年）春率大军南下攻金。

西夏宝义二年（1227年）正月，蒙古大军南渡黄河，接连攻占积石（今青海撒拉族自治县）、洮州（今甘肃临潭县）、河州（今甘肃临夏市）等地之后，挥师进入今宁夏南部固原地区，德顺州（今宁夏隆德县）是成吉思汗进入宁夏南部的第一站。闰五月，天已大热，成吉思汗避暑于六盘山，从此奠定了窝阔台、蒙哥、忽必烈等驻军六盘山并消夏的历史格局，也奠定了安西王府的历史地位。

成吉思汗进驻六盘山后，派西夏皇室后裔察罕为特使，去中兴府劝降。

当时蒙古军队包围中兴府已达半年之久，城中军民极其疲敝。六月，又发生强烈地震，房屋倒塌，疾病流行，在天灾人祸的打击下，末主李晛同意献城投降。不久成吉思汗病死军中，他的部下遵照其遗诏，杀害了前来献城的西夏末代皇帝李晛。在察罕的劝阻下，中兴府免遭屠城，城中百姓躲过一劫。立国190年的西夏国从此灭亡。

西夏国灭亡了，西夏国的故事还在向后人讲述着那一段悲壮的经历。

相传，成吉思汗大军包围灵州时，灵州城里有一位善法术的老妇，站在城墙上挥动一面青色的旗帜，蒙古骑兵马队就如同秋风扫落叶一样，纷纷倒毙。成吉思汗万分焦急，从狱中找来射箭高手哈萨尔（成吉思汗的弟弟），一箭射中老妇，她手中的旗不动了，法术也不灵了，蒙古军队才攻克灵州城。

西夏皇帝美丽的皇妃被成吉思汗掳去，她楚楚动人，惊动了成吉思汗的左右。皇妃说："我的颜色本胜于此，只是被你们的战争烟尘所蒙，颜色顿减。若于水中沐浴，能见从前之美丽。"于是特许她去黄河岸边沐浴。皇妃到了河边，突然她父亲的一只大鸟落到身边。皇妃万分惊喜，急忙写下一封书信：国破山河碎，我被羞辱，无颜面见家乡父老，只有了却残生。我死后不要到黄河下游寻找尸体，可向上寻找。遂将写好的书信系于鸟的脖颈，令其带回家中。

皇妃沐浴后回到硝烟弥漫的灵州城，果然是更为亮丽迷人。在常人眼里，这位西夏皇妃是在刻意讨成吉思汗欢心。谁料得这位烈女在陪侍时刺伤成吉思汗，乘夜色逃出，投河自尽。成吉思汗也因伤重而不治身亡。

后人演绎了这样一出奇特而美丽凄惨的悲剧故事，其实，成吉思汗的死，与西夏皇妃没有关系。

（薛正昌）

承袭唐宋　西夏的职官制度

李元昊称帝建国时，模仿中原宋朝建立起一套完整的职官制度。《宋史·夏国传》记载，元昊“官分文武班：曰中书，曰枢密，曰三司，曰御史台，曰开封府，曰翊卫司，曰官计司，曰受纳司，曰农田司，曰群牧司，曰飞龙院，曰磨勘司，曰文思院，曰蕃学，曰汉学”。

中书主持政务，是国家最高行政机关，长官为中书令；枢密主持军务，是国家最高军事机关，长官为枢密使；三司主持财务，是国家最高财政机关，长官为三司使；御史台负责监察，是国家最高监察机关，长官为御史大夫、监察御史等；开封府即兴庆府衙门，西夏模仿宋朝机构设置时，照猫画虎把它搬过来；翊卫司，负责皇帝侍从保卫；官计司，负责调配增补官吏；受纳司，负责财政收支保管；农田司，负责农业生产；群牧司，负责畜牧业生产；飞龙院，负责御马供养；磨勘司，负责官吏考核；文思院，负责皇帝服饰等御用物品制造供给；蕃学、汉学，是最高教育机构，负责官吏的培养与教育。

后来又陆续增加了殿前司、内宿司、审刑司、皇城司、僧人功德司、出家功德司、道士功德司等机构。

为了加强管理，西夏统治者以法律的形式，对中央与地方机构的级别与编制做出了明确的规定。如，中书、枢密，各设六大人、六承旨；中兴府、殿前司，各设八正、八承旨；御史、大都督府、西凉府，各设六正、六承旨；三司，设四正、八承旨；内宿司，设六承旨；都磨勘司、农田司、受纳司，各设四正、四承旨；都转运司，设六正、八承旨；群牧司，设六正、六承旨；

定远县、怀远县、临河县、保静县、灵武郡等五种郡县，各设二城主、二通判、二经判。

西夏官吏的选任大致有世袭、恩荫、科举以及铨选四种形式：

世袭是党项部落制下的一种选官制度。西夏立国后，长期保留党项社会的部落制度，大大小小的部落首领世代承袭，“父死子继，兄死弟袭”。

恩荫察举是比世袭进步的选官制度，它既照顾家世出身，又考察能力才干。1112 年，夏崇宗李乾顺下令按资格选官，“凡宗族世家议功议亲，俱加蕃汉一等”，就具有恩荫察举性质。当时宗室子弟李仁忠、李仁礼通蕃、汉文字，有才学，善歌咏。李仁忠任礼部郎中，李仁礼任河南转运使。1120 年，二人因祖先功勋，被夏崇宗李乾顺分别封为濮王和舒王。

西夏首领印

科举是一种考试选官制度。1147 年，夏仁宗李仁孝就开始“策举人”。这是史书最早关于西夏科举取士的记载，以后历朝都开科取士。西夏后期许多名臣政要乃至皇帝都是通过科举考试发达的。夏仁宗时名相斡道冲，8 岁时中童子举，长大后通《五经》，为蕃、汉教授，官至中书宰相。第 8 代皇帝神宗李遵顼，曾以宗室子弟身份考中进士，官至大都督。夏神宗时吏部尚书权鼎雄亦是进士出身。西夏晚期名臣高智耀，“字显达，曾大父西夏进士第一人”。到高智耀又“登本国进士第”。幼年时被成吉思汗收养的西夏人察罕，其父曲也怯祖也“于夏国尝举进士”。西夏后期出身科考的既有帝王将相，又

西夏文敕燃马牌
（中国历史博物馆藏）

有文人学士，有的还一门两代中进士。

铨选是在较大范围内考察选拔官吏，根据 3 年 1 次的考核，如果成绩合格或优异者，都有升迁的机会。

西夏自李元昊建国后，有自己的帝号、年号，按帝国的规格建官立制。但这些并没有得到宋朝的承认，宋朝在礼节上还按王国对待，所以不允许西夏使节称太尉、御史大夫等皇帝属下的官名。如宋夏庆历议和时，宋朝让边帅庞籍给野利旺荣回信，称野利旺荣为太尉。庞籍认为不妥，“太尉，天子上公，非陪臣所得称”。不如称宁令（意为大王）、谟宁令（意为天大王），反正是西夏语，“中国不能知其意”，这是掩耳盗铃的自欺欺人办法。

还如，1063 年，西夏使节称宣徽南院使，宋朝的礼官不答应，问题反映到朝廷，宋仁宗给夏毅宗李谅祚下了一道诏书，说“来使官称非陪臣官号”，从今以后应遵照两国议和时的规定，来使不能称汉官名号。

既然宋朝坚决这样要求，为了不影响两国外交使节来往，西夏只好把汉官名称翻译成西夏文，如大王译为“宁令”，天大王译为“谟宁令”，枢密译为“领卢”，皇帝译为“兀卒”或“乌珠”，太后译为“乌尼”，等等。

西夏的官府和官员都有印信，印信的质地与大小根据级别和地位来定，皇太子金印，重 100 两；中书、枢密银印，重 50 两，长宽各 2 寸半；经略司银印，重 25 两，长宽各 2 寸 3 分；正统司铜镀银，重 20 两，长宽各 2 寸 2 分；次等司铜镀银，重 15 两，长宽各 2 寸 1 分；中等司铜镀银，重 12 两，长宽各 2 寸；下等司铜印，重 11 两，长宽各 1 寸 9 分；末等司铜印，重 10

两，长宽各 1 寸 8 分；首领等铜印，重 9 两，长宽各 1 寸 7 分。

传世的西夏官印主要是首领印，一般尺寸在 5 厘米见方，有的长宽略有差异。印背有纽，纽左刻持印首领姓名，纽右刻授印时间，也有个别颠倒过来的。印文阴刻西夏文九叠篆文“首领”二字。

西夏在重要政务或军务活动中都使用符牌，传世的西夏符牌大致有三种：一是信牌，铜质合套式，合盖上刻西夏文“敕燃马牌”四字，所以又叫“敕燃马牌”，发兵、救灾或传达重要命令都使用“敕燃马牌”。另外，还有银质信牌，李元昊发兵时就“以银牌召部长面受约束”。

二是防守牌，为防守军人的名牌，作为身份证明或信物。传世的一般为圆形，直径 5 厘米左右。上有穿，便于携带。正面为西夏文“防守待命”四字，背面为人名。

三是宿卫牌，为内宫宿卫人员的名牌，作为身份证明或信物。传世的多为长方铲形，长约 5 厘米，宽约 4 厘米。上有穿，便于携带。正面为西夏文“内宿待命”四字，背面为人名或番号。

雕龙石栏柱
（西夏陵 6 号陵出土）

西夏地方行政体制为州（府、郡、军）县两级。州、府、郡是地方最高行政机构，由于所处地位不同，而分别设置，一般的地方设州，如夏州、绥州、银州、宥州、静州、灵州、兴州、盐州、会州、胜州、洪州、韦州、甘州、凉州、瓜州、沙州、定州、怀州等。在首都或区域重要城市设府，如都城设兴庆府，后改为中兴府。陪都设西平府，甘州设宣化府。在少数民族地区设郡，如升甘州为镇夷郡，升肃州为蕃和郡，以加强对回鹘、吐蕃的管理。在军事重地设军，西夏前期设12个军（监军司），后增加到18个。

州下设县，拓跋部世代统治的银、夏、绥、宥4州下辖8县，平均1个州管辖2个县。李元昊称帝时，为了壮大声势，把人数不满千的堡、寨、城、镇升为州，这些州非常小，下面不管县，直接管辖堡寨。县以下辖堡、寨、乡、里，一般在沿边地区设堡寨，在内地汉族聚居地区设乡里，皇族拓跋氏早期家族墓地就在夏州朔方县仪凤乡奉政里，有的作“凤正里”。

（杜建录）

全民皆兵　西夏的兵种与军制

西夏景宗李元昊开国时，在中央设枢密院，在地方上置12监军司，后增加到18监军司。枢密院是最高的军事机构，设枢密使、左右枢密使、都枢密使、枢密都承旨、枢密副都承旨、枢密直学士等，秉承皇帝的旨意，处理军机，统帅全国的武装力量；监军司设都统军、副统军、监军使，由党项豪酋充任，其下设指挥使、教练使等，则不分蕃汉，均可充任。

西夏中期以后，为了削弱地方豪酋大族的势力，又在监军司之上设经略司、统军司、正统司，从此，西夏的统兵机制日趋完善，枢密院掌调兵权，经略司、统军司、正统司、监军司等掌领兵权，相互制约，最终听命于皇帝。

西夏军队从性质与任务上，可分为皇帝侍卫军、中央镇守军、擒生军、边防军（监军司军）四种。

皇帝侍卫军由皇帝直接掌握，李元昊建国初，建有8000人装备精良的侍卫军，每人每月发2石米。李元昊出入时“前后环拥，设备甚严”。

中央镇守军为镇守京畿地区的军队，西夏和宋朝一样，在军队驻守上搞内外制衡，中央和地方各驻一半军队。地方首领造反，调发中央军队平叛，中央军队造反，调集地方武装镇压。李元昊时在贺兰驻兵5万，灵州驻兵5万，兴庆府驻兵7万，总计17万人。这17万中央军为正军，每个正军要配备1名负赡兵，若加负赡兵，就达34万之多。

顾名思义，擒生军是捕捉俘虏，打扫战场的军队。西夏对外战争很重要的目的是掠夺，因此专门建立捕捉俘虏、打扫战场的擒生军，这支特殊军队的总人数在 10 万人左右。

监军司兵具有边防与镇守地方双重性质，李元昊时的 12 个监军司分别是：左厢神勇军司，驻夏州弥陀洞（今陕西榆林东南）；石州祥祐军司，驻石州（今陕西米脂县西北）；宥州嘉宁军司，驻宥州（今内蒙古乌审旗西南）；韦州静塞军司，驻韦州（今宁夏同心县境内）；西寿保泰军司，驻柔狼山北（今甘肃靖远县东北）；卓罗和南军司，驻黄河北岸卓罗城（今甘肃省永登南）；右厢朝顺军司，驻贺兰山克夷门（今内蒙古乌海市西南）；甘州甘肃军司，驻甘州（今甘肃张掖市）；瓜州西平军司，驻瓜州（今甘肃安西东南）；黑水镇燕军司，驻黑水城（今内蒙古额济纳旗东南）；白马强镇军司，驻娄博贝（今内蒙古阿拉左旗北吉兰泰）；黑山威福军司，驻河套西北黑山地区（今内蒙古乌拉特后旗东南）。

以上是从性质与任务上，分皇帝侍卫军、中央镇守军、擒生军、监军司军。若从装备、技能以及作战方式上，则又可分为骑兵、步兵、炮兵、水兵与强弩兵。

西夏军队中骑兵最为重要，骑兵中最精锐的又称“铁骑”或“铁鹞子”。西夏的“铁鹞子”有两大特点，一是“乘善马重甲，刺斫不入”，二是“用钩索绞联，虽死马上不坠”。这和女真金兀术的“拐子马”不同，“拐子马”三匹战骑为一组，集团冲锋。岳飞用长柄大刀，上砍人头，下砍马蹄。破“拐子马”阵，西夏是将人联在马上，“虽死马上不坠”，冲锋力极强。1092 年，西夏在一次攻宋战役中，有“铁鹞子数万迫近洪德砦”。说明西夏铁骑的数量是相当可观的。

西夏步兵人数最多，最精锐的步兵叫作“步跋子”，由山界党项部落组成，跋山涉水，“轻足善走”。在平原作战，多用“铁鹞子”冲锋，在高山峡谷作战，多用“步跋子”突击。

西夏有炮手 200 人，将旋风炮架在骆驼鞍上，“纵石如拳”。这种“旋风炮”实际上是一种机械发射装置，还不是火炮。

西夏水军设在大河两岸，人数虽少，但比较活跃，经常过河骚扰宋朝边境。

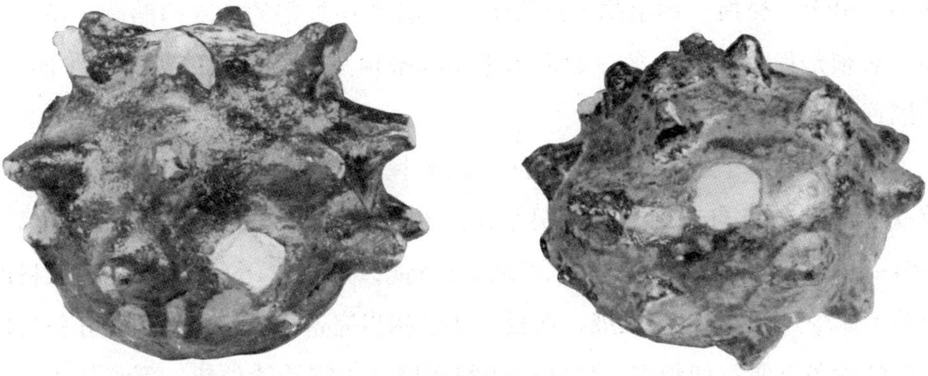

西夏褐釉瓷蒺藜

（宁夏盐池出土）

西夏出产良弓，建立了一支精锐的强弩兵，与宋军交战时，开始用铁骑冲击，接着用强弩兵射击，锐不可当。

全民皆兵是西夏兵制的最大特点，所谓“人人能斗击，无复兵民之别，有事则举国皆来”。“一家号一帐，男年登十五为丁”。“男年登十五为丁”，即男子只要年龄达到15岁，就要服兵役，一直到70岁才退役。

为了把全民皆兵制落到实处，西夏实行严格的兵役登记制度，男孩从10岁开始就要登记注册，如果违律不注册隐瞒时，相关人员要受到严厉处罚。

老弱残疾可以免除兵役，但必须进行严格的审查，要有医生检查报告，担保人的担保，主管大人的检验，才能转入老弱残疾，免除兵役。如果贪赃枉法，徇私舞弊，“以壮丁入转老弱”，或“诸人现在，而入死者注销”，都要受到严厉的惩处。

西夏军队的战具分国家配备与自备两种，脱产的常备军由国家配备，不脱产的部落兵由本人或家庭自备。所有正军配备1匹战马，1头骆驼、1张弓、1杆枪等，3人配备1顶帐篷。战马用来冲锋陷阵，骆驼用来运输军需，帐篷可以遮风挡雨，用来宿营。

团练使以上，配备1匹战马，5头骆驼、1顶大帐、1张弓、500支箭，旗、鼓、枪、剑、棍棓、沙袋、披毡、浑脱、背索、铁锹、镢头、斤斧、箭牌、铁爪篱各1个。当然，这些装备是由亲兵带着。

无论自备还是国家配备的装备，质地和规格务求一律，不得损坏、丢失、转借、出卖、交换。如果损毁或丢失了，必须在规定的期限内赔偿。赔偿军马，必须是齿岁小的良马。如果用老弱马来顶账，有官位的人，罚1匹马，平民百姓，打13杖。

军法是肃整军纪，维护和加强军队战斗力的重要手段，西夏统治者非常重视军法的制定与运用，李元昊继位之初，就“明号令，以兵法勒诸部”。1101~1113年颁布了军事法典《贞观玉镜将》，1149~1169年又颁行《天盛改旧新定律令》。经过百年发展，西夏军法已相当完备，内容包括边防守备与用兵行师诸多方面，如州主、城守、通判弃城，主官一律处斩。副官徒12年。其下正首领徒6年，小首领徒2年，正军打13杖，辅军、女兵不治罪。

点集不到者徒6年，“两次不往到，徒十年，三次不到，无期徒刑”；将军阵亡，护卫、首领、押队、亲随全部处斩。

战斗中丢失兵马、铠甲、旗鼓等1至2分，主将降3官（降3级），罚5匹马，副将降2官，罚3匹马；2至3分，主将降5官，罚7匹马，副将降3官，罚5匹马；5分以上，主将处斩，副将革职；6分以上，主副将均处斩。虚报军功1000~3000千件，贬官罚马；3000件以上者，一律处以极刑。旗鼓手丢失旗鼓而逃回，斩。士兵诬告他人虚报战功，斩。

西夏重俘获，轻首级，“战胜而得首级者，不过赐酒一杯，酥酪数斤”。但覆大军，获大胜，则不吝赏赐。俘获1500种以上，主将加7官（升7级），赏银碗100两，金碗50两，衣服1袭10带，10两金腰带1条，银鞍鞯1副，银1锭，茶绢1000；副将、行将、佐将、正首领、小首领、押队、队长、士兵等都有重赏，最小的士兵都要升15级，赏50两银碗，大锦上服1件，银1锭，茶绢300。重赏之下，必有勇夫，所以西夏人打仗时，人人奋勇，很少有当逃兵的，这是西夏对外战争胜利的重要原因之一。

（杜建录）

塞北江南　夏地农业旧有名

西夏境土，东起黄河，西到玉门，北抵大漠，南临萧关，大致包括今宁夏大部、甘肃西部、陕西北部与内蒙古、青海部分地区。年降水量由西往东只有 39~400 毫米，而年蒸发量在 600~2000 毫米，因此，西夏的农业，主要是沙漠绿洲中的灌溉农业。

位于黄河河套的今宁夏平原，是西夏最重要的灌溉农业区，自秦汉以来，历代人民在这里开凿渠道，引黄灌溉，保留下来的古渠有秦渠、汉渠、光禄渠、唐徕渠、艾山渠、七级渠、特进渠、御史渠、尚书渠等。西夏立国后，不仅疏浚继承了前代留下的水利工程，而且新开凿了灌溉渠道，位于今银川市西面的昊王渠传说就是李元昊时开凿的，只因选址过高，最终没有凿成。

河西走廊是西夏第二个灌溉农业区。祁连山积雪融化，汇聚成疏勒河、黑河和石羊河三大内陆水系，形成了三个内陆平原，即今疏勒河流域的敦煌平原、黑河流域的酒泉平原和石羊河流域的武威平原。前 221 年，汉武帝派霍去病打败匈奴，在河西地区设武威、张掖、酒泉、敦煌四郡，就开始移民实边，开渠屯垦。

除河套平原与河西走廊外，东起横山、西到天都山的宋夏沿边地区，山川绵延，水草丰茂，从来就是著名的半农半牧区，发源于横山的无定河全长 442 公里，年径流量 15 亿立方米，灌溉着两岸沃土。

发达的水利灌溉，为西夏的农业生产奠定了坚实的基础，正如《宋史·夏国传》说的："其（西夏）地饶五谷，尤宜稻、麦。甘、凉之间，则已诸河为溉，兴、灵则有古渠曰唐来、曰汉源，皆支引黄。故灌溉之利，岁无旱涝之虞。”

西夏粮食作物的品种有水稻、小麦、大麦、荞麦、糜子、谷子、青稞、大豆、小豆、豇豆、豌豆、荚豆、荜豆、红豆、黑豆、绿豆等。

水稻主要产在今宁夏的兴、灵平原。西夏大安七年（1081 年），北宋五路大军伐夏，十一月，环庆路大军攻到灵州（今宁夏灵武）城下，灵州城周全是冬灌后的稻田，一片泥泞。宋军只好驻扎在田埂上。西夏决开七级渠，水漫大宋军营，宋军冻死者不计其数，8.7 万宋军溃散下来的只有 1.3 万人。

小麦是与水稻同样重要的细粮，从宁夏平原到河西走廊都有种植，其中河西凉州出产一种白小麦。

荞麦，又叫甜荞麦，生长周期比较短，在西夏的沿边山界广泛种植。西夏人编的识字读本《碎金》说：“回鹘饮乳浆，山讹嗜荞饼。”“山讹”是横山党项的西夏语称。横山地区盛产荞麦，所以生活在这里的党项人喜欢吃荞饼。

大麦是高寒地区作物，分多个品种，其中青稞为大麦一种，所以有时称青稞为大麦。党项内迁以前没有农耕，靠与外界交换来的大麦酿酒。内迁以后，在黑水地区与河西走廊广泛种植大麦。随着农业生产技术的发展，现在这一地区多种植小麦和其他杂粮，不再生产大麦。

西夏铁犁铧

（内蒙古准格尔旗准格尔召乡出土）

糜子，又称稷，去壳后叫黄米，是一种耐干旱适应性很强的作物，自古以来广泛种植于黄河中下游地区，为西夏境内重要的粮食品种。

谷子，又称粟，去壳后叫小米，也是一种耐干旱适应性很强的作物。鄂尔多斯高原与黄土高原连接处的小米很有名，今天生活在这一地区的蒙古族人的炒米就是用小米做的。

豆类，西夏豆类品种较多，有大豆、小豆、豌豆、豇豆等。大豆分黑、白、黄、褐数种，小豆包括赤豆、白豆、绿豆等。豌豆，又叫回鹘豆、胡豆、戎豆、青斑豆、荜豆、青小豆。它有这么多名称是有原因的，豌豆苗柔弱宛宛，故名豌豆。这种豆子“嫩时青色，老则斑麻”，因此又叫青斑豆。豌豆的种子来自回鹘民族，所以又叫回鹘豆、胡豆、戎豆。

西夏的经济作物有桑麻，水果有桃、李、杏、梨、枣、葡萄等。西夏地区自来盛产水果，唐朝就有“贺兰山下果园成，塞北江南旧有名”的美称。

西夏铁犁镜

（内蒙古准格尔旗准格尔召乡出土）

葡萄是张骞从西域带回的水果，在内地移植成功，唐代河西地区的葡萄与葡萄酒成为当时的著名产品，诗人王翰因此写出了“葡萄美酒夜光杯，欲饮琵琶马上催”的名句。

西夏的瓜有回纥瓜与大食瓜两种，回纥瓜因来自回纥而得名，“大如中国冬瓜而味甜”，属于现在的西瓜。大食瓜因来自大食而得名，可能是“哈密瓜”之类的甜瓜。

西夏人食用的蔬菜有蔓菁、萝卜、胡萝卜、苦苣、菠菜、香菜、芥菜、茄子、冬瓜、南瓜、瓠子、葱、韭、蒜等。

蔓菁即大头菜，春天吃苗，夏天吃苔，秋天吃茎，冬天吃根。

萝卜，有大小两种，根叶都可以吃。萝卜和蔓菁一样，产量比较高，可以用来防备灾荒。

胡萝卜因来自胡地，气味又和萝卜接近，所以叫胡萝卜。明代李时珍《本草纲目》记载，胡萝卜是元朝从胡地传入，但西夏时就有了胡萝卜，说明传入我国在元朝以前。

菠菜，又叫波斯草，唐太宗时尼波罗国进献，所以起名菠菜。

苦苣，即苦菜，又名苦苦菜，冬枯春生，为一年中最早采食的蔬菜，经常用来接济青黄。

香菜，又名芫荽、胡荽，因张骞从西域带回的种子，所以叫胡荽。

西夏人的粮食储备比较少，在打仗或灾荒年间，靠野菜草籽充饥。春天吃鼓子蔓、碱蓬子，夏天吃苁蓉苗、小芜荑，秋天吃席鸡子、地黄叶、登厢草，冬天吃沙葱、野韭、拒霜、灰条子、白蒿、碱松子。

苁蓉，又叫肉苁蓉，多长在盐碱地或沙滩上，西夏阿拉善地区的苁蓉非常有名，至今仍然如此。

灰条，一年生草本植物，多生长在农田里。嫩苗晾干后，冬天可作干菜。子实黧黑，略带甜味，可磨成面食用。

登厢草，属沙地植物，俗称沙米，可以食用，沙漠中行人常靠"沙米"充饥。登厢草的特点是生长在流沙上，在长草的固定沙丘上不生长，因此被誉为"流沙上的先锋植物"，是研究沙漠形成和演变的重要依据。

沙葱，是生长在沙地中的一种野葱，宁夏香山和内蒙古阿拉善地区的沙葱最有名。吃了这种沙葱的羊的肉没有膻味，特别鲜美。

党项人建立西夏国后，继承了当地汉族人民先进的生产工具与生产技术，因此，它的农业一开始就站在比较高的起点上。西夏文献记载的农具有犁、耙、镰、锹、镐、耧等，这些木柄铁农具，在安西榆林窟西夏壁画中有生动描绘，其形状类似近代农具，可见西夏的耕作工具已相当先进了。

西夏农田耕作方法与宋朝西北地区基本相同，西夏人凭借发达的畜牧业，广泛采用牛耕，安西榆林窟西夏壁画《牛耕图》，描绘二牛抬一扛，耕者一手扶犁，一手持鞭驱牛，形象生动逼真。20 世纪 70 年代，在宁夏贺兰山东麓西夏陵区 101 号墓的甬道东侧出土的鎏金铜牛，长 120 厘米，宽 38 厘米，高 45 厘米，重 188 公斤，从一个侧面提供了西夏使用牛耕的实物资料。牛耕和铁犁的推广，为扩大耕地面积和深翻土地提供了条件，提高了劳动生产率，说明西夏的农业生产水平已进入崭新的历史阶段。

（杜建录）

牛羊遍野　西夏畜牧甲天下

西夏境内牧场辽阔，水草丰美，自古是众多游牧民族和游牧部落活动的历史舞台，也是中原王朝重要的养马基地。皇族拓跋氏发祥地鄂尔多斯地区虽属荒漠半荒漠区，但地下水资源却相当丰富，质量又很好，矿化度每升小于 1~3 克，一般挖一丈深就能出水，人畜可直接饮用。沙丘之间的洼地还往往有泉水涌出，形成植被茂密的沼泽草地，成为当地的放牧中心。

这种水草丰茂的生态环境，为北方民族发展畜牧创造了极为有利的条件。北魏时期敕勒人以这里为主要牧场，养马 200 万匹，骆驼 100 万头，牛羊无数。党项人进入这一地区后，人口、牲畜都繁殖得很快，形成了著名的“平夏部”，从而走上了建立西夏国的道路。

阿拉善高原东起贺兰山，西至玉门关，北接蒙古国，南临河西走廊，地势比较平坦，在一望无际的戈壁滩中，有不少湖盆草地可供放牧。发源于祁连山的黑水（又称弱水）自南北流，至下游一分为二，注入高原最北端的东、西居延海，形成一片沙漠绿洲，农业和畜牧业都很发达。

阿拉善高原盛产骆驼，是西夏骆驼最主要的产地。这种传统一直保持到今天，据有关部门统计，20 世纪 80 年代，我国 2/3 的骆驼产在阿拉善，阿拉善饭店里的驼掌是当地的一道名菜。

祁连山与河西走廊是游牧民族的天堂。祁连山在张掖、酒泉境内，东西长 200 多里，南北宽 100 里，树木茂盛，水草丰美。夏季，山上清凉，没有蚊虫，牧民们把牲畜赶到山上避暑。冬季，山下河谷温暖，牧民们又把牲畜赶到山下放牧。匈奴人占据祁连山与河西走廊得以强大，失去祁连山和胭脂山后，他们悲哀地唱起了“亡我祁连山，使我六畜不蕃息，失我燕支山（胭脂山），使我嫁妇无颜色”。

河西地区盛产马匹，唐代的养马监，大部分设在河西陇右地区，著名的党项马就出产在这里。祁连山的牦牛，是欧洲旅行家笔下的珍贵物种。

东起陕西横山、西到宁夏天都山的宋夏沿边地区，山川绵延，水草丰茂，从来就是著名的半农半牧区，西夏出口宋朝的羊只就是这里生产的。河套灌区的边缘，也是游牧民族生活的场所。

西夏的牲畜品种主要有马、驼、牛、羊、驴、骡、牦牛等。马是党项人最重要的战略物资，又是对邻国进行贸易的主要商品，党项人精心培育出的“党项马”是驰名中原的商品。唐朝中后期著名诗人元稹和白居易在他们的作品中有生动描述：“求珠驾沧海，采玉上荆衡，北买党项马，西擒吐蕃鹦。”“城盐州、城盐州，城在五原原上头。……鄜州驿路好马来，长安药市黄芪贱。”

西夏山羊图
（黑水城出土）

羊是西夏畜牧业中仅次于马的产品。党项人培育的羊有山、绵两种，绵羊就是今宁夏平原上的滩羊，毛质柔细，用来制作绵毡和氆氇、衣物等。绵羊羔皮轻柔细软，毛色洁白而多弯曲，为驰名于世的“二毛皮”。

山羊又叫羖历羊，有白有黑，毛质粗长，制成的沙毡虽然质地粗糙，但能隔湿气，因此，山羊毛是党项人制造行军帐篷的重要原料。山羊，善于爬山涉水，西夏人主要在祁连山、贺兰山以及沿边山界牧养。

骆驼是干旱荒漠地区特有的畜种，主要产于阿拉善和鄂尔多斯高原，性情温和，能耐饥渴，行步稳健。沙漠里面既不能行舟，又不能通车，气候又特别干燥，缺乏水草，因此代步运货，只有靠骆驼。除和平年代行路运货外，西夏人还将骆驼用于战争，国家规定每一个作战的正军必须配备一匹战马，一头驮运的骆驼。骆驼绒还是制毡的上等原料，西夏都城中兴府出产的一种白毡，就是用白骆驼绒制成的。

牛有黄牛与牦牛两种，黄牛是北方地区的役畜，主要用于农田耕作。牦牛产于高寒地区，是早期党项人重要的役畜，能驮载重物，善爬山涉水。毛可以制作披衣、帐篷、绳索，绒可以制毡毯。党项内迁后将青藏高原的牦牛带到内地，在贺兰山、祁连山一带牧养，除作为役畜外，牦牛还作为礼品赠送给朝廷。963年，夏州节度使李彝兴派人到汴京进贡牦牛。

驴、骡是秦汉以来我国西北少数民族驯养的役畜，西夏人主要用来乘骑和驮运。

西夏畜牧业分官营和私营两种。官营畜牧业实行承包经营，由有赔偿能力的牧民领取一定数量的官畜，然后按规定的繁殖率向官府缴纳幼畜。其中100头成年母骆驼缴30头小骆驼，100匹成年母黄马缴50匹小马驹，100头成年母牛缴60头小牛犊，100头成年母牦牛缴50头牦牛犊，100只成年母羖历羊缴60只小羊羔。如果完不成上述规定，牧民要赔偿，超过规定的部分则归牧民所有。牧民只有加强管理，提高幼畜的成活率，才有一定的回报。

除了缴纳幼畜外，牧民还要向官府缴纳毛、绒、酥油等副产品。其中成年公骆驼每年缴纳8两绒，成年母骆驼每年缴纳3两绒，老骆驼不论公母，一律缴纳2两绒。产仔的母骆驼还要缴纳2斤酥油。山羊缴纳毛和绒两种，绵羊只缴纳毛。产羔的母羊缴纳3两酥油。成年牦牛缴纳1斤毛，小牦牛缴纳8两毛，牛犊缴纳5两毛。

为了加强对官营畜牧业的管理，西夏统治者建立起一套完整的制度，包括登记号印制度、检查验收制度等。

登记号印是官营畜牧业管理中的一项重要制度。每年的4月1日到10月1日，国营牧场管理人员定期到牧民家里，逐个登记国有马、牛、羊、驼所产的幼畜，包括公母、毛色、数量等。同时在马驹、牛犊、小骆驼的脸上和小羊羔的耳上烙上官畜的印记。如果幼畜死亡过多，达不到规定的繁殖率，不足部分由牧民赔偿。如果超过规定的繁殖率，则超过的部分归牧民个人所有。

10月1日幼畜登记号印结束后，政府开始检查验收。检查验收的长官与工作人员，从中央各部门抽调。检验的程序是：以国营牧场为单位，将各家各户牧养的官畜分别集中起来，然后对照官畜登记册，逐一点验数量、齿岁、毛色、公母。如果发现牧场管理人员或牧民弄虚作假，该登记的没登记，该赔偿的没赔偿；或者赔偿时以次充好；或者不精心牧养，使官畜瘦弱，都要进行严厉的惩罚。

出于耕战的需要，西夏统治者不仅重视国有大家畜的生产，也重视私有大家畜的生产，通过法律的形式，严禁农牧民或农牧主宰杀自己的马、牛、骆驼。如果有人宰杀自家牧养的马、牛和骆驼时，不论大小，杀1头，判4年徒刑；杀2头，判5年徒刑；杀3头以上，一律判6年徒刑。

私有的马、牛、驼摔死或病死后，要立即报告有关部门和官员，官府派人前去调查，如果确实是病死或摔死的，则不治罪。如果弄虚作假，私下把自己的马、牛、驼推到沟里摔死，就要按宰杀自养大家畜论罪。

宰杀自养的驴、骡的处罚，比宰杀马、驼轻一点，杀1头判3个月徒刑，杀2头判6个月徒刑，杀3头以上，一律判1年徒刑。

西夏政府的重视和对马、牛、驼等大家畜的保护，是西夏畜牧业繁荣发展的重要原因。

（杜建录）

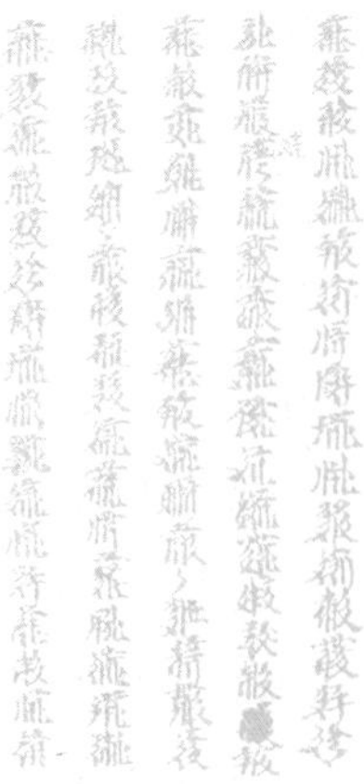

古塔藏珍　世界上最早的活字印本

1990年的冬天，宁夏境内发生了一起震惊全国的文物古迹被毁事件。位于贺兰山拜寺沟以北的一座鲜为人知的古塔，竟然被野蛮的盗贼以爆破的方式摧毁了！闻讯而来的文物和历史专家们望着满地的残砖破瓦，心情格外的沉重。这个隐居荒野的伟岸身躯，曾经逃脱过无数次狂风暴雨的侵袭，也曾经无数次逃脱过大地摇动的震撼，这一次却没有逃脱过文明社会的猎捕！古塔里究竟埋藏着什么奇珍异宝，能够让盗墓贼如此地丧心病狂，以至于非要把它摧残到粉身碎骨的地步才肯罢手?

在有关部门初步的调查中，被炸现场除了发现一根塔中心木柱之外，剩下的就只是残垣断壁和堆积的尘土了。覆巢之下，岂有完卵。塔倒了，塔内的文物自然被一掠而尽；更何况，距离案发已经隔了一些时日，这期间不能排除还有其他人到过现场。

在这种情况下，没有人敢奢望，能够在一堆废墟中刨出有价值的东西来。然而意想不到的是，就是这堆废墟，在以后大约两年多的时间里，竟然不断地带给人们一些重大的惊喜和安慰。

这事还得从专业人员带下山来的那根柱子说起。这是一根长约三四米的塔心木柱，在它的表面有夏、汉两种文字墨书的题记。通过对题记的清理和识读，古文字专家发现这座古塔的修建年代竟然上溯到距今900余年的西夏时期！而在此之前，多数学者根据附近地区有明代边墙和明代进士侯廷风的石刻题记，认为这是一座距今600余年的明代建筑。

西夏古塔的确认，使得这片遗迹的考古和学术研究价值大为提高。1991年秋天，宁夏文物保护单位再次组织有关专家来到这里，试图进行抢救性考古发掘。这时的他们就像手术室里的医生，轻手轻脚，一砖一瓦地清点，丝丝入扣，层层清理。功夫不负有心人，奇迹出现了，就在一堆碎砖的下面，竟然还幸存着大量的西夏文物！它们有夏、汉两种文字的佛经，汉文文书，西夏文木牌，印花和绣花丝织品，舍利子包。此外还有麻绳、丝棉、钱币、木料、铁钎等。

在这批文物当中，最重要的当属9册10万余字的西夏文佛经《吉祥遍至口和本续》。“本续”，简称“续”，意为“藏密经典”。顾名思义，它是藏传西夏文佛经。出土时首尾已残，存449面，面10行，行22字。蝴蝶装，白麻纸精印。版心上部印经名，下部印页码。四周双栏。

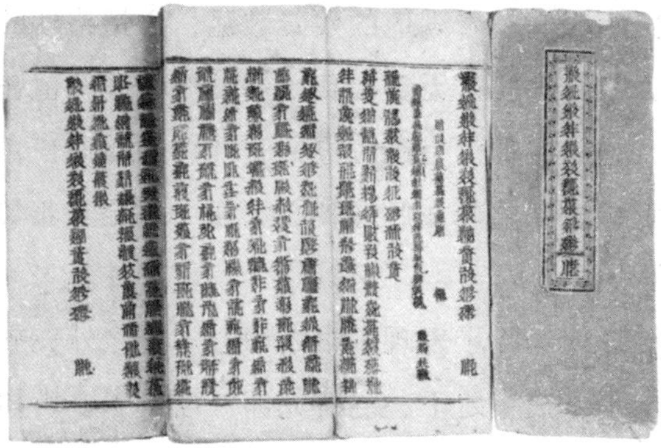

西夏文《大方广佛华严经》
（宁夏博物馆藏）

据专家研究，《吉祥遍至口和本续》与同时代的雕版印本有许多不同，而具有明显的活字印刷特点：版框栏线四角不衔接，左右栏线较短，上下栏线有的不足，有的则超长；字型大小不一，笔法风格各异；墨色浓淡不匀，背面透墨深浅不一；缺字倒字，特别是倒字，明显是误排；版心行线漏排；书名简称用字混乱；页码用字无定规，汉文和西夏文混用。

除了上述活字印刷特点外，研究人员还发现，有的页面残留隔行竹片的痕迹，这是木活字印刷才有的。西夏故地宁夏发现了珍贵的西夏木活字印本！这是一件了不起的重大发现，世界震惊了！

首先，它是世界上现存最早的活字印本。我国古代印刷技术有雕版印刷和活字印刷两种。雕版印刷始于隋唐，活字印刷创于宋元。20世纪以来，我国唐宋时期的雕版印刷品层出不穷，如吐鲁番出土的武则天时期刻印的《妙法莲华经》，西安出土的唐高宗时期刻印的《陀罗尼经咒》，敦煌出土的唐朝刻本《金刚经》，山西应县出土的辽朝刻本《契丹藏》，赵城出土的金朝刻本《赵城藏》，宁夏贺兰县出土的西夏文雕版，等等。

在雕版印刷品大量发现的同时，宋元时期的活字印本与活字却没有发现。1909 年沙俄大佐科兹洛夫在内蒙古黑水古城盗走的西夏文活字印本，也长期束之高阁，不为世人所知。学界只有依据北宋著名科学家沈括在《梦溪笔谈》中有关布衣毕昇发明了泥活字印刷术的记载，来断定宋代中国发明了活字印刷术。

由于没有留下实物依据，以致有的外国学者对中国发明活字印刷术产生怀疑，韩国学者甚至提出韩国发明了活字印刷术。这件事长期困扰着我国科技史学界，专家们在苦苦地寻觅着。奇迹终于出现了，西夏故地宁夏惊现西夏活字印本，宋夏时期的活字印刷终于有了实物依据，它准确无误地向世人宣告，活字印刷术是中国人发明的，活字的源头在中国。

其二，它将木活字的发明与使用整整提前了一个朝代。一般认为，木活字是元代王祯首创，也就是说，元朝才出现木活字印刷。西夏木活字印本的发现，说明在元朝前面的西夏时期，就开始了木活字印刷。从而将中国木活字印刷术整整提前了一个朝代，从而改写了中国乃至世界活字印刷的历史。

其三，使我们对中国活字印刷术的发明与传播有了更加清晰的认识。北宋毕昇发明活字印刷术后，很快传到周边民族地区，党项西夏与西域回鹘率先接受了中原地区的活字印刷术，开创了少数民族文字的活字印刷。到了元代，活字印刷术又从西夏故地和西域地区传往西方。中国的活字印刷技术也传到了日本和朝鲜。16 世纪初，在中国泥活字的基础上，朝鲜创制出铜活字印刷。

由于西夏文佛经《吉祥遍至口和本续》的重大价值，2001 年 8 月，国家文物局将它列为第一批禁止出境的文物；2003 年 3 月，国家档案局首次公布的 48 种“中国档案文献遗产名录”中，《吉祥遍至口和本续》也名列其中。

（杨　浣）

威力神奇　西夏的奇兵利器

出于耕战的需要，西夏非常重视以兵器和农具制造为主的冶铁生产。西夏的冶铁有两个显著的特点：一是掌握了持续高温技术。安西榆林窟西夏壁画《锻铁图》，描绘三个铁匠正在锻铁，一人手握火钳夹一铁件置砧上，右手举锤，另一人双手抡锤准备锻打。还有一人坐在炉前，推拉着竖式双扇风箱，风箱之后的锻炉正冒着火焰。这种竖式双扇风箱，能够推拉互用，将风连续吹入炼炉，使炉膛始终保持所需高温。这种方法比用皮囊鼓风要先进了一步，是后世制作抽拉风箱的过渡阶段，在当时属于高科技产品。二是掌握了冷锻硬化工艺。锻甲时不用火，冷锻之，比元厚三分减二乃成。锻刀剑时，通过冷水剧烈降温，提高钢化程度。正因为掌握了持续高温与冷锻硬化工艺，所以西夏的兵器非常犀利，被誉为“天下第一”。下面分别来看。

(一)天下第一“夏国剑”

“夏国剑”是一种随身佩带的宝剑，外表美观，犀利无比，在当时的中原是最名贵的兵器，声誉极高。太平老人在《袖中锦》一书中记载当时各地的特产，其中提到“夏国剑”是天下第一，别的地方虽仿效其技法，也造不出那么好的剑来，所以就连宋朝的王公贵族、文士侠客、商贾庶民，都以得到该剑为荣。宋朝著名文学家苏轼对夏国剑也极为欣赏，曾请晁补之为其作歌，称赞它“青萍拨鞘堂生风”、“试人一缕立褫魂”。

“夏国剑”不仅是冷兵器中的佼佼者，还被最高统治者用作尚方宝剑。宋钦宗本人随身佩带的宝剑就是“夏国剑”，象征着国家的最高权力。1975 年西夏陵区6号陵墓室中出土了一枚铁剑，剑身长88厘米，刃部最宽处5厘米，厚1.5厘米，剑柄管状，椭圆形。由于岁月的销蚀，剑身已是锈迹斑斑，失去了往日的雄风，但作为帝陵的陪葬物，原来很可能是一把名贵的长剑。

西夏铁剑

（西夏陵6号陵出土）

（二）神兵利器“神臂弓”

“军器三十有六，而弓为称首。武艺一十有八，而弓为第一。”弓箭轻巧坚硬，射程远，穿透力强，是能骑善射的北方民族最常用的远程武器。西夏以弓马开国，骑兵的主要武器就是弓箭，很多人都善于骑射。史书记载，西夏出产一种竹牛（牦牛），重数百斤，它的角很长，黄黑相间，用它的角为架，用它的筋为弦，做出来的弓性能良好，威力无比。

当时兴庆府出产良弓，被宋朝人购回，每张弓市值数百千。有人买到十数张西夏弓，作为礼物送给权臣童贯，西夏弓的名贵可见一斑。

宋代著名科学家沈括在《梦溪笔谈》里记载，西夏出产一种威力无比的弓，美其名叫“神臂弓”。“神臂弓”虽然叫弓，其实是一种轻型弩机，便于携带，可一人发射。它用坚韧的山桑木为弩身，坚实的檀木作弩梢，铜制的扳机，麻绳做的弦，轻巧坚劲。在300步（约合465米）的射程内，可以穿透两层铠甲，被公认为是最犀利的武器，可以说达到了冷兵器时代单兵武器的巅峰。

党项人的“神臂弓”传入中原以后，得到进一步的改造和发展，后来成为宋朝兵器中很重要的一种，抗金名将韩世忠曾经仿照“神臂弓”，制造出了威力更大的“克敌弓”，大败金朝军队。蒙元时代，西夏的弓箭制造技术仍很出名。有一个叫小丑的党项人，十分擅长制弓，常把所造的弓献给成吉思汗。可见党项人的制弓传统经久不衰，他们为我国的弓弩发展做出了重要的贡献。

（三）旋风炮、瓷蒺藜和高车

西夏有炮手200人，每人配置一门旋风炮，固定在骆驼鞍上，可以发射拳头大的石头攻击对方。这实际是一种围绕炮轴转动，可以任意变换方向，调整射击方位的抛石炮，它灵活机动，射程较远，很有威力。

西夏的旋风炮有两大特点：一是机动性强，它安装在骆驼鞍上，由骑兵发射，便于转移机动。辽、宋的炮由步兵发射，机动转移速度比较慢。二是可以任意调整射击方向，打击力强，宜攻宜守。

瓷蒺藜是一种小型武器，比人的拳头大一些，圆球形，表面全是钉刺，只有接地处扁平。作战时埋在敌人骑兵的必经之路，当战马踏上它的时候，立即人仰马翻，是对付骑兵的有力武器。有一种瓷蒺藜是空心的，可以填充火药，装上导火索，埋到地下就是地雷，用手投掷，就是手雷。

“对垒”是攻城专用的巨型战车，因与城墙等高，又称“高车”。它的两个车轮又高又圆，越过沟壕不致滞陷，一次可以运载上百名士兵填壕而进。西夏梁太后在平夏城之战中，就使用了这种攻城战车，如果不是突然刮起大风，把夏人建造的“对垒”拦腰折断，平夏城很快就被攻破。

(四)坚滑光莹“瘊子甲”

在冷兵器时代，盔甲是最基本的人身防护装备。西夏人所锻造的“瘊子甲”十分有名。所谓“瘊子甲”，是以甲面凸起部分类似皮肤上的瘊子而得名。这种甲冷锻而成，甲面坚滑光莹，硬度极高，一般的弓箭很难射入。宋朝名将韩琦为了测试它的强度，让士兵站在50步以外，用强努连续射击，没有一箭能射穿。偶然有一箭扎了进去，但检验后，发现它只是射入了甲片之间缀合用的钻孔，而且箭头被钻孔刮卷了一层铁皮。

西夏陵园出土了大量甲片，每片上均有排列有序的小孔，便于穿梭缀合。外表鎏金、厚薄均匀，孔眼整齐划一，具有很高的工艺水平，确证史载不虚。

此外，西夏士兵在冬季打仗时，还穿着用牛、羊、骆驼毛加工制成的毡铠甲，这种毡铠甲除抵御敌方的刀剑和弓箭外，还可以防寒，又可以防风雪，可谓一甲多用。

（杨　浣）

互通有无 蕃汉之间的商品交换

党项内迁后，随着生产的发展与剩余产品的增多，对外交换也逐渐发展起来了。党项人用马、牛、羊等畜产品，换取汉族的铜钱、银两、丝绸及其他生活日用品。唐朝中后期著名诗人元稹和白居易，对当时的蕃、汉贸易做过生动的描述。元稹《估客乐》是这样写的："求珠驾沧海，采玉上荆衡，北买党项马，西擒吐蕃鹦。"反映党项马和沧海珠、荆衡玉、吐蕃鹦一样，是当时估客追逐的著名商品。白居易《新乐府》："城盐州、城盐州，城在五原原上头。……鄜州驿路好马来，长安药市黄芪贱。"从鄜州驿路上来的好马，就是盐州五原的党项马。

西夏建国后，蕃、汉之间互补性贸易又得到进一步发展，贸易的形式主要有榷场贸易、和市贸易、贡使贸易与走私贸易四种。

榷场是宋政府在保安军（今陕西志丹县）与镇戎军（今宁夏固原）高平寨设置的官方贸易场所。四周围上高墙，平时大门紧闭，开市时，由管理人员打开大门，并由重兵把守。在军队的监护下，两国贸易代表各自携带货物进入场内，由牙人评定货色等级、价格，兜揽成交。官方贸易结束后，蕃、汉百姓又进行民间交易。

虽说榷场设在宋朝境内，由宋政府负责管理，但西夏政府也有收税的权利。一般情况下，宋朝负责"收汉人税钱，西界自收番客税利"。夏、宋榷场贸易规模十分可观，仅官方贸易一项，西夏每年向宋朝出口 4000 匹马，2 万只羊。

和市，又叫民市，是为了满足蕃、汉人民日常生活所需而设置或自然形成的市场，有的在宋朝境内，有的在西夏境内。和市规模虽比榷场小，但也有固定的交易地点，并经双方政府同意，可以说是合法的市场。

夏、宋沿边和市数量众多，只要是蕃、汉聚居区就有和市，吴堡、宁星、金汤、白豹等地的和市最为著名，经常引起两国的关注，牵动两国的神经。1056~1063 年西夏侵耕屈野河地，不肯与宋朝划界。宋河东经略使庞籍提出，“夏人仰吾和市，如婴儿之望乳，若绝之，彼必自来”。于是宋朝禁止宁星等处和市，西夏果然退还侵占的土地，和宋朝达成划界协议。金汤、白豹和市在西夏境内，宋朝边帅范仲淹曾把攻占这两个市场作为经略西夏的重要方略。

贡使贸易，是西夏进贡使节携带大量货物在宋朝境内进行的一种贸易。按照规定，西夏使臣到汴京开封后，不能离开驿馆，所有交易活动必须在驿馆进行。先和官方交易，官方交易结束后，再和市侩牙人交易。两国关系友好时期，就没有这么多讲究了，西夏使节往往在沿途和汴京市场自由贸易，“出入民间如家”。

李德明时，西夏贡马使者在汴京市场上和人发生口角，进而大打出手，打掉开封市民的牙齿。案子报到开封府，按照规定当处以杖刑。由于是夏国使者，牵扯到对外关系，开封府没敢贸然决断，又将案情上报朝廷。宋真宗下令给李德明发一照会，遣回肇事夏人，由夏国自己处理。

西夏“元德重宝”

1087 年，宋人苏轼对宋夏双方的贸易作过估计，西夏贸易使团到汴京，赏赐、贸易所得绸绢 5 万多疋，回国后每疋售价五六千钱，出使一次就可以净赚 20 多万贯。如此高额的利润，我们不难理解两国在边界打得难分难解，而西夏对宋朝进贡却接连不断的原因。

走私贸易主要有三个方面：一是在和平年代，西夏通过不合法的手段从宋朝手中套购兵器、铜、铁、钱币等违禁物，向宋朝输出青盐；二是两国交恶时，宋朝关闭榷场，禁止和市，为了弥补由此带来的经济困难所需，西夏在边界地区大量进行走私活动；三是沿边蕃、汉人民私自交换一些生活日用品。

总之，由于受夏、宋之间军事、政治气候的影响，两国之间的榷场、和市与贡使贸易呈现出断断续续的特点，有时三种形式的贸易都存在，有时存在一两种，有时全部断绝了。但两国之间的走私贸易从来没有禁绝过，统治者是割不断蕃、汉人民数百年来形成的互为依存的经济联系的。

夏宋交换的货物品种繁多，西夏输出的品种有：

(1)牲畜。马、牛、羊、驼等，数量十分可观，仅保安军与镇戎军高平寨两个榷场每年输出马 4000 匹，羊 20000 只。

(2)皮毛制品。主要有毡毯、毛褐、皮衣等。意大利旅行家马可·波罗在他的游记中记载，西夏都城中兴府出产驼毛毡，“为世界最丽之毡；亦有白毡，为世界最良之毡，盖以白骆驼毛制之也。所制甚多，商人以之运售契丹与世界各地”，其中包括出售给汉族地区。

(3)青盐。宋朝禁止青盐进口，西夏的青盐主要通过走私的形式流入。

(4)药物。麝脐、羚羊角、甘草、大黄、柴胡、苁蓉、红花等。

(5)来自中亚和西域的货物。玉石、硇砂、珠宝、琥珀、安息香等。

(6)蜜蜡、翎毛。

西夏输入的物品：

(1)纺织品。丝绸、麻布、被褥、衣物、鞋帽等。

(2)茶叶。党项人以肉食乳饮为生，特别需要茶叶帮助消化。无论岁赐还是市场贸易，茶叶都占很大的比重。

(3)钱币。西夏缺乏铜铁原料，国内流通的货币主要靠从宋朝进口。近数十年以来出土的西夏窖藏货币，绝大部分是宋钱。

(4)金银与金银器。主要以赐赠的形式输入。

(5)瓷器、漆器。

(6)兵器。主要通过走私的形式获得。

(7)图书。有《大藏经》《九经》《唐史》《册府元龟》《孟子正义》《孙子兵法》《类林》等。

(8)姜、桂、香药。

夏宋沿边贸易市场不仅是蕃汉人民经济文化交流的中心，也是两国明争暗斗的场所。开国皇帝李元昊即位前，经常一身便衣打扮，潜入边界市场，了解边界风土人情，侦察宋朝军事防务。宋朝边将曹玮听说夏国主李德明的这个儿子心怀异志，想暗中给他相面，探个究竟。多次派人引诱，李元昊非常警惕，不愿出来，最后只好找人画像。曹玮仔细看了李元昊的画像说，“真是个英雄，此人将来必为边患”。

宋夏陕西之战初期，宋朝任命夏竦为陕西经略安抚诏讨使，负责对西夏的军事。当时夏竦按照朝廷的旨意，在边界张榜（张贴广告），悬赏500万贯取李元昊的人头，李元昊听了大怒，亲自写了一张悬赏夏竦人头的榜文，派奸细装扮成卖荻箔（编席子用）的山民，通过边界市场传了出去。市场成了宋夏战争的第二战场。

（杜建录）

族称国名　弭药党项白高国

西夏国的主体民族党项族为我国古代西北羌族的一支，他们在历史上有党项、唐古、唐括、唐古特、唐兀、唐兀惕、弭药、弥人、木雅等称呼。

党项一词正式出现于隋唐时期，中原汉族及其建立的隋、唐、宋诸朝称其为党项。《隋书》、新旧《唐书》、《宋史》都有专门的《党项传》。《隋书·党项传》说："党项羌者，三苗之后也。"

北方少数民族称党项为唐古、唐兀、唐括、唐古特、唐兀惕。735 年，用古突厥文撰写的《毗伽可汗碑》，记载毗伽可汗 17 岁时曾与唐古特人作战，这是最早关于唐古特的记载。西域的于阗人和粟特人也将党项称为唐古特。波斯人拉施特《史集》将西夏称为唐兀惕。契丹人与女真人称党项为唐古或唐括，蒙古人称党项为唐兀。

唐古、唐括、唐兀、唐古特为汉语"党项"一词的音转。是北方与中亚诸族沿袭了内地汉族对党项的称谓。

西夏党项人自称弭药、弥人。歌颂党项羌祖先的《夏圣根赞歌》开头几句是"黔首石城漠水畔，红脸祖坟白河上，高弥药国在彼方"。

吐蕃与党项族源相近，居地相连，在语言文化上有着非常密切的联系，所以在沿边少数民族中，吐蕃称党项为弭药。松赞干布曾娶弭药王之女为妻，后来"弭药"一词又延伸到吐蕃对党项建立的西夏国的称呼。

综上所述，西夏主体民族党项羌族主要有两种称呼，一为中原汉族对其称作党项，并由此音转出唐古、唐括、唐古特、唐兀等；二为党项自称"弭药”或“弥人”，与党项有密切关系的吐蕃也称其为“弭药”。

西夏的国名有大夏、夏国、西夏、大白高国、白高大夏国、邦泥定国、河西、弭药、唐兀等等。

“大夏”是李元昊称帝时建的国号。1038年，李元昊上书宋仁宗，说自己受部下拥戴，已称帝建国，“国称大夏，年号天授礼法延祚”。李元昊建的国家为何叫“大夏”，而不叫“大周”、“大汉”或其他名称呢？要回答这个问题并不难，我们只要回顾一下西夏发祥地的历史文化，问题就迎刃而解了。

早在李元昊建立大夏国前，匈奴人赫连勃勃就在鄂尔多斯地区建立了一个大夏国，定都统万城（今陕西靖边县白城子），匈奴夏国灭亡后，北魏在其都城设夏州，隋、唐仍在该地设夏州。881年，宥州刺史拓跋思恭出兵镇压黄巢大起义有功，被唐僖宗任命为夏州节度使（又称定难节度使），统辖银、夏、绥、宥四州之地，封夏国公。后来，辽朝先后封李继迁、李德明父子为夏国王和大夏国王。

可见，在李元昊称帝前，西夏地区早就有个大夏国了，李元昊称帝时，自然而然地称国号为大夏了。

“夏国”是宋、金对大夏国简称，如宋庆历年间宋夏达成和约后，宋朝封李元昊为夏国主，并赐夏国主印一枚。《宋史》有《夏国传》，《金史》虽是《西夏纪》，但通篇称夏国，如“夏国主李乾顺，其先曰拓跋思恭”，等等。

白釉剔刻牡丹花大罐

（西夏博物馆藏）

“西夏”是宋、辽、金对大夏国的另一称呼。在辽、宋、夏三国中，辽朝在北，宋朝在南，夏国在西。夏人常以西朝自居，称宋为南朝，辽为北朝，西夏之名当由此而来。《辽史》卷一百一十五《西夏传》说：“西夏，本魏拓跋氏后，其地则赫连国也。”这是史书第一次以西夏名义给党项拓跋氏立传。

出于狭隘的民族观念和封建正统思

想，宋人常呼西夏为“西界”、“西贼”，称夏人为“西人”。1032年知制诰田况在给宋仁宗的奏章中说：“西贼首领各将种落之兵，谓之一溜。”

“白高大夏国”为西夏文国名，西夏文五字，第一个字“白”意，第二个字“高”意，第三个字“大”意，第四个字“夏”意，第五个字“国”意，总译为“大白高国”或“白高大夏国”，音译为“邦泥定国”、“邦面令国”或“庞命领国”，西夏文“白”读音“庞”，“高”读音“命”，“国”读音“领”，“邦泥定国”和“邦面令”为“庞命领”的不同音写。

1043年李元昊给宋朝皇帝写了一封议和信，信的开头这样写的：“男邦泥定国兀卒　霄上书父大宋皇帝”。“邦泥定”是大夏国的西夏语称，兀卒是“青天子”的西夏语称，霄是李元昊新改的名。

西夏为何称“白高大夏国”？有人认为与西夏崇尚白色有关。我国古代水火金木土五行中，西方属金，金是白色。西夏在西方，因此崇尚白色，称国名为“白高”。有人认为与白河有关，党项人内迁以前，长期生活在白河上游，后来建立国家时，就以“白高”为国名。有一首歌颂党项祖先的《赞歌》写道：“黔首石城漠水畔，红脸祖坟白河上，高弥药国在彼方。”

“河西”是元朝对西夏政权的称呼。河西即黄河以西，因西夏国都兴庆府（今宁夏银川市）在黄河以西而得名。元人把西夏人称为河西人，马祖常《河西歌》说：“贺兰山下河西地，女郎十八梳高髻。茜根染衣光如霞，却召瞿昙作夫婿。”

“唐兀”、“弭药”，是突厥、契丹、女真、吐蕃、蒙古等民族对党项的称呼，同时也是对党项建立的国家的称呼，就像以契丹代表辽朝，以汉族代表宋朝一样，既是民族名称，又是政权名称，反映了党项族在西夏国的主体地位。

（杜建录）

文学艺术　风雅独具辟蹊径

传世的西夏文学作品，以诗歌、谚语、公文、碑文、序文为主。诗歌有纪事诗、宫廷诗、劝善诗、启蒙诗、史诗等。西夏的诗歌体裁，以五言和七言最为流行，也杂有多言体。长达千字的《新集碎金置掌文》是仿汉文《千字文》而作的五言诗，其中“弥药勇健行，契丹步履缓。羌多敬佛僧，汉皆爱俗文。回鹘饮乳浆，山讹嗜荞饼”的诗句，历来为研究者所称道。

《夏圣根赞歌》是颂扬西夏主体民族党项羌祖先的史诗，全诗45行，每行3~14字不等，开头的“黔首石城漠水畔，红脸祖坟白河上，高弥药国在彼方”，历来被学者引作解释西夏国名的依据。

《新修太学歌》，作于1192年，全诗27行，每行字数不等，词句华美，具有宫廷诗的风格。

今存西夏谚语364条，每条字数不一，最少6字，最多36字，而以14字（每句7字）为多。对偶工整，言简意赅，广泛地反映了西夏社会生活。

今存西夏公文主要是对宋朝的章奏，它采用唐宋官方通用的四六骈体，即四言句与六言句间错相对，遣词造句，颇为求工，反映出西夏宫廷文学的特点。

西夏碑文多记佛事活动，西夏大庆三年（1038年）八月右仆射兼中书侍郎平章事张陟奉制而作的《大夏国葬舍利碣铭》，盛赞大夏国家吉祥应瑞，皇帝陛下圣明以及佛事活动的浩大声势。《凉州重修护国寺感应塔碑铭》由夏、汉两种文字书写，描绘生动，气韵流畅，表达了西夏人民浓厚的宗教情感。

序文是写在一部书或佛经前的文字，《番汉合时掌中珠》《新集锦成对谚语》《妙法莲花经》《大白高国新译三藏圣教》《密咒圆因往生集》等世俗著作与佛经，都是有较高文学价值的序文，或评说世俗著作编写、印行经过与学术水平，或记述佛经的翻译、流布情况。

西夏音乐源远流长，《隋书》记载，早期党项羌人的乐器“有琵琶、横吹，击缶为节”。“横吹”即竹笛，由羌人发明，所奏乐曲婉转悠扬，扣人心弦。宋朝边帅范仲淹在《渔家傲》一词中就写道，“羌管悠悠霜满地，人不寐，将军白发征夫泪”。

西夏妙音鸟
（西夏陵3号陵出土）

唐僖宗赐给拓跋思恭全部“鼓吹”，党项人开始接受中原音乐。李德明时，“礼文仪节，律度声音，无不遵依宋制”。夏景宗为改唐、宋缛节繁音，“革乐之五音为一音”。1148年，又令乐官李元儒参酌中原乐书，更定音律。从此到西夏灭亡，一直是蕃、汉乐并存，政府机构中设“蕃、汉乐人院”。

西夏乐器有三弦、六弦、琵琶、琴、筝、箜篌、管、笛、箫、笙、筚篥、七星、吹笛、击鼓、大鼓、丈鼓、拍板等。

西夏时期的舞蹈在碑刻与石窟壁画中有生动的描绘，《凉州护国寺感应塔碑》碑额两侧线刻舞伎裸腰赤足，双手执锦带翩跹起舞。榆林窟第3窟西夏壁画中的《乐舞图》，由舞女与乐队组成，舞女上身半裸，披挂绸带，着短裙长裤，赤足，颈部与手臂饰以璎珞、臂钏、手镯，左右相对吸腿而舞。

西夏的绘画可分为壁画、绢画、版画、木板画等。壁画主要保存在敦煌莫高窟、安西榆林窟、贺兰山山嘴沟窟、内蒙古阿尔寨窟等石窟中。绘画题材主要有本生故事、说法图、经变画、供养人像与洞窟装饰图案等。

榆林窟第29窟西夏供养人像身材修长高大，圆面高准，两腮肥硕，体魄魁梧，体现出党项羌人粗犷、剽悍、豪爽的民族性格。榆林窟第 3 窟在观音像法光中左右对称地绘有《犁耕图》《踏碓图》《酿酒图》《锻铁图》，是反映西夏世俗生活的艺术珍品。西夏壁画，早期模仿继承北宋，中期学习吸收回鹘佛教壁画艺术成分，晚期又接受了吐蕃佛教绘画艺术的影响，在构图、造型、线条、敷彩等方面，形成了具有民族特点的艺术风格。

西夏的绢画有两种，一种是用彩墨绘于丝、麻织物上，主要内容为佛画，也有一些道教题材的人物画与世俗题材的风俗画，其艺术风格源自中原的山水画，如宁夏贺兰宏佛塔出土的《炽盛光佛图》，线条流畅豪放，色彩鲜艳，具有唐五代人物画雍容华贵的传统。另一种是用胶彩绘于绢帛上的唐卡（胶彩画），内容多为佛、菩萨做法的曼荼罗（坛场），艺术风格直接传承于吐蕃王朝前宏期佛教绘画。

西夏版画大多是刻本佛经的插图，其构图之新颖，描绘之生动、逼真、细腻，线条之流畅，堪与宋朝版画相媲美。

甘肃武威西郊西夏墓出土的木板画，用线条勾勒，平涂色彩而成，武士、侍者等世俗人物形象取材于现实生活，笔法飘逸，颇具唐画余韵。

西夏文的书法艺术源自汉字，有楷、行、草、篆四体。《凉州重修护国寺感应塔碑铭》的西夏文楷书，结构工整，运笔舒畅，富于变化。西夏文泥金字《金光明最胜王经》字体俏劲有力，气韵隽秀，均为西夏文书法精品。草书多为文书，笔走龙蛇，飞舞奔放，酣畅淋漓。篆书多见于碑额与官印，类似汉文九叠篆文，笔画屈曲折叠，庄重大方。

西夏雕塑艺术品有泥塑、石雕、砖雕、竹雕等。泥塑艺术以佛寺塑像为代表，修建于夏崇宗时甘州大佛寺的卧佛，身长 34.5 米，肩宽 7.5 米，木胎泥塑，金装彩绘，虽经后世修补，但西夏泥塑规模与风格可见一斑。敦煌莫高窟 491 窟女供养人体态自然，宛然如生，显示出少女的温柔典雅。宁夏贺兰县宏佛塔出土的罗汉头像尺寸大小如真人，面部丰满，表情传神。内蒙古额济纳旗西夏古庙出土的供养人形象逼真自然，富有生活气息。

西夏的石雕、木雕、砖雕更具民族特色。西夏陵出土的人像碑座及宁夏永宁西夏墓出土的木俑，造型古朴夸张，以浪漫主义的艺术风格，表现了党项民族对反映本民族剽悍、粗犷艺术形象的审美追求。

当然，西夏的石雕艺术也受汉文化的影响，西夏陵雕龙石栏柱，三面雕刻缠柱云龙，造型生动，栩栩如生。西夏陵出土的竹雕残片，长 7 厘米，宽仅 2 厘米，雕有庭院、松树、假山、花卉和人物，刻工精细、生动，人物表情惟妙惟肖。

西夏工艺美术与现实生活息息相关，具有实用和美的价值，体现了世俗的审美观。瓷器是西夏有代表性的工艺品，装饰图案有几何纹、动物纹、花卉纹，其中以牡丹、莲、梅、菊、石榴等花卉纹居多，古朴而不失华丽。带耳扁壶是西夏瓷器中独特的工艺品，它适用于党项人在马背上生活。

西夏的金银器十分精美，甘肃武威出土的西夏金碗内有两朵左右交错的牡丹团花，碗内口沿压印连枝菊花，纹饰精致，线条细腻，外观精美。

西夏陵出土的鎏金铜牛，模制浇铸成型，硕眼前视，两角向上，双耳张立，显出虎虎生气。腹部与腿部造型简洁，显得形体庞大浑厚。这种用朴素简洁的手法达到强劲雄浑的艺术效果，源于西夏人对马、牛等大家畜的珍爱和长期生产生活实践。

西夏钱币轮廓规整，书体端庄，文字深峻，堪与宋钱相媲美。西夏书籍有卷子装、经折装、蝴蝶装、线装等，版面形式灵活多样，有双栏、单栏、边框，刻版佛经还配有精美的插图。

（杜建录）

梵音渺渺　礼佛之风盛西夏

西夏是一个佛的国度，上至帝王将相，下到平民百姓，无不信佛。在西夏人看来，他们的皇帝就是佛的化身或代表。蒙古人干脆把西夏皇帝直呼为佛王不儿罕，不儿罕的意思是佛王。在一个佛王统治的国度，作为国家倡导的第一宗教，佛教的气象和声势自然可想而知。正如《大夏国葬舍利碣铭》中所描述的那样：“舍利闪耀着黄金的颜色，象牙渲染着白玉的光芒。皈依佛教的人像云彩一样囤积，供奉佛祖的人像雨水一样集中。”

佛教在西夏的兴盛是有着深刻的社会背景的。首先，西夏统治的河西陇右地区原本就有深厚的佛教基础。这里的汉、回鹘、吐蕃等民族自魏晋以来，就一直信仰佛教。西夏兴起时，这里的佛寺星罗棋布。

其次，西夏的周边邻国如宋、辽、吐蕃基本上都信仰佛教，他们对佛教在西夏的发展起到了推波助澜的作用。西夏前期接受汉传佛教，后期藏传佛教的地位越来越重要。

其三，佛教是西夏民众的精神寄托。党项族在 7 世纪中期以后 200 多年里，历经长途迁徙之艰辛，安史之乱之动荡，藩镇割据之混乱，加上本民族上层统治者的压迫剥削，人民生活十分痛苦。他们虽然渴望安定的生活，向往美好的未来，但是在现实中找不到解脱苦难的出路，只好寄托于强调轮回转世的佛教上。

其四，西夏统治者的大力提倡。西夏立国后，鉴于传统的自然崇拜和巫术信仰，已经不能适应民族统一和中央集权的需要，因此其统治者就通过提倡主张忍辱无争、因果报应的佛教，来加强对老百姓的思想控制，力图使其统治长治久安。

1007 年，夏州节度使、西平王李德明的母亲罔氏亡故，李德明请求到宋朝北部的佛教中心五台山修建 10 座寺庙，为母亲祈福。这是西夏有史可查的最早的佛事活动。1031 年，德明再次遣使宋朝，请求赐予佛经一藏。

西夏开国皇帝李元昊是一位通晓佛学的专家，他在建国前向宋朝求得佛经一藏。1047 年，李元昊修建了规模宏大的高台寺，贮藏宋朝赐赠的大藏经，延请回鹘高僧，将汉文佛经翻译成西夏文。李元昊还用行政命令的手段，强制百姓信仰佛教，规定每一季度第一个月的初一为“圣节”，官民出动，烧香拜佛。

西夏第二代皇帝毅宗李谅祚幼年继位，母后没藏氏专权。这个曾经一度出家为尼的皇太后十分好佛。在她执政的第三年，即 1050 年，开始兴建著名的承天寺，历时近 6 年，于 1055 年建成。寺庙修成后，也贮藏宋朝所赐大藏经，延请回鹘僧登座讲经，没藏氏本人和小皇帝李谅祚有时还来听讲。

惠宗李秉常和母亲大梁太后，崇宗李乾顺和母亲小梁太后，也都十分推崇佛教。惠宗李秉常时，西夏再次向宋朝求赐大藏经。崇宗李乾顺天祐民安四年（1093 年），由皇帝、皇太后发愿，动用了大量人力、物力和财力，重修凉州感通塔。第二年完工后立碑赞庆，该碑就是著名的《重修护国寺感通塔碑》，原被砌封于甘肃武威城内北隅清应寺碑亭中，直至清嘉庆九年（1804 年）著名学者张澍打开封砖后，才重见天日。

第五代皇帝仁宗李仁孝在位的 50 多年中，西夏的佛教比前代有了新的发展，这一阶段突出的佛事活动主要表现在西夏文佛经的刻印与施舍上。皇帝、太后的生辰、忌日，常常要举行规模宏大的佛事活动，1167 年为皇太后去世周年忌辰，李仁孝下诏印制蕃、汉佛经 2 万卷，散施臣民，由国师亲自做法会，超度太后亡灵。

1184 年，是李仁孝 60 岁本命年，因此大作佛事活动，“放千种施食，诵大藏尊经，讲上等妙法。以及放生命，喂囚徒，饭僧设贫”。同时下诏政府刻字司与皇家寺院印制蕃、汉佛经 5.1 万余卷，佛画 5.1 万余帧，串珠 5.1 万余

罗汉坐像
（宁夏贺兰县宏佛塔出土）

串，普施天下僧民。

西夏乾祐二十年（1189年）九月，在兴庆府大度民寺的法会上，一次散发佛经多达20万卷。李仁孝死后，他的儿子桓宗李纯佑继位，罗太后发愿令人抄写全部西夏文大藏经。

西夏晚期战乱频繁，但佛事活动并没有因此中止。1214年，神宗李遵顼在内外交困、国力衰微之际，还以皇帝的名义用金泥缮写西夏文《金光明最胜王经》。该经用纸上乘，书写流畅，保存在西安市的一部分残页，虽已历时700余年，但色泽仍鲜艳如初。

经过100多年的发展，西夏的佛教大致形成了三大中心区：

(1)都城与京畿中心区。该区域主要有都城兴庆府（今宁夏银川）的戒坛寺（李元昊妃子没藏氏出家的地方）、高台寺、承天寺、大度民寺。兴庆府西北贺兰山里面的西夏皇家寺院群，著名的有贺兰山五台山寺、贺兰山慈恩寺、拜寺口双塔寺，以及今青铜峡的108塔寺。

(2)甘（甘肃张掖）凉（甘肃武威）中心区。其中凉州建有著名的感应塔、护国寺、圣容寺、崇圣寺，以及附近的天梯山石窟。甘州建有著名的卧佛寺、崇庆寺、十字寺等。夏崇宗李乾顺时期修建的卧佛寺，虽经后世翻修，但卧佛的形制、大小一直没有变，为我国古代最大的卧佛塑像。

(3)瓜（甘肃安西）沙（甘肃敦煌）中心区。该区域有著名的敦煌莫高窟、榆林窟以及西千佛洞等著名的佛窟寺院。

另外，今内蒙古额济纳旗的黑水城，是西夏黑水镇燕监军司所在地，这里有众多佛塔寺院遗迹，同时出土了大量的西夏文与汉文佛经，成为西夏又一重要的佛教文化中心。

西夏佛教的发展，还表现在佛经的翻译上。西夏文《大藏经》的翻译从夏景宗李元昊时就已经开始，至夏崇宗李乾顺天祐民安元年（1090年），大致用了50余年时间，共翻译出西夏文佛经362帙，820部，357卷。举世闻名的汉文《大藏经》译自梵文，先后经历了许多朝代，花费近1000年时间，才译出6000多卷，平均一年译出6~7卷。而西夏仅用了50多年时间，就译出了3000余卷，平均每年翻译达60~70卷，这在我国乃至世界译经史上都是一个了不起的创举。

西夏佛教前期受宋朝和回鹘佛教的影响，后期占主导地位的是来自吐蕃的藏传佛教。1159年，夏仁宗李仁孝遣使入藏，迎请藏传佛教噶玛噶举教派始祖都松钦巴到西夏说法。都松钦巴不能前来，派大弟子到西夏，被夏仁宗尊为国师。

这一时期的西夏法典规定，剃度为僧人，必须会颂藏文佛经，越来越多藏文佛经被翻译成西夏文。宁夏贺兰山拜寺沟方塔出土的西夏文佛经《吉祥遍至口和本续》，就是从藏文翻译过来的。

西夏立国近200年，是我国藏传佛教向内地传播的重要时期，它对早期蒙古人认识佛教，以及蒙元时期藏传佛教的发展产生了重要影响。元朝的帝师制度就是从西夏国师制度演变来的。

（杜建录）

举世无双　河西甘州大卧佛

在甘肃河西地区，素有“金张掖、银武威”的说法。就在这个“金张掖”和“银武威”，保留下来有两个著名的西夏文物遗迹，一个是在武威发现的“重修凉州护国寺感应塔碑”，即著名的“西夏碑”；另一个是张掖的大佛寺。

张掖大佛寺是西夏王国修建的众多寺院中迄今仅存的一座，寺内的卧佛像是我国最大的室内卧佛。因为张掖在古时称为甘州，所以这座寺院也被称为甘州大佛寺。

今天我们到张掖市城内西南一条僻静的小街上，很容易找见大佛寺，它是一座占地面积 2 万多平方米，坐东面西的四合院式的佛教寺院建筑群。院门上方有赵朴初先生题写的“大佛寺”三个大字。寺内古树参天，环境优雅。

清康熙年间重修大佛殿时留下一副对联：“创于西夏，建于前明，上下数百余年，更喜有人修善果；视之若醒，呼之则寐，卧有三千世界，方知此梦成真空。”这副对联告诉我们，这座寺院始建于西夏。但到底是西夏什么时候的呢？由谁建的呢？

《乾隆甘州府志》记载是西夏永安元年（1098 年）建。永安元年是西夏第四代皇帝李乾顺的年号。“文化大革命”期间，大佛寺曾经遭到破坏，红卫兵从卧佛肚子里面发现了一枚铜牌。这块铜牌是明成化十三年（1477 年）六月重修佛像时铸造的，上面有铭文，记载“张掖郡流沙河，有迦叶遗迹，大夏建，崇宗皇帝永康元年嵬咩国师创卧佛圣像”。

专家考证，西夏历史上有永安而无永康，“永康元年”应是“永安元年”

的误写。

永安元年是夏崇宗李乾顺即位的第十一年。崇宗李乾顺 3 岁即位，17 岁时（1100 年）才亲政。当时他还没有亲政，大权在母亲小梁太后手中，确切地说，甘州大佛寺是小梁太后修建的。

这个小梁太后十分崇佛，现藏俄罗斯的《佛说宝雨经》里就记有她和儿子李乾顺译经的题名。她还经常到甘州佛寺上香，久而久之，民间称甘州城为“皇后城”，意大利旅行家马可·波罗在他的游记中，说甘州“皇后城”有很多寺院和无数偶像，偶像有木头做的，有泥做的，有石头做的，皆涂饰金黄，工艺极巧。大偶像是睡佛像，周围有许多小佛。

西夏大佛寺的修建有两则动人的传说故事：一则说的是夏崇宗乾顺皇帝在位时的一天，国师嵬咩思能趺跏而坐，敛神静默。忽然耳边传来一阵阵清和悦耳的梵音，他从容起来，顺着声音的方向寻找，一直找到甘浚山边，梵音越来越近，好像从地底下发出。于是思能国师找来工具，在发音处刨挖下去，大致有一尺多深，发现有一些琉璃翠瓦罩在上面，再往下挖了三尺，又发现覆盖的金砖，金砖的底下是一尊精美的卧佛像。于是国师发愿，在挖出金卧佛的地方，建造了一座宏伟的大佛寺。这则故事记在《乾隆甘州府志》里面。

另一则传说是这样的：夏崇宗李乾顺的母亲小梁太后去世后，李乾顺准备大做佛事，为母祈福。这时，甘州一个叫法净的高僧求见到崇宗李乾顺，说他在晚上望见城西南的甘浚山上有光，十分好奇，便在发光处挖下去，发现了三尊卧佛像。李乾顺听了非常高兴，便下令建造大佛寺，供奉这三尊卧佛，并亲自为佛寺题写额匾“卧佛”，民间后来逐渐将这里称为“卧佛寺”。

此外，还传说元朝开国皇帝世祖忽必烈和顺帝都降生于卧佛寺，忽必烈经常来此，祭祀母亲别吉太后。

大佛寺原有的建筑规模十分宏大，有山门、天王殿、配殿、厢房、大佛殿、藏经阁、金塔殿、浮屠塔、僧舍等。现仅存建于中轴线上的大佛殿、藏经阁、佛塔 3 处。

卧佛殿是一座重檐歇山顶式的两层楼建筑，高 20.2 米，宽 48.3 米，进深

牡丹花纹石刻

（陕西神木太和寨党项墓出土）

24.5 米，总面积 1370 平方米。大殿四周有木结构绕廊，殿门两侧有各用 50 块小方砖拼成的砖雕，长 4.6 米，左幅为“西方圣境”，右幅为“祇园演法”。

殿内现有彩绘泥塑佛像 31 尊，正中的巨型佛坛上，是释迦牟尼彩塑卧像（称涅槃像），身长 34.5 米，肩宽 7.5 米，造像神态自若，丰满端秀，面部贴金，金装彩绘，比例匀称，两眼半睁半闭，面容恬静安详，庄严高超，生动逼真地表现了释迦牟尼入涅槃（临终）的情景。这是目前我国最大的室内卧佛像。

卧佛背后是十大弟子举哀彩塑像，身高 5.8 米，肃然敬立。卧佛的头前与脚两端，塑有身高 7 米的优婆夷、优婆塞立像。大殿两侧还塑有“十八罗汉”，形态各异，栩栩如生。

彩塑佛像主要用草泥、胶泥、土坯、木料、树枝、麻、柴草、色料等制成。其制作大致需经过五个步骤：第一步，根据塑像的形象、姿态、尺寸，用木头、麻等扎成骨架；第二步，在木骨架上缠扎芨芨草、麻叶或布料；第三步，用草泥、麻胶泥层层塑裹；第四步，用加入麻、棉花的细泥、胶泥，雕塑出身体细部和姿态；第五步，用色料描绘妆銮而成。整个过程除用雕塑艺术的雕、刻、塑、捏、贴、压、削等手法外，还采用绘画艺术上的点、染、刷、涂、描等手法。

卧佛殿四周还绘有总面积达 530 平方米的壁画。内容有佛、菩萨、信士、弟子、诸天神将、说法图、观音变、佛经故事，线条流畅，色泽艳丽，格调典雅，充满着浓厚而神秘的佛教文化气息，具有十分高超的艺术水平。

卧佛殿的后面是藏经阁，有殿三楹，是单檐歇山顶，抬梁式构架，呈平面长方形，宽 21.3 米，深 10.5 米。内藏 1445 年明英宗朱祁镇敕书颁赐的

《大明三藏圣教北藏》经一部，约6000多卷，经文保存完好，其中以兰纸（磁青）金银粉书写的经文，书法刚劲，骨承柳公，最为珍贵，属于国家一级文物。

卧佛殿的后面有一座塔，高33.37米，原名佛陀千佛塔，为砖、土坯、木料结构的喇嘛塔，第一、二层台座四隅各建一小塔，风格独特，为国内罕见。1927年4月地震，塔身摇落1/3。

元、明、清三代，对大佛寺进行过多次维修或重修。明宣德年间重修大佛寺，竣工后诏赐名“宝觉寺”。明宪宗成化十三年（1477年）六月又重修。明万历二十二年（1594年）都督张臣再一次重修。

清康熙、乾隆年间又经过两次大修。清康熙十七年（1678年）维修后，敕赐名“宏仁寺”。雍正十二年（1734年）知府冯祖悦、知县李廷桂等又加以扩修，增大规模，《乾隆甘州府志》记载了当时重修的情况。

张掖大佛寺虽然经过多次重修和维护，但大殿的形制一直延续下来，卧佛更是没有改变。新中国成立后，十分重视文物古迹的保护，大佛寺被确定为国家重点文物保护单位，20世纪80年代以来，国家多次拨款修缮，使古寺焕发出青春活力，成为文物收藏、陈列、展出与旅游观光胜地，每年都有数以万计的中外游客前来旅游观光。

（唐荣尧）

原版西游　西夏壁画中的孙悟空

《西游记》是明代作家吴承恩创作的一部浪漫主义神话小说，它主要描写的是唐僧、孙悟空、猪八戒、沙和尚师徒四人历经种种磨难，前往西天取经的故事。对于这部作品，社会上可以说是家喻户晓、脍炙人口。但是大家可能并不知道，比这早300多年的西夏时代，也有一部从主要人物到故事情节再到艺术风格都与吴著比较类似的“西游记”！从时间和创意的角度来说，如果这两家打起著作权官司的话，没准吴承恩个人要向西夏方面付出一笔不小的原创使用费呢。当然，以上只是一句玩笑话而已。这里要强调的是，西夏版的“西游记”并不是文字演绎的长篇小说，而是由画笔描绘的连环壁画！

这些壁画一共有六幅，分别绘于甘肃安西县榆林窟第2、3、29窟和东千佛洞的第2、5窟，它们形象地展现了唐代玄奘大师西行求法和取经东归的传奇经历。其中画面较为清晰完整，人物逼真生动的有两幅作品。一幅是榆林窟第窟的“水月观音图”；另外一幅是榆林窟第3窟的“普贤变图”。

“水月观音图”描绘的是，观音神态自若地端坐在金刚宝座上，碧空中彩云环绕，山石与修竹相互掩映，色彩艳丽。对面的河岸上，唐僧面容丰腴，身披袈裟，双手合十朝观音膜拜，神态沉静而端庄；孙悟空猴面人身，他一手牵红马，一手遮额首，好奇地举目眺望。整幅画面观音形象占据了较大部分，唐僧师徒形象渺小，但给画面增添了不少神异色彩。从人身、马背上均不见经包、经盒之类的情况来判断，这应该是一副玄奘西行求法图。

“普贤变图”描绘的是，唐僧师徒二人与白龙马站在汹涌的河岸上面向菩萨肃然而立：唐僧略显疲惫，面向观音施膜拜之礼；孙悟空腰系经包，肩荷锡杖，上挑经盒；白龙马昂首天外，背负莲花，内置经包，光芒四射。这应该是唐僧师徒取得真经后拜别观音、普贤菩萨的东归图。

在这些壁画的背后，不仅隐藏着一段鲜为人知的故事，而且还为一桩学术公案提供了新的线索。下面我们先看这段故事。

榆林窟第三窟北壁《普贤变》发现的玄奘取经图

话说玄奘西行万里求取真经，路途之初，只有他一人艰难地跋涉。到了肃州地界，千里戈壁，好像永远没有尽头。一天傍晚，玄奘法师来到肃州郊外的一座佛寺，请求主持帮他找一个向导和一匹代步的马。主持请他先安心歇息，第二天在佛祖面前去许这个愿。

第二天清早，玄奘法师早早地起来，洗浴完毕，来到大殿顶礼膜拜，心中默默恳求佛祖保佑，使他能有一个引路的向导。这时，一位胡人来到他身边，向玄奘法师施礼道，小的名叫石磐陀，在这里恭候法师多时了。玄奘法师喜出望外，十分愉快地和他攀谈起来，他告诉石磐陀，自己从大唐而来，要到西天取经，苦于路途艰难，需要一位向导引路。石磐陀甚为赞叹，满口答应，愿受戒出家，护送法师过五道烽火台，去西方取经。玄奘法师为他受戒，并约好第二天见面的地点。

第二天太阳即将落山的时候，玄奘法师如约来到郊野，见到石磐陀领着一位牵马的老者，石磐陀说："师傅，这位老者极为熟悉西去的路线，在肃州和西域之间往返过十多次，所以请他来帮忙。"

老者对他们讲了西行路上种种险难，包括流沙、风暴，一旦遇上，很少有活命的，众多商旅都会迷失方向，何况一个人孤身前往，所以还请玄奘法师仔细考虑。

玄奘法师说："我为了寻求佛法，发愿前往西方，不到达天竺佛国绝不东归，就是死在路上也绝不后悔。"老者说："法师执意要去可以骑我这匹马，这匹马多次往返西域，脚力强健，熟悉路途。"玄奘法师表示深深的感谢，从老者手中牵过一匹熟悉路途的枣红马。

从《玄奘大师取经图》来看，凡是描述他去往西天取经的都是一匹枣红色的马，不像《西游记》所说的骑的白龙马。回来的时候是换成一匹白马，马背上驮满经典，玄奘法师的头上已经出现了和菩萨一样的光环。

玄奘法师在肃州休整了近一个月，一切准备停当，便与石磐陀一起出发。经过几十天的跋涉，他们来到了玉门关。石磐陀望着关内一条小河说："师傅，出了关就是西域地界，路途险恶遥远，黄沙漫漫，只有五烽山下有水。很可能到不了那个地方，我们就渴死了，现在回头还来得及。"玄奘法师说："休得胡言，我们有菩萨保佑，一定能度过难关。"石磐陀不再言语了。

师徒二人稍事休整后，便到关防申请出关。关防官员见玄奘法师携带的大唐通关文书上，只介绍玄奘法师一人，现又多了一个人。玄奘法师把从都城出发时只有他一人，到肃州收了一个徒弟的经过说了一遍。官防官员听后非常感动，于是盖上玉门关出关大印，恭恭敬敬地递给玄奘。师徒二人出了关防，沿着一堆堆白骨和马粪一路西行。几天后，随身携带的水壶见底了，但他们坚信能走出沙漠，心中念着菩萨，昼夜兼行。就这样经过数天断水的生死考验，师徒二人终于走出了沙漠，来到了进入西域后的第一个绿洲。随后他们沿着一个又一个绿洲，走出了西域，到达竺佛国，研读佛学，带回657部经卷。

说完这段故事，我们再来看《西游记》研究中的一桩学术公案。小说《西游记》成书几百年来，学者们对它的研究成果车载斗驮，不计其数。但人们对除唐僧以外的主要人物形象，尤其是第一主人公孙悟空的原型一直不大清楚。难道大闹天宫、降妖伏魔的孙猴子，真是书中所说的从石头缝里蹦出来的？

关于这个问题，学术界曾经有两种主流意见：一种说法以鲁迅为代表，认为孙悟空是土生土长的“国产货”，他主要采自唐代传奇《古岳渎经》中的无支祁。无支祁是“淮涡水神”，“形若猿猴，缩鼻高额，青躯白首，金目雪牙，颈伸百尺，力逾九象，搏击腾趠疾奔，轻利倏忽”。被大禹制服后，颈锁大索，置于淮阴之龟山下。其形态、神通、命运均与孙悟空有相似之处。

另一种说法以胡适为代表，认为孙悟空是从印度来的“进口货”，认为他主要源于印度史诗《罗摩衍那》中的猴子国大将哈奴曼。他能在空中飞行，拔起并背走喜马拉雅山，在被吞进老母怪肚中后，伸缩变化，又从耳朵中钻出。其神通更与孙悟空接近。

近年来，专家通过对安西榆林窟西夏壁画《唐僧取经图》研究，发现壁画中一位紧随唐僧的尖嘴猴腮的“胡人”正是孙悟空的原型，而这个胡人应该就是前述故事中提到的石磐陀。据此进一步推测孙悟空的老家应该在今甘肃省安西县的锁阳城。

此外，还有一个问题值得人们思考。就是为什么西夏人也会像中原汉人一样热衷于传播唐僧取经的故事？我想大概有两个方面的原因：一是西夏本来就是佛国，自李元昊立国后，就推行崇拜佛教的政策，举国上下都对佛教有着深厚的感情依赖。历史上高僧取经的故事自然也被西夏人所推崇。

二是河西地区是丝绸之路的中枢，是佛教文化传入中国内地的必经之路。从汉明帝到宋太宗，西行求法和东渐弘法活动延续了将近1000年，其民众经过长期的佛教文化浸润，潜移默化地形成了一种对佛、菩萨的崇仰之情，并根据自己的生产生活经验和理解，试图对佛教的因果报应和劝善惩恶思想，做出功利目的非常明确的解释。这样，我们就不难理解西夏为何要宣扬唐僧取经的故事。

总之，在敦煌莫高窟、安西榆林窟的西夏壁画中，6次出现孙悟空和唐僧的形象，这是自宋人话本《大唐三藏取经诗话》以后最早出现的孙悟空和唐僧的绘画艺术形象，明代《西游记》中对这两个人物形象的描绘，基本上脱胎于西夏壁画的绘画形象，西夏壁画要比《西游记》早300多年。

（杨　浣）

崇巫尚鬼　骨占竹卜问吉凶

党项人并不是一开始就信奉鬼神巫术的，它和人类社会其他民族一样，在发展的初期阶段，逐渐由自然崇拜过渡到鬼神信仰。

党项人没有迁徙以前，长期生活在黄河源头的高山河谷地带，所见到的是蔚蓝的天空，辽阔的草原，连绵的雪山，奔腾的河流，因此，早期党项人的信仰，是对天地、日月、星辰、山峰、河流的崇拜，处于自然崇拜阶段。“三年一聚会，杀牛羊以祭天”，还没有进入鬼神崇拜阶段。

唐朝，他们从青藏高原迁到西北地区，随着生产的发展，精神生活发生了很大的变化，由过去“杀牛羊以祭天”的自然崇拜，发展到鬼神崇拜。在党项人心目中，鬼神是有明确分工的，鬼是主恶的，有饿鬼、孤鬼、厉害鬼、伤亡鬼；神是主善的，有天神、地神、山神、水神、战神、护羊神等。他们日常生活的帐篷或土坯房正中，专门供奉着保护神。人畜兴旺，五谷丰收，家族平安，这些都寄托在神灵的保护上。

党项人认为，人得病不是一种自然现象，而是魔鬼缠身，所以不用医药。一般情况下，家人采取最简单易行的“闪病”办法，即给病人换个住的地方，躲开害人的魔鬼。从病菌传染与清洁卫生的角度讲，它还是有一定的科学道理的。直到今天，这种习俗仍然在我国西北偏远地区保留着。

如果“闪病”摆脱不了病魔，只好兴师动众，请巫师“送鬼”。和党项人风俗基本一样的吐蕃也是有病不用药，请巫师“送鬼”。这种“送鬼”治病习俗今天仍在藏族地区普遍流行，它的方法主要有两种：一种是在屋内摆上神案，神案上放着用面捏的偶像，同时供上米饭、鸡蛋、清水和酒。巫师头裹红布，项挂串珠，全身剧烈地抖动着，嘴里面念着咒语，请众神下界驱鬼。地上燃着熊熊烈火，火里面的石头烧得通红，火上面架着一口大铁锅。锅里的水烧开后，巫师将烧红的石头投进开水锅里面，一股热汽腾空而起。巫师一边用树枝蘸着沸水洒到自己和病人的身上，一边挥舞大刀，高声吆喝着，将魔鬼从屋内赶出去。

另一种是，神案上献7碗清水、1盏法灯和5个用面捏的偶像。正式作法前，巫师先画一个危害病人的魔鬼像，并写上这个魔鬼是如何害人的，然后折叠起来，装进铁盒子，蒙上黑布，放到火盆里，火盆的周围摆上几十件兵器，等于把鬼怪先关押起来。

接下来准备三件“驱鬼”的法宝：皮口袋、山羊皮和大铁锅。把写有鬼怪名称的18块木头（9阴9阳）装进皮口袋，用一丈多长的皮绳捆扎结实。天黑以后“驱鬼”正式开始：一人披着山羊皮走在最前面，边走边招呼“鬼魂”；另一人左手牵着皮口袋，右手拿着铁镰刀，边走边喊：“赶鬼了！赶鬼了！”其他人紧跟在后面，有的拿着黑白两种石块，边敲边喊；有的拿着黑白两色牛尾，边煽边喊。最后点火焚烧鬼怪，仪式结束。

西夏褐釉剔刻牡丹花经瓶
（宁夏盐池博物馆藏）

“射鬼箭”是党项人驱鬼招魂的另一种形式。党项人如果打了败仗，战后第三天来到战败的地方，抓住人马，乱箭射死，有时抓不到人马，便用草人草马代替，乱箭射杀后埋到地下，叫作“杀鬼招魂”。宋代西北地区的汉人也在战场上为死者招魂，只是形式和党项人不大相同。

党项巫师除了驱鬼招魂、替人看病外，还能占卜战斗胜负、五谷丰歉、六畜灾祥、买卖吉凶等。他们的占卜方式主要有四种：

第一种叫“骨卜”。在羊胛骨上点燃一小团艾草，艾草燃尽以后，看灸烧后骨头的纹路，纹路通则吉利，纹路断裂则不吉利。占卜用的羊胛骨有生熟两种，熟的是把骨头煮熟后撕掉上面的肉，千万不能用牙啃，留下牙印。生的是直接把生骨头上的血肉剐洗干净，风干成洁白的骨板。骨板的薄厚要适中，太厚不容易烧出纹路，太薄又容易烧坏骨板，找不见纹路。

第二种叫“竹卜”。拿一把小竹签，用力摔在地上，根据数目判断吉凶。

第三种叫“羊心肠卜”。晚上牵只羊，焚香祷告，许下心愿。第二天早晨把这只用香火咒过的羊杀掉，看羊的肠胃和心脏来判断吉凶。肠胃通主吉，肠胃不通主凶；羊心无血吉利，羊心有血则不吉利。

今天西南少数民族地区仍然保留着通过动物内脏来判断吉凶的习俗，如彝族祭祀时把猪杀掉，根据猪肝胆的大小、色泽来判断吉凶。胆汁饱满为人丁兴旺之兆；胆汁色黄饱满为五谷丰登之兆；胆汁色红饱满为大吉大利之兆；胆汁色黑干瘪为灾年之兆；胆汁色驳多斑为死亡之兆。

第四种叫“弓弦卜”。用箭杆敲击弓弦，根据发出的声音判断吉凶，声音清脆则吉利，声音沉闷则不吉利。党项人的弓弦是用牛皮做的，箭杆用沙柳做的，拿箭杆敲击弓弦的“弓弦卜”，实际上包含着一定的科学道理。晴天阳光灿烂，弓弦干燥，所以声音清脆，拉起来也强劲有力，容易打胜仗。如果天阴下雨，弓弦潮湿，所以声音沉闷，拉起来也松软无力，容易打败仗。因此，史书上说党项人“恶雨雪”，“避晦日”，不在下雨天打仗。

除上述四种占卜外，西夏还盛行我国传统的星占。古人认为，天人是感应的，地上住着凡人，天上住着神仙，皇帝是天子，代表上天统治人间，地上的皇帝（天子）英明圣贤时，上天风调雨顺，皇帝昏庸无道时，上天通过天象变化加以警告和惩罚。如日食表明皇帝将有灾难，流星是上天派出的问罪使者，彗星出现为大凶之兆，太白昼见为兵乱战争之兆，等等。1049 年元旦西夏出现日食，群臣请求减轻刑罚，以避凶煞。1097 年出现彗星，夏崇宗李乾顺下诏说自己有罪，大赦天下，死罪从流，流罪减免，同时改年号“永安”。1122 年 6 月白虹贯日，李乾顺认为是上天向他发出警告，于是下令群臣给他提意见。1145 年 6 月，西夏日食，皇帝李仁孝也连忙下令群臣给他提意见。

（杜建录）

张扬个性　秃发重环易服饰

党项人长期生活在青藏高原，他们的皮肤黝黑，呈古铜色或深褐色，具有明显的高原特点。党项人自称“黑头”或“赤面”，就是这种外貌的真实写照。

安西榆林窟西夏壁画中的人物画像，为我们提供了珍贵的西夏人相貌资料。供养人天庭饱满，腮颊方圆，高鼻梁，大眼睛，眼角没有蒙古人那种明显的褶皱，皮肤多为深色或棕色。飞天也有类似这种的形象。这些壁画中的人物形象，使我们对党项人的外貌有一个基本的认识。《宋史》记载李元昊“圆面高准”，就是这个形象。多数党项男子画像没有胡须，安西榆林窟第二窟西夏供养人留有八字须。

从绘画形象来看，党项人的身材有高有矮，不全是高个大汉，开国皇帝李元昊就比较典型，他“身长五尺”，只有一米六的样子，在现代人看来，个头是比较矮的。

蒙古征服西夏后，党项人的血缘和人种发生了很大的变化，但在边远地区的西夏遗民和后裔中，仍能见到种族比较纯的党项人。他们个头适中，圆脸高鼻，皮肤黝黑，黑头发，大眼睛。不像蒙古人颧骨突出，眼睛窄细。总之，党项人既不像绿眼睛、鹰钩鼻子、褐色头发的中亚人，也不像细眼睛、高颧骨的蒙古人，而是比较接近西藏人。这个民族本来就是从青藏高原走来的。

西夏妇女圆脸（有的是长脸）直鼻，相貌姣好。莫高窟 409 窟皇妃供养人体态丰腴，武威西夏墓出土木板画6侍女的脸型较长。

西夏的服饰可以分为两大类型，一是党项人传统的衣裘褐，披大毡。开国皇帝夏景宗曾自豪地说，“衣皮毛，事畜牧，蕃性所便”。

这种用皮毛制成的衣服有毛衣、褐衫（用粗毛布做的衣服）、皮靴（包括短鞠和长鞠两种）、皮袄、皮裤、皮帽、毡衣、毡帽等。

在保留传统服饰的同时，部分党项人特别是党项贵族阶层逐渐接受中原汉族服饰。李德明穿绫罗绸缎，与宋朝无异，李元昊“改大汉衣冠”，以突出党项民族特点，规定文官头戴幞头，足蹬靴子，手持笏板，身穿紫色或红色衣服，但仍摆脱不了汉族的影响。

西夏秃发人像

幞头有两种形式，一种以一幅罗帕缠在头上，后面或前面打个结系住。另一种是顶帽子，帽下方垂有巾带，顶部隆起。唐宋时期上至皇帝，下到平民百姓，都戴这种幞头帽子，只是样式不尽相同。西夏文官戴的幞头，应该是汉族式样的官帽，而不是简单地缠在头上。如果只是简单地缠在头上，不符合朝贺礼仪的。

西夏衣服的颜色是有严格等级的，黄色是皇帝的专用色，西夏法律规定，从亲王到大小官员、和尚、道士，一律不许穿石黄、石红、杏黄色衣服，也不能在衣服上绣日月和团龙图案。紫色和红色是官僚贵族的颜色，平民百姓是青色、绿色，所谓“民庶青绿，以别贵贱”。通过衣服颜色区别贵贱，也是中原汉族的制度。

西夏秃发人像

“笏”是朝会时大臣拿的手板，一般用竹子制成，上书文字，以备遗忘。上述西夏文官无论幞头的样式，还是衣服的颜色或手里拿的笏板，都是从唐、宋汉族那里照搬过来的。

武官根据地位和级别，分别戴金帖起云镂冠、银帖间金镂冠或黑漆冠，身穿紫旋襕，腰束镀金银腰带，上挂蹀躞（一种小饰件），随身佩带解结锥、短刀、弓箭。

旋襕，实际上是一种长袍，因为在袍下加襕边，所以叫作旋襕或襕衣。有的是圆领，有的是交领，有的是翻领，窄袖束腰，便于习武打仗。一般平民穿灰白色旋襕，官僚贵族穿紫色和红色。

李元昊年轻时喜欢穿红色长袍，戴黑漆冠，出行时佩带弓箭，仆役在后面打着青伞。当上皇帝后，喜欢穿窄袖白袍，戴红里毡帽，帽顶后垂一个红结绶。

鎏金铜带扣

（西夏陵3号陵出土）

敦煌莫高窟409窟西夏皇帝供养像，头戴白毡冠，足蹬白毡靴，身穿圆领窄袖团龙袍，腰束玉带，这是西夏后期皇帝衣饰的真实写照，一方面保留了党项民族的毡冠，另一方面接受了中原汉族的龙袍。

西夏境内的普通汉人，包括部分汉化的党项人的服饰有袄子、旋襕、汗衫、布衫、衬衣、裙子、裤子、腰绳、背心、鞋、凉笠、暖帽、绵帽、耳环、耳坠、腕钏等。

西夏建国前党项人披发或蓬首，夏景宗下令秃发，限3日内剃发，从此“剃发，耳戴重环”就成了西夏人的标准形象。

《辽史》记载，夏景宗李元昊“秃发，耳重环”。宋朝名臣司马光在《涑水纪闻》里面记载了这样一件事：庆历（1041~1048年）初，李元昊围攻宋朝麟州（今陕西神木县），形势非常危急。守将张榜招募勇士出城去报信，通引官王吉提出剃掉头发，换上党项人的衣服，带上弓箭，打扮成党项人，乘黑夜从城墙上下去。遇上党项人就用西夏语回话，最后蒙混过关。

还有宋元符二年（1099年）七月宋朝环庆路熟户伪造姓名，“剃发，穿耳戴环”。冒充西夏境内的党项人，投附到秦凤路，以骗取宋朝的土地和赏赐，后来被宋朝边将识破了。可见秃发与耳戴重环是党项人的基本形象。

从榆林窟第二十九窟西夏供养人以及西夏文《观音经》版画中的人物形象来看，党项人剃发不是全剃光头，而是秃顶而留边，戴上幞头和帽子，两鬓仍垂发须。

西夏妇女喜欢梳高鬓，武威西夏墓出土的五侍女木板画，前四位梳高髻。元人马祖常在《河西歌》中写道，“贺兰山下河西地，女郎十八梳高髻”。高髻是唐代妇女的普遍发式，吐蕃、回鹘妇女也有这种发式，可见北方民族对中原服饰文化的吸收有一定的共性。

（杜建录）

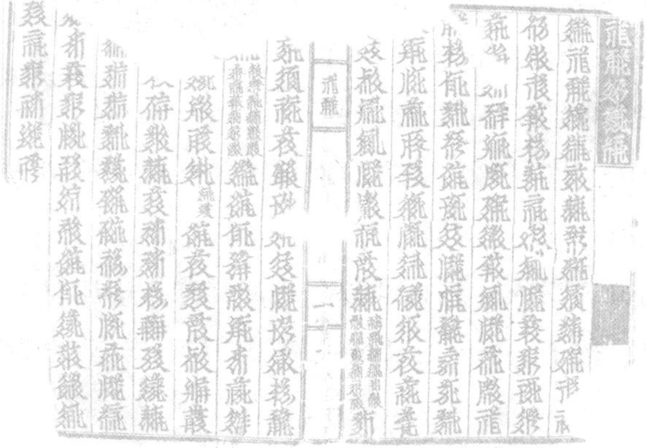

淫秽蒸亵 党项人的奇异婚俗

史书对早期党项人的婚俗是这样记载的，“妻其庶母及伯叔母、嫂、子弟之妇，淫秽蒸亵，诸夷中最为甚，然不婚同姓”。也就是说，一个成年党项男子可以娶他寡居的庶母、伯母、叔母、嫂子、弟媳妇，甚至儿媳妇。在深受儒家伦理纲常影响的汉族看来，是地地道道的乱伦，所以他们用“淫秽蒸亵”四个字来概括党项人的婚俗。

其实，这种认识是片面的。娶寡居的庶母、伯叔母、子弟妇，实际上是一种收继婚制，在古代匈奴、乌孙、鲜卑、柔然、突厥、女真等北方民族中，都普遍存在。它的意义在于，丧夫之妇不再改嫁外人，由家族内男子继承婚姻关系，将她们约束在本族之内，防止人口与财产外流，因为妇女是生育的源泉，是稀缺资源。

党项人的婚俗是多元化的，他们较少受封建礼教束缚。青年男女之间的恋爱与婚姻是比较自由的，热恋中的青年男女暗中约会，是不会受到家庭约束和干预的，甚至徇情的恋人还受到双方家族的褒扬和厚葬。

一个古老的爱情故事将这种自由恋爱演绎得荡气回肠。有一个部落首领的公子，名叫拓跋贵，是一位英俊健壮、善于骑射的小伙子，经常到附近的山林里捕猎。有一次，在追捕一只斑斓猛虎时受了重伤，被一位牧羊姑娘冒死救了下来。姑娘叫米擒俪，是一位牧民的女儿，常年在贡梅雪山附近的草原上放牧牛羊，一天，她突然看见一只老虎在追咬着一位小伙子，急忙弯弓射箭，受伤的猛虎带箭而逃，米擒俪将拓跋贵救起。天渐渐地黑了下来，姑

西夏褐釉剔刻海棠花瓷钵
（内蒙古鄂尔多斯市出土）

娘把小伙子带回了自己的帐篷，细心地给他敷药包扎。

第二天，苏醒过来的拓跋贵睁开眼睛，看到一位美丽的姑娘正坐在自己的身旁，顿生爱慕之情。两人很快陷入爱河，难舍难分。数天后，伤愈的拓跋贵要回家了，临行前两人相约，十天后贡梅雪山再相会。拓跋贵回家后，向父亲述说了事情的经过和自己与米擒俪的婚事。父亲听后极力反对，他认为，一个牧羊女怎能配的上一个部落首领的儿子呢？再说，两年前拓跋贵已跟表叔的女儿折雅订婚，折家是大族，门当户对。

拓跋贵无法说服父亲，内心痛苦得如刀割一般。10天后，两位相爱的人在贡梅雪山相会。拓跋贵把父亲的意见原原本本地告诉了米擒俪，两人抱头痛哭，发誓说："生不能相守，就到天上相聚。"拓跋贵解下腰间的绳索，双双自缢而死。两个家族找到二人尸首，没有过度的悲伤，他们认为：两个相爱的人为爱而死，为何要伤悲呢？随后，为两个徇情的人举行了隆重葬礼：先用丝绸裹住遗体，再用毡片包住，最外面用草缠绕起来，放在一个事先搭建起来的高约丈许的木架上。两族人在架旁击鼓饮酒，祝愿两人早日升天，直到夕阳西下才渐渐散去。

西夏建国后，受中原汉族思想文化的影响，党项人也开始盛行明媒正娶和买卖婚姻了。婚姻的缔结，一般要经过四个程序：

(1)定亲。由男方家请媒人到女方家提亲，所谓"男女长大，遣将媒人，诸处为婚，索与妻眷"。女方同意后，男方办置酒食，请女方家人吃订婚酒，双方达成婚约。

(2)纳聘礼。吃过订婚酒，达成婚约后，男方要向女方纳聘礼，聘礼的多少根据身份地位而定。西夏法律规定，亲王、宰相子弟结婚时，聘礼（骆驼、马、衣服等）不超过300种；亲王以下中高级官员子弟结婚时，聘礼不超过

200 种；下级官员至一般庶民子弟结婚，聘礼不超过 100 种。出不起聘礼的男子，可以用劳动顶替，到女方家服 3 年劳役。

(3)办嫁妆。在男方为女方准备聘礼的同时，女方也要为即将出嫁的女儿准备嫁妆，嫁妆和聘礼有一定的对应关系，聘礼重，嫁妆也重。如果办不起嫁妆，也可以拿聘礼抵偿。

(4)娶亲。在纳聘礼、办嫁妆之后，就是正式的婚娶了。选择一个良辰吉日，男方家的亲朋好友到女方家迎娶新娘。女方要准备“索妇食”招待男方家的客人，然后送新娘上轿或上马（适应党项人畜牧生活特点，大多用公马接亲）。男方接亲回去后，举行隆重的婚礼。

在西夏，一般老百姓一夫一妻，皇帝贵族和部落大首领普遍有纳妾的现象，李德明娶有三房妻子，卫慕氏、咩迷氏和讹藏屈怀氏。李元昊娶七房妻子，卫慕氏、索氏、都罗氏、咩米氏、野利氏、耶律氏、没啄氏。夏仁宗时 70 多岁的晋王嵬名察哥，妻妾成群。意大利旅行家马可·波罗在他的游记中记载，西夏故地甘州男子可以根据自己的财力与地位，随心所欲地纳妾，有的人甚至娶了 30 多个妻子，但第一个妻子的地位最高。“男子得娶从姊妹，或其父已纳之妇为妻”。这是早期党项人收继婚制的残余。

（杨秀山）

焚尸埋灰　党项人的独特葬俗

西夏盛行火葬，史书记载早期党项人“死则焚尸，名为火葬”。西夏建国后这种火葬习俗保留了下来，并和佛教的火化融为一体，形成了独特的党项火葬习俗，即焚尸后还要建坟。古代羌人的火葬是“焚尸扬灰”，和党项羌“焚尸建坟”有很大的区别。

西夏人自己编纂的辞书《文海》有关坟丘的“丘”解释为“丘墓地，烧人尸处地圈之谓”。“坟”解释为“弃尸场建坟地之谓”。这种“焚尸建坟”的习俗，在考古发掘中也得到证实。1977 年和 1979 年甘肃武威市发掘的 3 座西夏墓，所葬均是焚烧后的骨灰，分别用木匣、木缘塔、黑釉瓷瓶盛装。

意大利旅行家马可·波罗在他的游记中，对党项族的火葬习俗有详细的描述：人去世以后，用精美的布帛裹住尸体，装入灵柩。为了防止尸体腐臭，要在灵柩里放入樟脑香料，同时请巫师选择一个吉日，选不出合适的日子，只好将尸体停放在家中，有时甚至停放 6 个月之久。停丧期间，每天要在供桌上供奉食物，让死者的灵魂享用。吉日到时，才能举行火化仪式。火化时，死者亲属先在灵柩经过的路上建一座小木屋，上面覆盖罗锦绸缎，屋里供上酒肉等食物，让死者在另一个世界享用。灵柩行进时，哀乐齐鸣。到达火化地点，死者亲属将用纸扎的人、骆驼、马和钱币随同尸体一起焚烧，最后将骨灰埋在坟墓里。

受汉族丧葬习俗的影响，党项人进入内地后开始流行土葬。内蒙古自治区乌审旗无定河镇十里梁有一片党项拓跋家族的祖茔，其形制和内地汉族大体一致，有封土、陵墙，墓道里有墓志铭。在宁夏回族自治区银川市西的贺兰山东麓西夏陵园分布着 9 座帝陵和 140 多座皇亲贵戚陪葬墓，它们都是土葬。

1975 年发掘 108 号陪葬墓时，在墓室中发现了两具完整的人体骨架和一具被扰乱且有残缺的人骨。当时在场的考古发掘人员纷纷猜测，为什么在一座墓里会出现 3 具尸骨？难道是一夫二妻合葬墓？为什么在同一墓里会出现一具尸骨散乱，两具尸骨完整的现象？为什么扰乱的尸骨出土在墓室底部，而两具完整的尸骨出土在淤土层之上？

一连串的问题，引起考古工作者的浓厚兴趣，他们认真、仔细地观察着两具完整尸骨的姿态：靠近墓室北壁，距墓室底部高 1.15 米的一具尸骨，头向西南，面向西北，俯身侧首，下肢骨压在身躯骨之下，头部有被锐器砸伤的痕迹，一副跪倒后痛苦死去的姿态；另一具靠近墓室西壁，距墓室底部高 0.87 米的尸骨，头向西北，面部向下，俯身直肢，双手肢骨压于腹下，下颌骨亦有损伤，一副死前饥饿难忍的模样。

考古工作者根据两具完整尸骨出土的层位、姿态和墓室中其他的遗迹现象，并结合上海自然博物馆的鉴定结果做出了判断：两具完整尸骨的身份为盗墓人，那具散乱尸骨的身份是墓主人。据推测，甲贼为了独吞财宝，将乙贼用锐器击毙，突然盗洞塌方，甲贼也出不去了，活活饿死在墓室里。

108 号陪葬墓虽然从形制上看是座小墓，但在地面碑亭遗址中出土的汉文和西夏文残碑上，记载有“梁国正献王之神道碑”字样，墓主人姓嵬名，讳安惠。生前曾被尊为尚父，历任太师、尚书令、知枢密院事等官职。这次考古发掘进一步说明

西夏梵文木缘塔
（甘肃武威西夏墓出土）

了西夏时期党项族流行土葬。

西夏陵虽然吸收中原汉族葬俗，如陵园坐北面南，继承汉族南面为尊的观念；墓室前甬道有门，门外两侧有门神武士，是汉族墓葬的传统习俗。但在继承唐宋陵寝制度的同时，也保留了大量党项民族的习俗，如汉族是龟驮碑，西夏陵为力士驮碑。力士的手腕、足胫皆饰圆环，是包括党项在内的西南少数民族习俗。西夏的陵台建成独特的塔形，与当时党项人笃信佛教有密切的关系；献殿、墓道、墓室、陵台都位于陵园偏西处，可能与党项人以西为尊的观念有关；随葬完整的羊、猪、鸡等家畜家禽以及铜牛、石马、石狗等，反映了游牧民族的生活习俗。

在党项人的葬俗中，年龄在八十岁以上的老人去世后，亲戚是不哭的，因为他们认为这是寿终正寝，就像汉族认为高寿的老人过世是“喜丧”一样，不必悲伤。但是年轻的人死去，他们认为是极大的不幸，亲戚家人悲痛至极。

如果两个热恋中的青年男女为爱徇情，被认为是崇高的事情，两个家族要为他们举行隆重“升天”葬礼：先用丝绸裹住遗体，再用毡片包住，最外面用草缠绕起来，放在一个事先搭建起来的高约丈许的木架上，双方族人一起击鼓饮酒，祝愿两人早日升天，直到夕阳西下才渐渐散去。

史书记载，宋初李继迁收复绥、宥等州后，“葬其祖于红石峡，障水别流，凿石为穴。既葬，引水其上，后人莫知其处”。有一种观点认为这是水葬习俗，其实并不是真正意义上的水葬。李继迁的做法，先葬其祖于石穴之内，然后再引河水流经其上，不过是为了防止他人毁坏其祖坟的一种政治考虑，并非是水葬习俗，有如曹操的72疑冢。

综上所述，早期党项人丧葬习俗是火葬之后入土起坟，迁徙到内地之后开始有了土葬，两种习俗并行于党项社会生活中。

（杜建录）

党项三都　夏州、灵州、兴庆府

党项历史上有3个都城，除皇都兴州兴庆府（今宁夏银川）外，还有定难节度使府所在地夏州（今陕西靖边县白城子），西平王府所在地灵州西平府（今宁夏灵武），它们分别代表了党项族3个不同的发展阶段。

夏州为历史上著名的统万城，为匈奴大夏国皇帝赫连勃勃所筑，它用湖底淤泥、沙子、石灰夯筑而成，坚如铁石，斧凿不入。灰白色的淤泥加上白色的石灰，墙体的颜色银白似雪，所以又叫“白城子”。

881年，党项大首领拓跋思恭因镇压黄巢大起义有功，被唐僖宗任命为定难节度使（又称夏州节度使），赐皇姓李，封夏国公，统辖银、夏、绥、宥4州之地，后来又增加了静州。从881年拓跋思恭占据夏州，到982年宋朝削蕃成功，李继捧被逼迫到汴京开封朝见宋太宗，献出世代居住的银、夏、绥、宥、静5州地盘，前后整整101年，夏州一直是拓跋李氏政权的驻地。

在这期间，发生了多次争夺夏州的战争，其中规模最大的是933年，后唐明宗对夏州的用兵。当时夏州节度使李仁福病死，儿子李彝超自任节度留后（代理节度使），上表唐明宗，请求正式任命为节度使。后唐明宗认为这是一个削弱乃至消灭夏州政权的绝好机会，他采取“调虎离山”计，不同意李彝超继承夏州节度使，而是将他和延州节度使安重进对调，并调发5万大军护送安重进赴任。李彝超识破后唐明宗的计谋，坚决不同意，他利用坚固的夏州城，打败来势凶猛的后唐军队，巩固了拓跋李氏在夏州的统治。

982年宋朝收回夏州，李继捧的族弟李继迁逃到地斤泽，开始了长达15

年的恢复“故土”的斗争，997年最终从宋朝手中夺回了银、夏、绥、宥、静5州地盘。但这时的李继迁看到了宋朝的软弱，他已不满足“故土”的恢复，而是在恢复“故土”后，进一步对外扩张，把矛头直指宋朝西北重镇灵州。

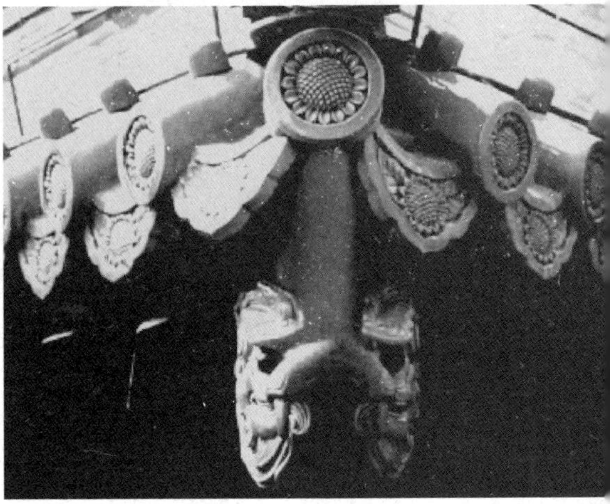

龙吻

（皇宫建筑特点）

1002年李继迁集中优势兵力，一举攻破灵州。1003年改灵州为西平府，把西平王府由夏州迁到灵州西平府。

李继迁舍夏取灵，将都城由夏州迁到灵州的原因大致有三：

一是与当时民族政权对峙形势有关。李继迁恢复的银、夏“故土”，东临黄河，渡过黄河是宋朝北方重镇太原府（今山西太原），南接防御党项重镇延安府（今陕西延安）。李继迁要渡过黄河向河东发展，或向延安方向扩张，显然是很困难的，或者说是不可能的。

银夏的东北是大辽帝国，李继迁起兵后，采取“联辽抗宋”的战略，不但没有力量与辽朝抗衡，更不愿和他的盟主辽朝发生冲突。因此，向东北方向发展也不可能。这样就只剩下了西面的河套平原与河西走廊了。

河西的西凉吐蕃与甘州回鹘力量比较弱，河套地区的吐蕃、党项族帐，处于不相统一的分散状态，李继迁兼并起来比较容易。更要命的是宋朝定都汴京开封，政治军事中心向东南转移，西面第一关是洛阳、第二关是潼关，第三关是唐代的京兆长安，唐朝的内地灵州成了极边。宋人甚至认为灵州太远，粮草供给不上，不如“弃去灵州，退守环（今甘肃环县）庆（今甘肃庆阳）”。这种形势为李继迁攻占灵州和定都灵州，创造了非常有利的条件。

二是夏州失去了往日的地位。994年，宋太宗下令毁掉夏州城，将夏州的居民迁移到绥、银等州，李继迁得到的夏州只是一座被毁坏的空城。这也是李继迁弃夏取灵的重要原因。从此到西夏灭亡，西夏虽修缮过夏州，但夏州的地位江河日下，再没有出现过往日的辉煌。

三是夏州地区的生态日益恶化。赫连勃勃筑统万城时，这里水草丰美，植被良好，后来随着人口的增加和过度的开垦放牧，草地逐渐沙化，州城里的人畜用水也出现困难，如果继续作为都城，势必要限制拓跋李氏政权的发展。而灵州地区（今宁夏河东平原）是我国河套地区开发最早的绿洲，水草丰茂，生产发达，自秦汉以来就发展灌溉农业。灵州的居民又“习华风，尚礼好学”。李继迁正是看中了灵州的自然与人文环境，才最终下决心迁都的。

灵州虽然生产发达，交通便利，民风淳朴，但作为都城，有一个致命的弱点，就是“地居四塞，我可以往，彼可以来”，无险可守。这对以武立国的党项人来说，显然不是一个理想的选择。所以它作为都城，只有短短的 17 年，1020 年，李德明又将都城由灵州西平府（今宁夏灵武）迁到河西兴州（今宁夏银川），李元昊称帝时更名兴庆府。

从 1020 年李德明迁都兴州到 1227 年西夏灭亡，前后 207 年，兴州兴庆府一直是西夏的都城，其中王都 18 年，皇都 189 年。

在中国古代，都城的选择，既要考虑经济情况，又要考虑军事防御。汉、唐定都长安，就是考虑到关中是全国的经济中心，地理形胜又易守难攻，东有潼关，西有萧关，南有秦岭，北为渭北高原。北宋定都开封，虽然考虑到这里是汴河与运河的交汇处，可以吸纳江南的粮食与财物。但不足的是无险可守，不具备军事防御功能，面对女真的进攻，统治集团束手无策，只好南迁杭州，偏安江南。

西夏定都兴庆府，比较好地照顾到了军事防御和经济保障，这应该说是西夏国立国长久的重要原因。

从军事防御的角度来看，都城是国防保卫的最终对象。兴庆府西北有贺兰山天险，“黄河绕其东南，西平为其障蔽”，有着优越的军事地理形势。1081 年宋朝发动了规模空前的五路大进攻，计划经灵州渡过黄河，直捣兴庆府，一举消灭西夏。但被挡在灵州城下，没能再前进一步。由于兴庆府易守难攻，安全有一定的保障，这样就使得西夏将更多的兵力投入到边防。在全国 50 多万军队中，都城兴庆府只驻 7 万人，占 1/7，如果加上驻守灵州与贺兰山的 10 万人，也只要有 1/3。打仗的时候，兴、灵地区的守军还随时调往前线，保证了前线作战的需要。

从经济保障的角度看，历朝历代的都城，都要考虑经济保障能力。隋唐以前，经济重心在关中，因而汉、唐等朝建都长安。以后随着经济重心的东南移，五代的梁、晋、汉、周，以及北宋只好把都城建在汴京开封。宋初曾讨论过迁都长安或洛阳，但因经济保障问题，不了了之。兴、灵地区（今宁夏平原）地处黄河冲积平原，滔滔河水灌溉着两岸万顷良田，西夏立国后，继承了历代人民开发水利、引黄灌溉的优良传统，疏浚灌溉渠道，制订水利法规，使灌区农业生产快速稳步发展，保证了都城兴庆府的粮食供给。

总之，党项三都（夏州、灵州、兴庆府），代表了党项历史发展的三个不同阶段，在夏州拓跋政权和西夏国的发展中，起过非常重要的作用。夏州代表着拓跋李氏政权的辉煌，如果没有固若金汤的统万城，拓跋李氏政权可能早就被后唐消灭了。

灵州代表着拓跋李氏政权的战略转移。西夏以前，灵州一直是河套平原的中心，1003 年李继迁攻占灵州时，兴庆府不过是灵州下属的河外小镇（怀远镇），李继迁要把统治中心转移到河套平原，只能迁都灵州，别无选择。如果不占领灵州，拓跋李氏政权只能局限在银夏沙漠地区，成不了大气候，所以说，这个转移是至关重要的。

兴庆府稳固了西夏国的统治基础，它不仅具有和灵州相同的经济基础，更具有灵州所没有的山河形胜，如果把军事防御和粮食供给两方面结合起来考虑，西夏任何地方都比不上兴庆府。

（杜建录）

人形凤凰　西夏都城兴庆府

西夏建国以前，宁夏平原的政治中心在河东的灵州，西夏建国后则由河东灵州转移到河西兴庆府。兴庆府，初名“兴州”，李元昊建国时，升为兴庆府（后改为中兴府）。其前身是678年新筑的怀远县城，北宋开宝年间降为镇，属灵州所辖的“河外六镇”之一，管六族蕃部。宋咸平四年（1001年）九月，被李继迁攻取。

宋天禧元年（1017年）六月，李德明以“有龙见于温泉山（指暖泉以西的贺兰山）”为由，遣官祭祀，派遣贺承珍渡过黄河在怀远筑城，3年后而成，取名“兴州”，寓“兴旺发达”之意。兴州建成后，李德明把都城由灵州迁到兴州。同时，为了确保兴州北大门的安全，李德明又在定州（今宁夏平罗姚伏乡）以北的省嵬山南修筑了省嵬城（今宁夏石嘴山惠农区庙台乡古城），以驾驭蕃部。

李德明迁都兴州，与兴州的山水形胜有着密切的关系。灵州历史悠久，虽“北控河、朔，南引庆、凉，据诸路上游，扼西陲要害”，但周围没有大山，地势平坦，无险可守，“我可以往，彼可以来”，不能藏风聚气。

兴州城西北有贺兰山之固，东南有黄河之险，灵州为其障蔽，居“大山之下，广川之上”，“形势利便”，可以“洵万世之业”。从山水形胜来说，符合阴阳相和，四象定位与藏风聚气的原则。

“阴阳相合”，说的是贺兰山为阳，环抱西北，黄河水为阴，曲绕东南。阴阳相抱，山水相和，生生不息。

"四象定位"，即人们常说的"左青龙，右白虎，前朱雀，后玄武"，青龙为春，朱雀为夏，白虎为秋，玄武为冬。兴州城东南蜿蜒800余里的黄河是青龙，西北绵延400余里贺兰雄浑之固是白虎。青龙与白虎合抱起来，兴州则居于最佳的山水形胜中。

"藏风聚气"，是指山藏风，水聚气，风遇山则藏，水遇气则止。贺兰山横亘西北，冬天挡住寒冷的西北风，谓之"藏风"。黄河东南而来，形成众多水渠湖泊与水面湿地，谓之聚气。山环西北，水绕东南，光照充足，山泽通气，则气候湿润，生云致雨，万物富饶，乃为风水宝地。

西夏立国长久的原因，除了政治、经济、军事以及三国鼎立形势等方面的因素外，还与都城的山水形胜有着密切的关系。清人吴广成对此评论说：兴庆府西有贺兰山，南有黄河，"四塞险固矣。西夏居此200余年，后以韩、范经营，亦不能恢复，虽元昊、谅祚辈枭雄难制，亦其凭恃者险矣"。

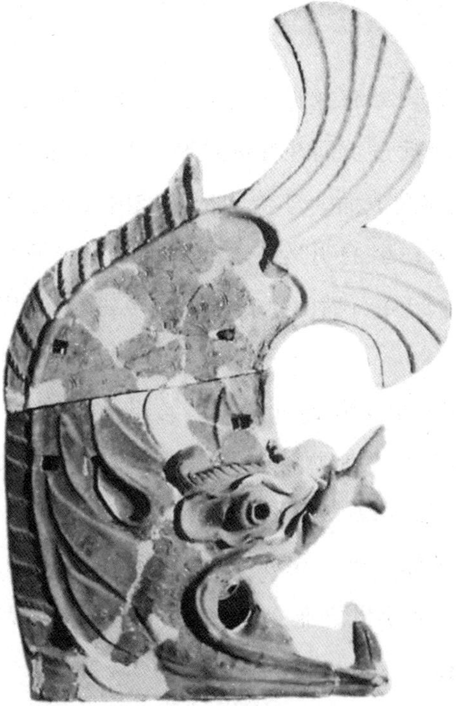

西夏灰陶鸱吻
（西夏陵3号陵出土）

蒙古人残酷的灭夏战争，使西夏文献资料丧失殆尽。因此，有关兴庆府的规模、建置与布局情况，只能从明朝庆王朱栴编纂的《宣德宁夏志》与胡汝砺等编纂的《嘉靖宁夏新志》中的一点记载，了解其大概。

《嘉靖宁夏新志》记载：宁夏城（今银川市），"实德明所迁之故址也"，"周回十八里，东西倍于南北，相传以为人形"。民国修的《朔方道志》又记载宁夏郡城像个凤凰。从此，兴庆府城有了"人形"和"凤凰"的传说。

"人形"是说东西展开的兴庆府街道酷似平躺的人体。"凤凰"是说宁夏郡城像个凤凰，城的东部高台寺为凤首，城的中部为凤身，西部为凤尾，由此，又演绎出一个“凤凰城”的美丽传说。今天把银川称作凤城或凤凰城则由此而来，西门转盘矗立着腾飞的凤凰碑。

“人形”也好，“凤凰”也好，虽然传说的成分较多，但反映了西夏兴庆府城内外的整体格局特征及其对后世的影响。因为，元代中兴路、宁夏路的旧址，就是西夏的兴庆府城。明、清时期几次重修，也是在原址，只是比西夏时期的城小得多了。明代的周回 18 里只是个约数，实际上兴庆府城的规模远大于周回 18 里。

兴庆府城的方位不是正南正北，而是按顺时针方向偏离 15°以上，这是因为根据地球与太阳旋转的夹角原理，偏离 15°可增大东南受暖光的面，同时相应减小西北受冷风的面。夏州城（统万城）与北宋开封城的方位就是按顺时针方向偏离，赵德明筑城时是受了这两个城的影响。

兴庆府城东、西两部分，西城是李元昊的宫城与主要行政机构所在地，除宫城外，还有中书省、尚书省，枢密院、三司、御史台、翊卫司、飞龙院、开封府与功臣勋戚的宅第，以及戒坛寺、承天寺等佛教寺院等。

宫城东南西北开有四门，其中东门为正门，门前筑有长方形月城。宫城内有大殿、寝宫、侍寝、祖庙等，据《天盛律令》记载，宫门自东而进，头道门为东门，第二道门为摄智门，第三道门为摄智中门，经摄智中门可达西夏国王主持政务的大殿。过大殿为广寒门，左右有南北怀门，可直通皇室居住区。

东城主要为行市、作坊、居民住宅和相应的行政机构所在地。有京师工院、刻字司、作房司、制药司、首饰院、织绢院、铁工院、木工院、造纸院、砖瓦院、出车院等官营手工业作坊，还有制作毡、毯、毛褐（羊毛布和驼毛布）的家庭毛纺织作坊。有掌御用物品制造的“文思院”，有驻军营地、仓库馆舍、店铺酒楼、民宅豪院等。

兴庆府四郊远近，寺院林立，卫星城镇星罗棋布。东有高台寺，浮屠高数十丈。南有保静镇（今永宁县南）、临河镇。西南有峡口山（青铜峡）108 塔、保安镇（今中宁县石空乡）、昌化镇（今中卫）。西北有皇家陵园，贺兰山“避暑行宫”以及五台寺、清凉寺、文殊殿、方塔寺、双塔寺等佛教寺院。北有海宝塔、演兵场、宏佛塔，再北有定远城、省嵬城。

兴庆府城经济繁荣，商业发达，贸易昌盛，尤其“制造驼毛毡不少，是为世界最丽之毡！亦有白毡，为世界最良之毡，盖以白骆驼毛制之也。所制甚多，商人以之运售契丹及世界各地”。

兴庆府是西夏文化教育的中心，李元昊设立蕃、汉二字院，处理北宋、吐蕃、回鹘、张掖、交河往来文书，又设蕃学、汉学，学习西夏文字与儒学经典。李乾顺、李仁孝修建“文宣帝庙”，设立太学、国学、小学，开科取士，策试举人。儒学之风，蔚为大观。

作为党项民族赖以生存和发展的政治、军事、经济、文化中心，西夏都城兴庆府把古代银川的开发与建设，推向了前所未有的高峰，从而奠定了银川历史文化名城的地位。

（贺吉德）

风雨千年　贺兰山下古冢稠

有一个古老的传说。说是很久以前，宁夏这个地方叫西夏国，西夏国国王叫李昊王。有一天，李昊王死了，昊王宫天天往出抬棺材，西夏城天天有哭丧队伍出西门，贺兰山下天天有官家埋死人，整整折腾了365天。一年过去了，贺兰山下摆开了365个高高的坟圪垯。谁也不知道昊王埋在哪个坟堆里，于是老乡们就把这些坟包包一囫囵都叫昊王坟。

到了明代，安塞王朱秩炅写下一首诗：

贺兰山下古冢稠，
高下如有浮水沤。
道逢古老向我告，
云是昔年王与侯。
…………

在稍后编纂的《嘉靖宁夏新志》上，也有一段记载昊王坟的文字："李王墓，贺兰山之东，数冢巍然，即伪夏所谓嘉、裕诸陵是也。其制度仿巩县宋陵而作。有人掘之者，无一物。"

其实，老百姓所说的昊王坟，就是志书上记载的李王墓，也就是我们下面要讲的西夏陵。

西夏陵位于宁夏银川市西郊的贺兰山东麓，距银川市区35公里。陵区南

西夏陵

起贺兰山榆树沟，北抵泉齐沟，东临西干渠，西至贺兰山下。在方圆 50 平方公里的岗阜丘陇上，布列着 9 座西夏帝王陵园和 253 座西夏王公贵戚的陪葬墓。其规模与河南巩县宋陵、北京明十三陵相当。是中国现存规模最大、地面遗迹保存最完整的帝王陵园之一。

西夏自 1038 年立国，1227 年被蒙古灭亡，建国 190 年，经历了 10 代皇帝，再加上追谥的两代先祖，共计 12 主，其中史书记载太祖李继迁、太宗李德明、景宗李元昊、毅宗李谅祚、惠宗李秉常、崇宗李乾顺、仁宗李仁孝、桓宗李纯佑、襄宗李安全等 9 个皇帝有陵号，分别是裕陵、嘉陵、泰陵、安陵、献陵、显陵、寿陵、庄陵、康陵。现在西夏陵区内，恰有 9 座帝陵。

在 9 座帝陵中，有西夏建国前的太祖李继迁裕陵、太宗李德明嘉陵，而西夏立国后 10 代皇帝中，只有 7 位皇帝葬在西夏陵区。最后的 3 位皇帝神宗李遵顼、献宗李德旺、末主李晛俱无陵号。当时成吉思汗以重兵压境，西夏国危亡在即，李遵顼、李德旺均死于西夏灭亡的前一年，未及造陵。至于末主李晛，1226 年即皇帝位，1227 年西夏灭亡，献城请降，不久即被杀于途中。造陵之事，更不曾说起。

西夏陵区按地形划分，可分为 3 区：南区 2 陵、中区 4 陵、北区 3 陵。

帝陵和陪葬墓在整个陵区的分布特点是大分散，小集中。帝陵多居于近贺兰山地势较高的一侧，陪葬墓则绝大多数分布在地势较低的山前缓坡东侧。在陵区北部偏东的开阔地带，有一处面积约6万平方米的西夏建筑遗址。有人认为是西夏祖庙遗址，有人认为可能是陵区管理机构所在地。经考证，应是一座佛教寺庙建筑遗址。

西夏深受唐宋文化影响，在埋葬制度上“仿巩县宋陵而作”，实行昭穆葬法。西夏陵从南到北，以左昭右穆的方式排列，最南端1号陵处于昭位，应为太祖李继迁裕陵，2号陵处于穆位，应为太宗李德明嘉陵。依此类推，3号陵为景宗李元昊泰陵，4号陵为毅宗李谅祚安陵，5号陵为惠宗李秉常献陵，6号陵为崇宗李乾顺显陵，7号陵为仁宗李仁孝寿陵。8号陵和9号陵应是桓宗李纯佑庄陵和襄宗李安全康陵。因为他们二人是兄弟关系，故两陵并列，同属穆位。据此，现在西夏陵管理处北侧的3号陵园，应当是西夏开国皇帝李元昊的泰陵。

西夏陵区每座陵园都是一个完整的建筑群体，如果从陵园宫城的墙垣形制考察，可分为一重墙垣和双重墙垣两种平面布局形式。除8号、9号陵宫墙已夷为平地、无可考察外，陵区1、2、3、4号陵为封闭式的陵园，外廓墙垣环绕整个陵园，仅在其南墙垣中间开一通道；5、6、7号陵为半封闭式陵园，外廓墙垣环西、北、东三面，南面开口。

陵园单体建筑的平面布局基本相同，皆坐北朝南，呈长方形。从南到北布列着角台、阙台、碑亭、月城和宫城，宫城内有献殿和陵塔等建筑。

角台坐落在陵园四角，距离较远，是整个陵园兆域四至界限的标志性建筑。以3号陵为例，南边的2座角台东西相距400米，北边的2座角台东西相距290米，而南北角台相距490米。若将4个角台用绳线连起来，我们可以看到，整个陵园的兆域是南长北短的梯形轮廓。在残高5米、底面边长6米的方形夯土台周围，散见大量板瓦、筒瓦残片，可见角台之上还建有角楼建筑。

阙台（亦称鹊台）坐落在陵园南端，东西相对，距离65米左右，是陵园的入口。阙台为方锥截顶体，黄土夯筑。从周围堆积的砖瓦等建筑残件分析，台上原有阙楼建筑。

阙台之北为碑亭，从现存碑亭遗址上可以看出各陵碑亭有二座、三座不等，其建筑面积与形制也各不相同。凡两座者，东、西各一座；三座者，两座位于东面，一座位于西面。碑亭的夯土台基略呈正方形，有的碑亭台基筑为3层，四周以粗绳纹长方形青砖砌成逐渐收进的3层台阶。台基之上铺有方砖，曾建有碑亭建筑。

从3号陵东碑亭考古发掘情况看，台基中部有一圆形基址，室内铺方砖，中部出土有3个人像石座。周围堆积有大量的西夏文青石碑残块，精美的莲花纹、忍冬纹等花纹砖，以及有李、牛等汉字姓氏或言、五等汉字记号的粗绳纹戳印砖，但极少有瓦片发现。据推测，这是一座穹隆顶建筑形制的碑亭。

碑亭以北为月城，呈长方形，东西长130米，南北宽50米，东西墙垣与宫城南墙相接，南墙正中辟门，门道两侧墙身较厚。月城内神道两侧有雕刻精美的石像生。

月城往北是宫城，又称内城。内城呈长方形，四面环以神墙，墙体为黄土夯筑。神墙在没有坍塌破坏前，墙体外部贴砖，砖上用石灰抹面，并涂以朱色。四面神墙正中均辟有门阙，但有些陵园宫城仅南门畅通，而东、西、北三面虽有门阙，却在门道内以土坯砌成数米高的台阶，并无通行之意。在神墙4个转角处，墙体加宽，上部建有角阙。

内城偏西的一处长方形土台，上面有大量砖瓦及琉璃残件堆积，是陵园献殿遗址。这里曾经是一座宏伟建筑，是西夏皇帝向其祖先祭奠的地方，陵园隆重的祭祀活动就在这里进行。

献殿后面，内城西北偏中轴线15°建有高大突兀的夯土台，是为陵塔，也称陵台。陵塔呈八角形，残高22.7米，有7层或5层之分，每层向内收分。在收分处堆积有很厚的瓦片、瓦当、滴水等建筑材料残片，周围地面也多有砖瓦散落。据考证，陵塔在没有破坏前，是一座8角7级或5级实心密檐塔。这种塔式陵台，为中国古代寝陵建筑所仅见。

献殿和陵塔之间突出地表、状如鱼脊的土梁，呈东南—西北走向，是为墓道封土。在它的下面，便是通往墓室的甬道。墓道封土的北端，在距陵塔约 10 米处有一个大坑，是西夏陵横遭洗劫时所挖的盗坑。盗坑下面就是墓室，即所谓地宫，离地表有 24.6 米深。地宫为土洞结构，1972 年发掘的 6 号陵墓室形制和唐宋帝陵基本相同，由甬道、中室及左右配室组成，但规模都比唐宋帝陵的墓室小得多，且不作砖室，仅在四壁砌护墙木板。中室距地表 24.86 米，室内没有发现葬具。东西两配室大小相同。墓室出土器物有嵌绿松石鎏金银饰、花瓣形镂孔金饰、金扣边、金鞍饰、鎏金兽面形银饰、竹雕等。此外还有铁器、陶瓷器及人体和动物骨骼等。

昔日的西夏陵，阙台高耸，碑亭华丽，献殿富丽堂皇，陵塔威严肃穆。整个建筑群青砖绿瓦，金碧辉煌，气势宏大壮观。可惜在蒙古军队灭亡西夏的战争中，这些代表西夏灿烂文化的陵园被毁之一炬。但是，这一列列残败的宫墙，一座座高大醒目的阙台，一墩墩形制独特的陵塔，却依然顽强地耸立在贺兰山下辽阔的漠野上，仿佛在述说着辉煌的过去。

（贺吉德）

力士女神　现身西夏陵的石雕像

在西夏陵出土的大型文物中间，有14尊面目狰狞、造型怪异的石刻人像雕塑。他们奇特的造型引起了参观者浓厚的兴趣。这些石刻人像是用来驮碑的，所以又叫石雕人像碑座。

人像碑座近似正方体，头肩上部为平整的台面，膝、足之下为矮底座。人像双目突出，直视前方。双眉上竖，眉头紧锁。双唇紧闭，左右露出两颗獠牙。有的是袒胸露乳，两只肥硕的乳房几乎垂至脚面，有的是肚兜罩腹，手腕及足胫处均饰以圆环。

他们双膝跪坐，有的双手撑膝，有的双手上举，个个弓肩缩背，以夸张的手法表现出重物负压之下极力支撑的样子，给人以力量和矫健的艺术享受，令人过目难忘。整个雕像造型沉稳、立体感强，威猛而不凶恶。雕刻手法遒劲有力，粗犷生动，把西夏民族尚武有力的性格表现得淋漓尽致。也许，这正是立国达190年，由弱变强的西夏党项人的民族之魂！

我国古代墓葬一般是龟驮碑，即碑下石座雕成龟状，名叫“赑屃”，又叫“霸下”，也称“龟趺”，相传是龙和海龟交配而出生的龙的长子，俗称“龟龙”。龙头龟身，它象征着国运长久，繁荣昌盛。“赑屃”喜爱文学，力大无穷，最喜欢背负重物。传说上古时代，它常驮着三山五岳，在江河湖海里兴风作浪。后来大禹治水时收服了它，它服从大禹的指挥，推山挖沟、疏通河道，为治水做出了贡献。

洪水治服了，大禹担心赑屃又到处撒野，便搬来顶天立地的特大石碑，上面刻上赑屃治水的功绩，叫赑屃驮着。它吃力地向前昂着头，四只脚拼命地撑着，挣扎着向前走，但沉重的石碑压得它总是移不开步，只能长年累月地驮载着一块石碑，不能随便行走。

西夏陵园形制"仿巩县宋陵而作"，理应碑座是巨灵赑屃，而西夏偏偏用的是巨人驮碑，难道这里还有别的象征和意义隐藏在其中？

西夏力士的造型和装饰，与五代十国时期的后蜀政权的张虔钊、孙汉韶诸墓中出土的石雕抬棺力士像极为相似，因此有专家认为西夏雕刻的力士形象，显然与后蜀有着某种渊源关系，这与党项族最早居住于西南，受到了西南少数民族文化习俗的影响有关。

关于碑座身份，有几种说法，一是西夏女神说。有人依据人像石座双乳下垂，以示其为女性，开创了西夏陵人像石雕为女性的说法。西夏建国前，党项民族处于原始社会，女性地位崇高，建国后这种遗风犹存。西夏前期的几个皇太后其勇武善战不让须眉。毅宗李谅祚的母亲没藏太后曾多次指挥大的战役。崇宗李乾顺的母亲梁太后更是一个能征惯战的沙场女帅，永安元年亲率 14 万大军猛攻宋军平夏城，连营百里、高车攻城，一战连续打了 13 个日夜。用女性驮碑正是女性生命、力量的表现。甚至有人把人像碑座誉为"东方的维纳斯"，认为这是党项族女神的形象，其硕大的乳房和突出的腹部反映了党项族对女性、对生殖力的崇拜。

二是守护神说。有学者推断西夏陵出土的人像碑座与埃及金字塔前的狮身人面像一样都是陵墓前的守护神，是纪念伏羲、女娲的。

西夏陵力士碑座

（西夏陵 6 号陵出土）

三是大力士说。有人认定巨人驮碑的形象应是力大无比的大力士。半蹲状、有腕环，明显突出了人物胸、腹、臂部的肌肉。尤其是大力士的双乳肥硕犹如母乳，使人顿生强壮伟岸之感。上扬浓眉更加突出了力士的勇猛、坚强，力大无比与志不可摧。

西夏党项民族本来就是一个极为强悍的民族，具有强烈的崇尚武力的精神，“人人习骑射、乐战斗、耐饥渴，其视冒矢石，蹈锋刃死，行阵若谈笑然”，用大力士驮碑正符合西夏开国皇帝李元昊倡导的“忠实为先，战斗为务”的治国方针。

不过，这个力士不是战场上的斗士，而是佛教中为佛祖抬棺木的力士。据佛教典籍记载，这种人叫末罗，梵语 malla，意译为力士，佛经还称他们为“力者法师”，是古印度末罗族的人。末罗族人对释迦牟尼佛无比信仰崇拜，且又力大无比，释迦牟尼佛涅槃后由他们为佛祖扛抬棺木。西夏皇帝崇信佛教，定佛教为国教，皇帝死后，雕刻“力者法师”碑座，为驾崩皇帝抬功德碑意义更加深远。加之力士力大无穷，一切妖魔鬼怪都怕它，墓主人的灵魂不会受到侵扰，更能起到镇墓之用。

关于雕塑中人像身份的种种解释，都体现了人类挑战自我的一种精神！正如余秋雨先生提出的，这种人像或许还打上了西方古希腊和古罗马石刻艺术的烙印。因此，作为一种文化传播现象，这些人像碑座很可能只是一种力量的象征，并没有很具体的指向，所以我们自然也无需探讨其原型是谁。从求知的角度而言，我们宁愿石雕人像碑座之谜像达·芬奇名画《蒙娜丽莎的微笑》一样，永远蒙着一层神秘的面纱，不断地引导着人们热爱历史文化，研究历史文化。

（杨　浣）

贺兰隐士　名儒高智耀

高智耀，西夏后期和元朝初期著名的文化人。祖上是河西名门望族，曾祖父高逸，官至大都督府尹，祖父高良惠，官至丞相，都是为官于西夏上层的人物。这个特殊的家境，应该说为高智耀提供了走上仕途的条件，但西夏末年的社会现实并没有也无法为他提供舞台。

西夏灭亡的前一年，即1226年，年仅20岁的高智耀金榜题名，登西夏进士第。原本想干一番大事业的高智耀，却被成吉思汗的铁骑踏碎了他的美梦，西夏国灭亡了，高智耀成了亡国遗民，从此隐居贺兰山。

元太宗窝阔台当政后，改变成吉思汗的屠城政策，派人访求西夏故地名门望族中德才兼备的人。高智耀被推举出来。元太宗窝阔台召见他并准备委以重任，他却辞归故里。理由是应该重用所有对国家有用的儒士，免除他们的各种徭役杂税，而不是他自己，这是高智耀的境界。

凉州曾是儒家文化中心，西夏灭亡后，这里的儒生沦为蒙古人的驱口(战争中被俘强逼为奴、供人驱使的人)，服各种各样的劳役，不能为国家文化教育服务。高智耀看在眼里，急在心上，他以名士身份拜见当时镇守凉州的太子阔端，以古论今，力陈儒士的重要性，请求把他们解放出来，给予应有的待遇。阔端觉得高智耀说的有道理，就改变了政策，免除了儒士的各种差役。阔端想进一步重用高智耀，但他仍旧告辞而去。

宪宗蒙哥即位后，蒙古国的事业如初升的太阳，涌动着朝气。高智耀看到了未来蒙古国的走向，请求入见宪宗，进言国家如何用人，如何推行儒家教化。他说：“自古以来，凡重用读书人的朝代，国家就兴旺发达。否则，国运就衰败。当下，亟须为做苦力的儒士松绑，免除他们的徭役杂税，让他们来承担国家的儒学教育。”

宪宗问：“儒术与巫术哪个对国家发展有利？”高智耀答道：“儒家以纲常治天下，方技哪里能与儒家文化相比！”

元世祖忽必烈登皇帝位之前，就听说过高智耀是一个大儒，称帝后，即召高智耀进宫。高智耀抓住难得的机会，反复陈述儒家文化与国家兴亡的关系。忽必烈被深深打动了，为表示他推崇儒术的决心，授予高智耀一方大印，高智耀凭此印巡视各地的儒士政策落实情况。

在四川与淮河流域，高智耀见到儒士沦为奴隶，马上给皇帝上折：“驱儒为奴，是自古没有的事。陛下要以儒治国，必须彻底废除歧视儒士的政策。”

元世祖忽必烈欣然采纳。同时任命高智耀为翰林学士，让他到全国各地进一步督查知识分子政策的落实情况。结果，有数千儒士“驱口”得以解放。

儒士的问题解决了，却引出新的问题，朝廷一些蒙古族大臣和各地贵戚们不满意了，纷纷向皇帝告状，说解放的太多太滥了。

面对朝臣及贵族们的状告，忽必烈心里泛起了嘀咕，便再召来高智耀追问究竟咋回事？高智耀以明白通俗的道理回答皇帝：“儒士，犹如黄金，虽然黄金的成色有深有浅，但金子就是金子，不能说它因为成色浅而非金。儒士的才艺有大有小，但文化人就是文化人，不能说他才艺小而不是知识分子。”

高智耀的进言，再次说服了忽必烈，皇帝为有这样的能臣而高兴，面对来自于朝野的压力，他不但没有怪罪高智耀，反而更加信任高智耀。

1268年，高智耀上言：“本朝初建，制度草创，监察机制尚未建立，纲纪不严，应借鉴前朝，设御史台以纠察百官。”忽必烈认为非常在理，遂于当年七月设立御史台。

高智耀的一系列作为，忽必烈大为赏识，不久委任高智耀为西夏中兴等路提刑按察使，一介隐匿山林的知识分子成了朝廷的命官，而且是负责纠察的地方大员。

1270年，高智耀奉诏查禁僧人侵占民田一案，出于他本人信佛敬僧的情分，处置此案时有倾向僧人之嫌，办理过程欠妥，结果被人弹劾。缘于这起弹劾案，西北藩王府的一些亲贵们乘机派人到朝廷告状，想进一步扩大事态。他们问："蒙古民族与中原汉法不同。现在我们不但留居内地，建都邑城郭，而且文武制度皆用汉法，这到底是为什么呢？"实际上，这是在说为什么要在全国推行高智耀制定的汉人法律。

皇帝不得已，派人来宁夏见高智耀，要他进京，对此事做出解释。高智耀与京差即日启程往京城而来。行至上京，即现在的内蒙古多伦县东南，得急症突然亡故。

高智耀死于何病，史书没有记载。元世祖忽必烈闻报后，非常悲痛，特赠崇文赞治功臣、金紫光禄大夫、司徒、柱国，追封宁国公，谥文忠。"文忠"和"文正"一样，是对大臣的最高谥号，司马光死后谥"文忠"，范仲淹死后谥"文正"。可见，高智耀在忽必烈心中的地位。

西夏文铜牌
（宁夏博物馆藏）

高智耀的功勋荫及子孙。他死后，忽必烈问高智耀的儿子在哪里，近臣把年已 16 岁的高睿引荐给忽必烈，忽必烈将其留在身边，出入于宫禁。后官至翰林待制、礼部侍郎。孙高纳麟，官至太尉、江南诸道行御史台大夫。

西夏灭亡了，作为遗民，高智耀却并没有因为国家的灭亡而永远消失，他遇到了忽必烈这样的元朝早期的贤明君主。作为隐士，他也没有能隐下来，儒家的进取精神使他走出贺兰山，走进窝阔台、蒙哥、忽必烈时代的元朝中央政治中枢。他不是为自己而是为当时广大知识分子，为元朝的兴旺发达而奔走。他一生充满传奇，直到他突然得病而死，留给后人的依然是难以解开的谜团。

（薛正昌）

濮阳唐兀　西夏遗民在河南

河南省濮阳县城东25里有一个著名的古镇，叫柳屯镇，它是我国古代圣贤柳下惠的故里，所以也叫柳下屯。在柳下屯的西南，有一个村子，叫杨什八郎村，村子南面有一处距今600多年的古墓，即西夏遗民——闾马家族的墓葬群。墓前有1356年立的《大元赠敦武校尉军民万户府百夫长唐兀公碑铭并序》，俗称《唐兀公碑》。

墓主人唐兀台是世居贺兰山下的党项人，成吉思汗灭西夏后，投附蒙古人，随同蒙古皇嗣昆仲南征北战，收南宋，破金朝。到其子闾马时，战事结束，退居河南濮阳柳下屯的十八郎寨，于是成为濮阳人，历经元、明、清、民国，迄今600多年，传28代，繁衍4000多人。今柳屯镇的杨什八郎村以及西什八郎、南什八郎等15个村庄的杨氏家族，全是西夏唐兀氏的后裔。

1235年唐兀台“疾卒营戍”时，他的儿子闾马才十几岁，继续留在父亲生前的唐兀军营中，随元朝的军队攻城野战，四处征讨，参加过攻打襄樊等著名战役，立下累累战功。元朝统一战争结束后，大批军人转业为民，唐兀闾马也因此退伍。他利用战争期间积累的财富，在今河南濮阳柳下屯十八郎寨，购置田产，修建房舍，定居下来。同时在村西北卜选茔地，将其父唐兀台、母九姐的遗骨迁葬到十八郎寨。

唐兀闾马少年丧父，在艰苦的军营中长大，经历了乱世的苦难与战争洗礼，对人生的理解，站得高，看得远，养成了忠孝善行，尚学好义，节俭勤稼，周济乡党的良好品德。他把党项民族“质直尚义”与中国儒家忠、孝、节、义的思想有机地结合起来，每当国家有事，他热血沸腾，跃马疆场，不避锋刃。国家无事时，不求做官，归耕乡里，因而受到朝廷的器重和乡里的爱戴。

闾马非常重视教育，经常说“宁得子孙贤，莫求家道富”。为此“市屋为塾”，兴办义学。后因故义学没有办起来，他就通过资助家境贫寒的孩子读书的办法发展教育。乡里老人去世了，贫穷无法埋葬，他就买来棺材丧具，周济粮米，直到入土为安。

致和元年（1328 年）九月唐兀闾马寿终正寝，享年 81 岁。其妻哈剌鲁氏，突厥人，一生勤俭，“纺绩织纴，佐夫内治，俭而好礼，和以睦族”，享年八十有二。

唐兀闾马育有五子一女，皆有善功。长子达海，二子镇花台，三子闾儿，四子当儿，五子买儿，女迈纳。

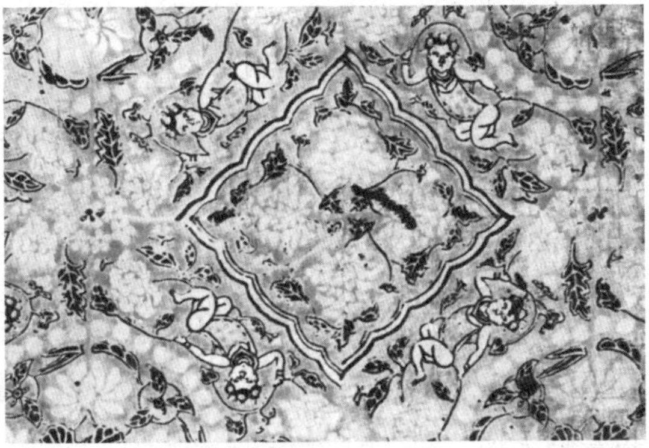

童子戏花绢

（贺兰县拜寺口西塔出土）

唐兀达海承袭父业，为善乡里。母亲去世后，将他人借粮借钱契全部烧掉，“贫者莫不德之”。他非常重视“乡社”的教化功能，将原来崇尚奢侈，“以酒馔相矜”的旧“乡社”，改造成敬奉神明、祈祷雨泽、救灾恤患、厚本抑末、周济贫乏、忧悯孤寡的新“乡社”，推举德高望重绅士掌簿遵守，乡里赖之。谁家的牲畜践踏庄稼，哪个人非礼饮酒，或耽误农时，或聚众赌博，或不孝敬老人，都要按社规处罚。

达海的父亲唐兀闾马在世时，曾购置了 9 间房舍，兴办学校，后因故未成。达海继父亲遗志，又在其父所购房舍旁，再购置瓦房 9 间，欲“构讲堂，延师儒，诲子孙，以为永固”，但功未成而病逝，年六十有五。

唐兀达海的夫人也以贤惠著称，1345 年春大饥，令长子唐兀崇喜每天早上多准备一些粥饭，以供老弱乞食者充饥，并收养饥饿濒死者十余人。佃户贫穷不能自存，贷粮以济者十余家。

唐兀崇喜承袭父业后，首先从达海没有完成的办学上着手，在其父原购置的9间房北面，又购置瓦房三楹，作为讲堂，并将所有房舍装饰一新。学校修成后，他备下厚礼，聘请学富五车的进士唐兀彦国主持，招收远近弟子50余名入学教育。又请集贤学士潘迪为学校题名“亦乐堂”，取孔子“有朋自远方来，不亦乐乎”，孟子的“得天下英才而教之，三乐也”之意。随后，崇喜又在学校西面规划出3亩土地，出资建成孔庙大殿，购置学田500亩，专供孔庙和学校支出。

1356年秋，两河用兵，朝廷卖官鬻爵，筹集粮草，唐兀崇喜献粟500石，草1万束，不求官爵，只求“书院名号”。朝廷大喜过望，赐名“崇义书院”。

唐兀崇喜在兴办义学的同时，还著书立说，撰有《龙祠乡社义约》《自序》《报效军储》《节妇后序》《唐兀公碑》《祖遗契券志》《为善最乐》《观德会》《劝善直述》等文，宣扬儒家的忠孝礼义。

唐兀崇喜家族昆弟14人，每人的字号都含有贤字：如唐兀崇喜曰象贤，兄换住曰思贤，弟贴穆曰师贤，哈塔出曰齐贤，卜兰台曰敬贤，留住曰继贤，不老曰绍贤，教化曰居贤，伯颜曰希贤，广儿曰志贤，柰惊曰惟贤，拜住曰好贤，春兴曰尚贤，禄僧曰世贤。足见受儒家“见贤思齐”，“修身齐家”思想影响之深。

唐兀崇喜还将家庙号曰“思本堂”，将居室号曰“顺乐堂”，将办公斋号曰“敬止斋”、“知止斋”。明代著名学者王崇庆曾评论说：唐兀家族是“西夷之人也”，是夷变成夏的典型。观其“思本堂”则见其祭，“顺乐堂”则见其养，“敬止斋”则见其履，“观德会”则见其射，《乡约》则见其邻，“为善最乐”，则见其所慕。

唐兀崇喜时，中国历史发生了重大变化，元末农民起义军推翻了蒙古人的统治，雇农出身的起义军领袖朱元璋称帝，建立汉族统治的明朝。就在元朝即将灭亡，明朝即将建立的1367年，他在《自序》中署名杨氏崇喜，而此前的文章均署名唐兀崇喜。

在这个特殊的年代，濮阳唐兀氏改姓汉姓杨氏，是耐人寻味的。前述可知，唐兀氏定居濮阳什八郎村后，历经闾马、达海、崇喜三代，他们兴办教育，传播儒学，虽然在文化上和当地汉族逐渐融合，但他们不想改姓汉族。因为元朝实行民族压迫政策，将全国居民划分为四等，第一等为蒙古人，第二等为色目人（包括来自中亚西域人与投降的党项人），第三等为汉人（金朝统治下的汉族与女真人），第四等为南人（南宋统治下的汉人）。在政治上，唐兀人比汉人高一等，他们当然不愿改汉姓了。

到了1367年，蒙古人建立的元朝风雨飘摇，汉族王朝即将建立，唐兀人不仅在政治上没有了特权，还有可能出现问题，所以，他们立即改为汉姓，成为名副其实的汉族。

大元王朝的蒙古铁骑，打破了13世纪的世界的民族格局，造成了世界历史上空前未有的民族大迁移、大交流、大融合。除了党项民族外，中亚、西亚、南亚等众多的民族与中华大地上的各个民族进行了融合。河南濮阳党项唐兀台家族，正是在这种多民族融合的大潮中，逐渐演变成汉族的，这一历史事实无可辩驳地告诉我们，中华民族的历史是各民族共同创造的，汉族是融化了无数个少数民族而形成的民族共同体，它自然而然地成为中华民族的主体。

（杨满忠）

合肥唐兀　西夏遗民在安徽

在元代党项历史上，有两个著名的儒臣，一个是西夏进士高智耀，一个是元朝进士余阙。高智耀是西夏宰相高良惠的孙子，他生于西夏的兴庆府，学于西夏，中进士于西夏，但入仕做官在元宪宗蒙哥时期，一生为元朝儒学的发展做出了巨大的贡献。余阙是西夏人的后裔，祖籍凉州，生于元朝的庐州（今安徽合肥），在元朝开科取士的大潮中，得甲科第二名，文治武功，堪称楷模。

余阙生于1303年，其父是元朝唐兀军中的一名小军官，后随军定居庐州，遂为庐州人。余阙少年丧父，家境贫寒，但他勤奋好学，长期在青阳山（今合肥东南60里）读书教学，故称“青阳先生”，文集定名《青阳集》。

1333年余阙进士及第，为甲科右榜第二名，授同知泗州事。在泗州任上，为政严明。不久，被召入京师任翰林文字，又转任中书刑部主事。在查办大案要案中，雷厉风行，不避权贵，因此得罪上层，遂弃官回庐州教书。后又被起用，先后任监察御史、中书礼部员外郎、湖广行省左右司郎中、翰林待制、浙东道廉访司事等职。但每到一处，直言敢谏，“知无不言，言峭直无忌”。

元朝后期，国家逐渐走向衰落。1353年，河南一带爆发了风起云涌的农民起义，连陷郡县，朝廷任命余阙为淮西宣慰副使，率部戍守安庆（今安徽安庆市）。

安庆居长江下游，是长江沿岸著名的港口，战略地位非常重要。余阙上任后，积极备战，屯田自保，在安庆城四周修筑护耕堡寨，驻兵保护城周的农业生产。所谓精兵甲士护于外围，八社之民耕于内围。贼来则战斗，贼去则耕作，安庆社会得以安定。随后他相继升任淮西同知、副都元帅、都元帅。

1353 年春夏之际，安庆大饥，人心惶惶，为稳定社会，救民于水火，余阙将自己 200 石俸米送到双莲寺，设粥赈灾。同时，他又请求朝廷，下拨 3 万锭救济款（钞），安集流民数万人。

余阙治理安庆时，法纪严明，不避权贵。1354 年，南台中丞蛮子海牙的水军泊于安庆城下，与关吏发生冲突，致使关吏落水而死。余阙不顾中丞蛮子海牙的情面，杖杀违法水卒。

至正十五年（1355 年）九月，广西元帅阿思兰奉诏，率 5 万苗军（又称猫军）到达庐州，镇压淮河地区的农民军。苗军纪律败坏，“掠玉帛，杀婴儿置戟上以戏”，沿江州郡大受其害。余阙闻知后，立即上书中书，说苗人不通王化，不能让他们在内地胡作非为。于是朝廷诏令阿思兰撤回本土，不许进驻庐州城。

至正十六年（1356 年）十二月，淮东、淮西均被农民军攻陷，安庆成为一座孤城，商贾往来，只有江西。因此，江西商船每到安庆，必置酒设宴，热情款待，深得商人们的信任。一天，数百艘商船行至安庆小孤山时，被人劫持。余阙得知消息后，立即派遣水军救援，夺回货船，还给商人，商人感激不尽。元顺帝得知这一情况后说：“余公元朝名臣，使当道皆若此人，天下岂有乱哉!”于是升余阙为江淮行省参知政事，仍守安庆。

作为一路统帅，余阙在运筹帷幄的同时，还经常亲临前线，直接指挥作战。自 1353 年上任到 1358 年殉职，前后 6 年时间，大小战斗 200 余次。一个年近华甲的老人，常常是“衣不解带，夜分不寐”。

1356 年，余阙三战徐寿辉手下名将赵双刀（赵普胜），一战比一战激烈。首战连续 3 天，赵双刀败走；二战相拒二旬，再败走；三战，赵双刀会同另外一路，兵分两道攻城，酣战月余，又败走。余阙因此升任淮南行省左丞，赐二品服。

至正十七年（1357 年）十月，陈友谅率大军沿江而下，直抵安庆城下。

双头佛像
（黑水城出土）

一举包围孤城安庆。祝氏攻打西门，陈友谅攻打东门。陈友谅等树起飞楼，一次次猛攻，都被余阙所部打退。

十二月，赵双刀再攻东门，余阙与将士设盟，誓与安庆同存亡。血战到傍晚，余阙左眼中箭，昏死过去，众将士急忙把他护送到掩护所。清醒过来后，忍着伤痛，再次上阵指挥，终于打退了赵双刀。

至正十八年（1358）正月，陈友谅又与赵双刀再度联手攻城，战舰万艘，旌旗耀日，金鼓震天。余阙分兵把守四门，昼夜不息。麾下陈秉德问道：“陈、祝二寇困我两月，赵寇复至，奈何？”阙慨然曰：“尽力而已。”秉德曰：“力尽奈何？”曰：“尽忠而已。”

一天，天刚麻麻亮，农民军又发起猛烈攻势，赵双刀攻东门，陈友谅攻西门，祝氏攻南门，四面蚁集，铺天盖地而来。自旦至午，血战不息，最终寡不敌众，城门失守，主帅余阙身中三箭，创伤十余处，乃挥刀自刎。终年56岁。

余阙孤军戍守安庆6年，忠贞不贰，最后战死疆场，以身殉国。他的对手陈友谅感慨万千，说：“诗书之帅必如是，夫使天下皆余公也，何患城守之不固哉！”于是他悬赏寻求余阙的尸体，3天以后，从积尸下找到，“裸而僵卧，容貌如生，身被十余创，唯一布袜存焉”。陈友谅叹息道：“真忠臣也，宜以礼葬之。”即令洗沐，具衣棺，葬于西门之外。

余阙一生，以忠孝立身律己，训导家人，熏陶部下，深受郡里、部下、亲人的尊敬与爱戴。余阙妻妾听说余阙以身殉国，领女赴井而死。长子德臣，年十八，熟读六经，深达礼义，悲恸地说：“吾父死于忠，吾何以生为？”投后园深池而死。

小妾满堂所生一子尚小，母哺乳后，放在水边，母投水而死，陈友谅手下万户杜某见到后说："此必余参政子，是良种也，不可杀。"于是扔掉怀中的财宝，抱走这个男婴。据说宋濂写《余廷心传》时，此子尚在人间，已经3岁了。在余阙的带动下，安庆百姓不降自焚而死者达千余人。

余阙的侄女婿李宗可，号称花李，统领新军守水寨，战功卓著。当他得知余阙战死，悲痛之极，单枪匹马从城外急驰回家，有人劝降，他大怒说："吾受元帅节制，平日甘苦，元帅与吾共之，元帅已死，吾降，异日何以见元帅于地下！"于是将妻子儿女驱赶到一室，大小皆杀之。然后坐取巨觥悲饮，至醉，拔剑自刎而死。

元廷得知安庆失守，余阙全家赴难，特赠他功臣名号、荣禄大夫、淮南江北等处中书省平章政事，追封夏国公。明太祖朱元璋打败陈友谅后，特勅《褒余阙诏》，命有司在安庆建祠，号曰"忠节坊"，岁时祭之，以垂训后人。

余阙酷爱读书，又酷爱教书育人，对中国儒家文化情有独钟。他在未考中进士前，躬耕在青阳，收徒讲学，培养出大批知名弟子，如戴良、郭奎、汪广洋等，其中汪广洋还两次担任过朱元璋的右宰相。中进士做官后，仍不忘教，就在守戍安庆、艰难多变之时，每年朔望都率儒生拜谒孔庙，列坐讲经。常令军士门外立听，使知君亲之义，有古良将之风。

儒将余阙还是一位文学大家，他的同年好友（甲科左榜第二）李祁说："廷心（余阙）学问、文章、政事、名节，虽古之人有不得而兼者，而廷心悉兼之。"然而安庆战后，全家赴难，"平生所为文，悉为煨烬"。后弟子郭奎、子章等四处搜集逸散之文，补为9卷，名曰《青阳先生文集》。其中诗91首，碑3篇，记9篇，序14篇，书10篇，铭4篇，墓表2篇，杂著25篇，策对1篇。其中《送归彦温赴河西廉使序》一文，详细记述了元代西夏人昂吉儿带领凉州党项迁到安徽合肥，聚族而居的情况，文中有关党项西夏人的相貌特征、性格特点、风俗习惯、人际关系等方面的记载，是研究党项与西夏社会史的重要资料。

（杨满忠）

木雅党项　西夏遗民在四川

在我国四川甘孜藏族自治州道孚县以南，木里藏族自治县以北，康定县以西，雅砻江以东的南北狭长地带，分布有一支来历不详的神秘部族，叫作木雅人。虽然自20世纪50年代民族普查运动开展以来，他们就被归入藏族之列，但事实上两者之间在文化习俗上还是存在着一些明显的差异。如：

住房样式上，木雅人擅长垒石建筑，房高数丈，一般3层，底层养畜，楼上堆物住人。康北藏区十分典型的木结构“崩空”房在木雅地区几乎没有。

妇女服饰上，典型藏区主要集中在头部，而木雅地区集中在颈部和腰间。

宗教信仰上，藏传佛教虽然已成为木雅人的主流信仰，但他们却保留有一种“白石崇拜”的习俗，只要走进木雅地区的村寨，便可看见每户人家的房顶四角和主要路口都还堆放着一些大小不一的白石头。

语言上，木雅人对外通用藏语，在村寨则讲木雅话，这是一种被藏族人称为“土话”、“地角话”（乡下话）、“怪话”，甚至“鬼话”（人听不懂的话）的奇特语言，纯正的木雅话与周围地区的藏语不能相通。

上述文化隔阂特别是语言隔阂的存在，暗示着木雅人的特殊身份，它和藏族在历史上很可能不是一个族群。那么，它究竟是古代哪个民族的后代呢？

“木雅”一词是个比较古老的藏语词汇，藏文史籍《智者喜宴》记载，松赞干布时代，吐蕃从东方的汉人地区和木雅地区获得了工艺与历算等书。松赞干布曾迎娶木雅的女子为王妃。木雅人被任命为工头，负责建造了康地的隆摭度母寺。这些都说明早在吐蕃王朝兴盛之初，即7世纪，就已经有了一个叫“木雅”的地方政权。它有着发达的工艺制造业和历算知识，并且与强大的吐蕃王朝建立了姻亲关系。

古藏语中的“木雅”，就是汉文史书中的“弭药”，指的是那些被吐蕃人征服和统治的党项人，是吐蕃党项人的称呼。到了 11 世纪，党项拓跋部大首领李元昊自立为大夏皇帝，建立了以党项族为主体民族的西夏国。这样，“木雅”或“弭药”，又成了吐蕃对西夏国的代称。西夏人自己也接受了吐蕃对他们的称谓，自称“弭药”（木雅），歌颂党项羌祖先的《夏圣根赞歌》开头几句是“黔首石城漠水畔，红脸祖坟白河上，高弥药国在彼方”。

1227 年，蒙古大军攻灭西夏王朝，导致很多的西夏民众逃亡迁徙。在此之后的近 800 年，以“弭药”（木雅）为名的人群在史籍中便失去了踪迹。直到 20 世纪初期，西方学者在对四川康区的田野考察中，木雅这个称呼和以此为名称的人群才又一次被发现，这就是本文开始描述的那个部族。根据专家研究，这群木雅人操的木雅语和西夏语有很多共同的地方，说明他们就是党项西夏人的后裔。

然而，问题是这些生活在今天四川康区的“木雅人”，是唐代没有迁入内地的原始党项人的后裔，还是西夏灭亡后奔逃至此的党项人后裔，至今还存在着不小的分歧。

木雅金塔寺

当地人认为木雅人是“西吴甲尔布”（西吴王）的后代。传说西吴甲尔布曾为北方汉地之王，所居之地叫作“木雅”，后来南迁此地建立新邦，为了怀念故乡，就把此地也称作木雅了。一些学者根据这一线索，以当地遗迹和历史文献相印证，推断木雅是西夏灭亡后，由一部分西夏王族南下建立的新邦，木雅藏族就是这部分西夏人的后裔。其依据主要有：

第一，木雅王称“西吴甲尔布”。“西吴甲尔布”就是西夏王。因为“夏”和“吴”在汉语中的古音相同，皆发“虎”音；“甲尔布”在藏语里是“王”的意思。因此“西吴”就是西夏，“西吴甲尔布”就是西夏王。

第二，木雅藏族的文化，如八角碉、住房、语言、服饰等，都与西夏人具有密切的联系。

西吴国这个小政权，与蒙元王朝并行存在一个世纪之后，明初曾参加助讨明玉珍，立有战功，1408 年被授予长河西鱼通宁远军民宣慰使司，从此世为明正土司，直到 1700 年因嗣绝停止世袭。木雅地区的西吴（夏）王国，前后经历了 470 余年。它无疑是西夏王国的延长。而未与周围藏族同胞完全融合的木雅居民，则是西夏民族的比较纯粹的后裔。

同时，有关西吴甲尔布还有另外一则传说，讲的是六七百年以前，木雅有两个甲布，一个是义子甲布，一个是西吴甲布。他们原本是和睦的兄弟，但是为了争夺对木雅地区的统治权却大动干戈，变成了眼红的仇人。为了化解争斗，汉族皇帝（也有说是木雅王或明正土司）便把木雅分成上下两半，分别赐给他们，各管一方，互不侵犯，于是他们又成了相安无事的好兄弟。

从这个故事出发，另一些学者认为木雅藏族是由康区“原始党项”发展而来，而非“西夏遗民”。其主要依据有三：

第一，“西吴甲尔布”不是西夏王。因为“西吴甲尔布”是“本地”的，而不是外来。在藏语中“西吴”即“西吴绒”，是康定木雅地区的一个村庄名称。因木雅王居住在“西吴绒”村，因而得名“西吴甲尔布”，与“西夏王”无任何关系。

第二，古代汉、藏史籍都记载了原始党项先民在今天包括四川康区在内的西北辽阔区域生活的事实，他们本来就是这里最古老的部族。唐代初期，那些没有迁入内地的“弭药”（木雅）延续下来，就成为这大山深处生活的“原住民”。

第三，多年来一些专家学者对西夏后裔的流向做了深入的研究，那一支支重要的西夏“遗民”，到了河南、安徽以至北京等地后，立祠刻石，今天还留有西夏文的碑刻等遗物，可在木雅地方至今未发现任何一点这样的遗存。

第四，木雅地区的垒石建筑——“八角碉”，不是从西夏故地带来的，西夏没有这种建筑。“八角碉”早在党项迁移到西北前，就在雅砻江流域的附国（后来一部分融合到西夏）存在，是原始党项人传统的东西。

关于木雅人是不是西夏的后裔，虽然存在着争议，但是有一点是明确的，这就是具有独特文化、语言和习俗的木雅人是党项人的后裔，是没有问题的。

（杨　浣）

石破天惊　张澍发现“西夏碑”

西夏政权灭亡后，随着党项族逐步融合于其他民族之中，西夏文也逐步被世人所淡忘。明朝中期在保定所刻西夏文经幢，是目前所知有确切年代可考的最晚的西夏文文献，此后历经明清数百年间，世人不复知历史上曾有过这种精美奇特的文字。

一个偶然的机会，1804 年，在家乡武威养病的张澍与友人共游清应寺，见寺内有一碑亭，前后砌砖，封闭得严严实实。张澍一时好奇心切，请和尚拆封，但和尚不答应。原来当地久有传闻，此碑亭不能拆封，若拆封当有风雹之灾。最后张澍提出如有灾祸，愿意自己承担责任。碍不过张澍这个大文人的情面，和尚只得答应了。拆开碑亭砌封砖后，出现一高碑，上刻文字形体方整，乍一看，好像都能认识，细看则无一字可识。张澍认定碑后一定另有文字，又令拆除后面封砖，果然见到碑的另一面刻有汉文，其中有建碑年款：“天祐民安五年（1094 年）岁次甲戌正月甲戌朔十五日戊子建”。

“天祐民安”是西夏崇宗李乾顺年号，张澍以此断定碑前所刻不识文字为西夏国字。这通石碑就是有名的“重修凉州护国寺感应塔碑”，俗称“西夏碑”或“凉州碑”。他把这一重要发现记在《书西夏天祐民安碑后》一文中，1837 年在《养素堂文集》卷十九中刊出。学界明确识别出西夏文字者，张澍实为第一人。

张澍（1776~1847 年），清代著名学者，号介侯，凉州府武威县（今武威市）人。武威虽然地属边城，但兴学立教之风从未停绝，英才辈出，文运脉气为一方之盛。城内建有规模宏大的文庙，为文人墨客祭祀孔子之地。文庙泮池上的那座著名的“状元桥”，反映出封建时代世世代代的武威人对考取状元的憧憬与执著。日后的张澍能专心从事学术研究，网罗散失，考证异同，成为著名的西北史地学家，为学术界做出不可磨灭的贡献，这与他早年生活在这样一个环境里是分不开的。

张澍发现“西夏碑”，看似偶然却必然，他的这一惊人发现，不仅使“西夏碑”这一重要文物重光于世，也使元明之际被人遗忘的西夏文字，经历数百年的尘封匿迹之后，通过“西夏碑”又开始为世人所知。具有深厚文化底蕴的武威，对保护祖国优秀文化遗产做出了突出贡献，所谓碑亭拆封后有灾难，当是为保护这通西夏碑特地编出的故事。

西夏文残牌

（西夏陵3号陵出土）

在古泉界曾经长期流传着一种奇特的钱币，铸在上面的文字无人可识，无由考订它是何时、哪一个国家的钱币，业内人士笼统地称之为“梵字钱”。这种称呼由来已久，从南宋洪遵著《泉志》时就开始了，一直延续到清朝后期。

1805年，金石学家刘青园在武威发现了一处西夏钱币窖藏，其中混有唐、北宋、辽及西夏的钱币。尤其是西夏的汉文年号钱币，在此之前，人们只知西夏有“天盛”钱，这次发现使人们认识到，西夏除天盛钱外，还有元德、乾祐、天庆、皇建、光定等钱。几枚神秘的梵字钱也在此出现。刘青园在凉州得到大量西夏古钱，在古泉界喧腾人口，当时敏感的人会推测，那种神秘的梵字钱该不会就是西夏文钱币吧？但这仅仅是猜测，并没有得到确证。

北京市北郊著名的居庸关下，有一座用汉白玉石砌成的精美云台，是全国重点文物保护单位。云台座下部有座南北向券门洞，门洞宽6米多，可通车马。这里是过去北京通往北方的通衢大道。在门洞内壁上镌刻6种文字，布列两壁，形态各异，书法不同。内容为佛经及《造塔功德记》，为元末顺帝至正五年（1345年）所修建。其中早已知晓的有梵文、汉文、藏文、八思巴文、回鹘文。剩下一种文字，至19世纪中期也无人可识。1870年英国人伟烈（A.Wylia）考定为“女真文字”。12年后，法国学者戴维理亚（Deveria）判定此种不识文字不是女真文，因为它与已知河南开封的女真文宴台碑不同，怀疑它可能是西夏文。又经过13年，即1895年，他再次撰文论述这种文字可能是西夏文，但仍不敢决断。

无论对中国学者刘青园而言，还是对法国学者戴维理亚而言，谜底的最终揭晓都依赖于张澍发现的“重修凉州护国寺感应塔碑”。刘青园凉州得钱，已是张澍发现碑文的第2年，为了搞清过去钱谱中所载不知为何时、何国的“梵字钱”，他立即探访“西夏碑”。他把梵字钱上的文字和“重修凉州护国寺感应塔碑”碑阳文字对照后，知道所谓“梵字钱”即为西夏文钱。刘青园感慨道：这种钱南宋洪遵作《泉志》时，即不认识，数百年后破此疑窦，亦快事也。刘青园认识西夏文钱，解决了钱币学上一大问题，确为“快事”一件，成为钱币史上的一段佳话。

1898年，法国学者戴维理亚在考证了“重修凉州护国寺感应塔碑”后，才撰文确认居庸关六体文字石刻上的那种神秘的文字就是西夏文，英、法学者关于西夏文字确认的20年笔墨不了情就此画上了句号。而这时上距张澍发现《凉州碑》已近一个世纪。

雄居祖国西北190年的西夏王朝，随着成吉思汗率领的蒙古铁骑长达20多年的军事征服和突如其来的强烈地震，在很短的时间内仿佛被一笔勾销，从此消失在历史的尘烟中。破译“死亡”的西夏文字就成了解开西夏古国之谜的一把“金钥匙”，而对西夏文字真正意义上的释读，是从张澍明确识别出西夏文字后开始的。

（彭向前）

黑城探幽　黑将军的传说与科兹洛夫盗宝

这是两个充满传奇和神秘色彩的故事，一个是传说故事，一个是真实的故事，两个故事有着因果关系，故事的发生又都和一座古城有着密不可分的联系。这座古城因为这两个故事而闻名世界。

先说说这座闻名世界的古城吧！在内蒙古自治区阿拉善盟额济纳旗达兰库布镇东南25公里的荒漠之中，有一座被沙漠掩埋了的古城，它的城墙用黄土夯筑而成，墙高约11米，墙基厚约11米，顶厚约3米。城池呈长方形，东西长约500米，南北宽约365米。城内街道遗迹纵横交错，倒塌的殿堂、寺院、府衙、民居废墟清晰可辨，地上随处可见有陶瓷片、杂物、钱币、石磨盘、砖瓦等遗物。在城墙的西北角上，还耸立着一座喇嘛庙式的佛塔。这座古城，就是著名的黑水城，蒙古语称“哈拉浩特”。

第一个与古城有关的故事是黑将军的故事。当地牧民传说：很久很久以前，黑水城驻扎着一支英勇善战的军队，他们的将领是一位英武盖世、所向无敌的大将军，当地人和士卒都称他为“黑将军”。他发誓要用生命保卫黑水城。

有一天，前方的探哨来报，有一支人数众多的大军冲向这里，来势凶猛，锐不可当。黑将军得信后，立刻召集各路兵马，部署作战计划，准备一举歼灭来犯之敌。一切部署完毕之后，黑将军率部披挂上阵，出城迎敌。双方在哈拉浩特城堡东边的沙尔扎山下展开了一场恶战，由于敌军兵多将广，黑将军无法取胜，只好退守城内。

敌军将黑水城团团包围，在久攻不克的情况下，堵塞了穿城而过的额济纳河，使城中水源断绝。黑将军让士兵在城内的西北角挖井，但是挖了 80 丈深，依然没有找到水源。眼看城要守不住了，黑将军决心率全军冲出重围，同敌军决一死战。突围前，他把所有的金银珠宝，大约装了 80 辆大车，全部埋藏在城内的一口枯井里。然后杀死了他的两个妻子和女儿，以免受敌军侮辱。

解除后顾之忧后，黑将军命令在北城墙上凿了个豁口，然后率领将士通过这个豁口，冲向敌军，强行突围。鏖战进行了三天三夜，黑将军在敌军阵营中东杀西拼，杀敌无数，但终因寡不敌众而全军覆没。黑将军战死沙场后，没有人再知道那些金银珠宝埋藏的具体地点。敌军攻陷黑水城后，在城内烧杀抢掠，四处寻宝，最终也没有找到。临近城镇的汉人和蒙古人也不止一次地企图获得这些财宝，但是在破坏殆尽的黑水城里发现的不是财宝，而是两条有着红、绿鳞片明亮发光的大蟒蛇。

当地牧民传说中关于黑水城藏宝一事是否真实，还有待于今后的考古发掘去加以证实。但是关于黑将军坚守城池，英勇杀敌，战死疆场的故事，也许还是事出有因的。就在已经干涸的额济纳河的河床上，当地的土尔扈特人曾经发现过麻袋的残片，这很可能就是当年堵塞额济纳河所用的麻袋。学者们推测，与黑将军交战的军队，很可能是成吉思汗率领的蒙古铁骑。

黑水城始建于西夏时期，当时是西夏 12 监军司之一的黑水镇燕监军司所在地，也是西夏北部地区的政治、经济、军事、文化中心。为北方蒙古族征服西夏、进入中原的第一道门户。

烽烟业已散尽，喧嚣归于沉寂，今日的黑水城已被一片无际的沙海所包围，周围数十里荒无人烟。但是，如果你有机会光顾这座充满神秘色彩的古城，可以从城墙外的沙堆登上城墙，俯瞰眼前这片七八百年前的废墟，不难想象出当年的繁华与喧嚣。

再说说第二个与古城有关的故事。黑将军埋藏宝藏 800 多年以后，1908 年 4 月，一支沙俄探险队骑着骆驼、马匹进入内蒙古地区，这支探险队以俄国皇家地理学会会员科兹洛夫为队长，打算长途跋涉去青藏高原进行所谓第五次中亚细亚考察。当他们途径额济纳旗时，听当地牧民讲述了有关黑将军的故事，黑水城内埋藏有大批金银珠宝的传说，深深地吸引了那位身穿大佐军服，留着八字小胡子的考察队长。他在出发前，就从另一位俄国探险家波塔宁的两卷本著作《中国的唐古特——西藏边区和中央蒙古》一书中，得到了有关哈拉浩特古城的信息。那里有不太高大的城墙，城墙里面有很多被沙土填平的房屋遗迹。拨开沙土，可找到银质的东西。

科兹洛夫在后来所写的回忆录《蒙古安多和死城哈拉浩特》里，毫不掩饰地说："对哈拉浩特的热念，完全吸引了我的注意和想象……我们是多么向往哈拉浩特和它的神秘宝藏啊！"于是，他们暂时放弃了原定的考察计划，在哈拉浩特古城停了下来。

当地的居民主要是土尔扈特蒙古族，它是蒙古民族一支古老的部落，曾随成吉思汗西征。1698 年阿拉布珠尔率领土尔扈特部从伏尔加河流域出发，经新疆到达阿拉善，清政府将鹅纳绿洲封给这支回归祖国的蒙古族部落居住，从而形成额济纳土尔扈特部。1771 年，渥巴锡率土尔扈特部全部回归祖国，有部电影《东归英雄传》就是以此为背景反映了这段雄伟悲壮、震惊世界的历史。当时的乾隆皇帝颁布封爵谕令，对归来的土尔扈特大小首领均予封爵，并立了《土尔扈特全部归顺记》和《优恤土尔扈特部众记》两块石碑以记其事。

科兹洛夫等人到达这座废墟之后，首先看到的是西北城墙顶上的白塔和城外的一些小塔，在城内的西南隅发现了一座倒塌的圆形屋顶建筑，很可能是伊斯兰教清真寺。城内有高大的殿堂建筑遗迹和一排排土屋的残垣断壁，整齐的街道用小圆石组成的花纹铺地。城内、城外随处可以见到寺庙、佛塔等建筑残迹。城址表层常常可以捡到陶、瓷、铜、铁器的残件和残片，很多地方还不断发现钱币、串珠、玉片、丝织品等。

面对蕴藏如此丰富的古城遗址，科兹洛夫等人兴奋得手舞足蹈。他们在城中心安营扎寨，并立即投入了肆无忌惮的盗掘。短短几天紧张地觅宝活动，他们得到了超出预料的巨大收获。在一些残破倒塌的寺庙遗址里，发现许多十分精致的泥塑佛像和汉文、西夏文的书册文稿与精美的绘画。几天后，科兹洛夫一行因没有备足食品和水，不得不怀着恋恋不舍的心情，暂时离开了古城。

他们把盗掘到的大批文物，装满了9箱（大约150公斤），运往了沙俄首都圣彼得堡。而科兹洛夫带领的探险队离开黑水城后，继续向我国的青藏高原进发。

黑水城发现的珍贵文物被运抵圣彼得堡后，引起俄国学术界的高度重视。俄国地理学会副会长格利戈利耶夫立即通知科兹洛夫重返黑水城，让他在黑水城继续寻找宝物。当时正在青海境内调查的科兹洛夫接到指示，取消了前往四川等地的探险计划，率领探险队迅速踏上了返程之路。

科兹洛夫和他的探险队再次来到额济纳旗时，已经是1909年6月。这一次他为重返黑水城做了充分的准备，携带了充足的食品，增加了两三倍的助手，并雇佣了当地的土尔扈特蒙古人充当挖掘工，用骆驼和毛驴从20多公里以外的坤都仑河为他们运水、运粮。

6月的天气格外地干燥、炎热，然而却不能阻挡外国贪婪者们文化掠夺的强烈欲望。由于有了充分的准备，他们在古城内的挖掘持续了整整一个月，

黑水城遗址

（内蒙古额济纳旗境内）

虽然没有找到传说中的“神秘宝藏”，但是，在黑水城西边不远处的一座古塔内他们却得到了最惊人的发现和最重要的收获。这座古塔是一座覆钵状的喇嘛式佛塔，高约10米，基座为方形，塔刹为阶式上收的形状，塔顶已经残损。在这座塔内，科兹洛夫等人发现了一批前所未有、无比精美的西夏文物。

当科兹洛夫让民工打开塔心室内的时候，看见在北壁高台上端坐着一具肉体已经基本腐蚀了的人骨架，四周平台上摆着泥质或木质的彩色佛像。平台中央有一根立柱，周围是喇嘛塑像，前面放着大型的梵夹装经卷。四面墙壁上，挂满了各种佛画。在喇嘛塑像和墙壁之间空隙处的地面上，紧密地叠放着一捆捆的书籍、经卷和一卷卷的轴画。有些书稿还用绸缎包裹着。虽然书籍和经卷大小尺寸不同，用以包裹书稿的绸缎花色也不一样，但它们被井然有序地堆放在一起，看上去就像一个“完整的书库”。在大约12平方米的塔心室内，还发现了大量木质、青铜和铜制镀金的小佛像、陶质的“擦擦”及其他随葬品。这座埋藏了大量书籍、佛经、文稿、佛像、佛画及其他珍贵文物的喇嘛塔，显然是埋葬了一位德高望重的高僧。

在这座塔里埋藏的书籍，既有汉文文献，又有西夏文、回鹘文、蒙文、叙利亚文、突厥文等文字写成的文献。科兹洛夫对大部分文献的文字都不能辨识，只是按外表形状简单地予以分类。

由于出土的文物实在是太丰富了，以至于这些外国的盗墓者无法将它们一次运走，只好从中先挑出大约50件佛像和其他一些物品，由科兹洛夫亲自带了几个亲信，将它们暂时藏进城南一座建筑废墟的壁龛中。他们用沙土覆盖在建筑废墟上，并做了记号，准备日后来取。其余的文献资料，科兹洛夫用骆驼全部运送到了圣彼得堡。

在俄国的圣彼得堡，这批文献被编成了8000多个号，经后来的逐步整理，发现大约有2000多卷西夏和元代刊刻或手抄的书籍和佛经，其中的佛经计345种，约占80%；世俗文献计60种，涉及政治、军事、法律、语言文字、文学、历史、医学、历法、哲学、占卜等许多方面的内容。

1926年科兹洛夫再次潜入内蒙古额济纳旗，从黑水城南建筑废墟的壁龛中，将藏匿的珍宝又悄悄地运走了一部分。科兹洛夫从黑水城盗走的珍贵文物，除举世瞩目的重要文献外，还有大量的陶器、瓷器、木器、金银器、铜铁器、雕塑、绘画、皮革制品、丝织品、古钱币等。

清朝政府昏庸腐败，旧中国的半封建半殖民地的社会，无力抵挡帝国主义列强明目张胆地对我国珍贵历史文化遗产肆意破坏和掠夺。随着中国的日益强大，我们相信有朝一日，这些珍贵的文物一定能够回到自己的祖国。

（杨秀山）

百年探求　二十世纪的西夏研究

西夏是一个以党项羌为主体，包括汉、吐蕃、回鹘在内的多民族政权，1038年建立，前期与北宋、辽抗衡，后期与南宋、金鼎立，1227年为蒙古所灭。元修宋、辽、金三史，唯独没有给西夏修一部专史。经过元、明两代，党项羌作为一个民族共同体，逐渐融合到汉族与其他少数民族中，因此党项羌及西夏王朝的历史文化逐渐被后世所淡忘。

清代中期以后，一方面由于崇尚考据学，学者由经学转向史学，当时还属于空白的西夏历史引起了人们的重视；另一方面自19世纪开始，西方殖民者窥视我国西北地区，极大地刺激了爱国学者致力于包括西夏史地在内的西北史地的研究。他们拾遗补阙，撰写出多种西夏专史，重要的有张鉴《西夏纪事本末》、吴广成《西夏书事》、周春《西夏书》、陈昆《西夏事略》等。与此同时，1810年，西北史地学者张澍在家乡武威清应寺发现了砌封多年的西夏“凉州碑”，并判定碑阳为西夏文。

19世纪清代学者对西夏历史的研究，依然采取的是传统的封建史学观点、方法和体例，西夏文字的发现，也仅停留在狭隘的考据学范围内，并没有引起学术界的足够重视，作为近代科学意义上的西夏学，应从20世纪初国内外学者对黑水城西夏文献研究开始。

1908~1909年沙俄大佐科兹洛夫在我国内蒙古额济纳旗黑水城盗走了大量西夏文献与文物，藏于俄罗斯科学院东方学研究所圣彼得堡分所和冬宫博物馆；英国人斯坦因步科兹洛夫后尘，1914年也到黑水城寻找挖掘，得到不少西夏遗物，藏于大英博物馆。和敦煌文献问世后的情形一样，黑水城西夏文献出土后，立即引起国内外学者的极大关注。

苏联学者首先对这批文献进行整理研究，涌现出伊凤阁、聂历山、克恰诺夫、索夫罗诺夫、克平等一批西夏学家。聂历山教授的《西夏语文学》及其所附的西夏文字典为苏联西夏学的扛鼎之作。1963 年克恰诺夫教授等出版的《西夏文写本和刊本目录》，第一次使世人了解到俄藏黑水城文献有 400 余种。

日本的西夏学研究也取得了一定的成绩，20 世纪 20~30 年代的石滨纯太郎，20 世纪 50 年代以来的冈崎精郎、西田龙雄是他们的代表人物。此外，英、法、美、韩、匈牙利等国也有不少学者研究西夏历史文化。

20 世纪 80 年代以前，由于文献的缘故，苏联西夏学占有相当重要的地位，20 世纪 80 年代以后，随着国内外西夏文献的整理出版，中国西夏学研究迅速崛起。

中国对黑水城文献的研究，首推罗振玉、罗福成、罗福苌父子。1914 年罗福苌著《西夏国书略说》，1915 年罗福成撰《西夏国书类编》。这是中国学者最早系统地对西夏文字的译释和研究。1918 年和 1924 年罗振玉和罗福成先后两次刊印黑水城出土的夏汉对音对义小词典《番汉合时掌中珠》，1935 年罗振玉又刊印黑水城文献《音同》，这两部西夏文辞书的面世，使西夏文字的释读成为可能，从而推动了西夏文献研究的深入发展。

1917 年宁夏灵武发现西夏文佛经两大箱，这批佛经部分流失，大部分被当时北平图书馆收藏，计 100 册。王静如先生认为这是继黑水城西夏文献发现后又一“盛事”，于是 1932 年《国立北平图书馆馆刊》刊出由中、苏、日三国专家撰稿的西夏研究专号以为纪念。此后，王静如先生相继发表《西夏研究》1~3 辑，内容主要是这批佛经的研究成果，所获法国东方学儒莲奖，则是 20 世纪 30 年代西夏学研究的最高成就。

20 世纪 20~30 年代罗振玉、罗福成、罗福苌、王静如等和外国学者一起，共同把西夏学研究推向新阶段。正如俄国西夏学专家戈尔巴切娃所说的，西夏学的新阶段“是同聂历山、王静如、罗福苌和石滨纯太郎的名字紧密联系在一起的”。此外，国学大师陈寅恪、王国维，著名学者周叔迦、向达等也对早期西夏研究给予了极大的关注，或诠释文献，或考证文物。

中华人民共和国成立后，特别是改革开放30多年来，我国西夏学研究取得了长足发展，研究队伍不断壮大，研究领域大大拓宽，并且大体形成了宁夏、北京、甘肃等几个研究机构和人员较为集中的地区。这些突出的成就主要表现在如下几个方面：

1. 重大考古发现层出不穷。1965年在内蒙古巴彦淖尔地区的临河市五星乡高油房古城遗址内发现一批西夏窖藏，出土了西夏“乾祐元宝”铁钱和西夏时期的金佛、金托盏、金碗、镂空金耳坠等一批金器，为研究西夏金器提供了重要资料。

1972年在甘肃武威张义乡下西沟岘修心洞中发现西夏时期夏汉文书、佛画、发愿文、医方、占卜辞、日历以及牛皮靴、石纺轮等近百件文物。

1972~1975年以及近年对银川西夏王陵考古调查与发掘，基本上考订出帝陵9座，陪葬墓140余座，出土了大批建筑构件、金银饰物、竹木雕刻、丝绸织物以及鎏金铜牛、妙音鸟等珍贵文物。

1964年与近年两次对敦煌莫高窟、安西榆林窟的西夏遗存进行了全面考察，出土了大批珍贵文物，确定了百余座西夏时期妆饰或开凿的洞窟。

1983~1984年对内蒙古额济纳旗黑水城遗址的调查发掘，出土近3000份文书。

1984~1986年宁夏灵武磁窑堡西夏窑址的发掘，出土生活器皿、文房用具、娱乐用品、建筑材料、生产工具等2500余件。

1987~1989年甘肃武威新华乡亥母洞发现大量西夏文物和文书，其中有契约、记账单、佛经以及唐卡、佛教造像、绘画、泥塔、扁壶等。

1988~1995年莫高窟北区洞窟发掘

现代西夏文书法　卢桐书

出土了一批重要的西夏文文献，其中西夏文《碎金》《地藏菩萨本愿经》《番汉合时掌中珠》残页都是国内现存的孤本。

1990年宁夏贺兰县宏佛塔出土了大量西夏文雕版、彩画版等珍贵文物。

1991年宁夏贺兰山拜寺沟方塔出土9册10万字西夏文活字印本《吉祥遍至口和本续》。

2000~2001年宁夏永宁闵宁村西夏墓发掘墓葬8座，出土碑文残片237块。

2. 文献整理研究成就显著。20世纪90年代以来我国先后编辑出版《俄藏黑水城文献》《英藏黑水城文献》《中国藏西夏文献》《法国国家图书馆藏敦煌西夏文文献》《中国藏黑水城汉文文献》《日本藏西夏文献》等大型文献丛书。由宁夏大学西夏学研究院牵头，联合全国二十几家文博单位共同整理出版的《中国藏西夏文献》，是历史上第一次全面系统地整理出版我国境内收藏的西夏文献，在整个西夏文献整理出版与西夏学研究中，具有填补空白的重大学术意义。在文献整理出版的同时，专题研究相继展开，相继出版《西夏社会文书研究》《西夏文献论稿》《中国藏西夏文献研究》《西夏文〈孟子〉整理研究》《〈天盛律令〉研究》《西夏佛典探微》《西夏〈功德宝集偈〉跨语言对勘研究》《考古发现西夏汉文非佛教文献整理与研究》等。

3. 社会历史研究全面展开。30多年来的考古发现与大批文献资料的整理面世，有力地推动了西夏学的全面研究。20世纪70年代末80年代初出版的《西夏史稿》，是新时期西夏历史研究走向新的开始的标志。此后，利用新公布的西夏文文献与文物考古资料，结合汉文文献资料，对西夏历史文化研究的成果日益增多，相继出版了《西夏文物研究》《西夏文化》《西夏佛教史略》《党项史研究》《西夏战史》《西夏与周边少数民族关系史》《西夏经济史》《宋夏关系史》《西夏社会》《西夏艺术史》等数十种西夏史著作。这些成果，使我们对西夏社会历史的许多重要问题，诸如党项民族的起源与变迁、西夏的社会形态、经济发展、政治军事制度、民族关系、文化艺术等都有了比较清楚的认识。

4. 研究队伍培养壮大与专门研究机构相继建立。20世纪50年代我国的西夏研究几乎是空白，像四川大学吴天墀先生默默进行着西夏史研究的学者乃凤毛麟角。20 世纪 60 年代初，老一辈西夏学家王静如先生又开始了西夏文史的研究，并着手招收研究生，培养新一代西夏学研究人才。但总体来说，这一时期学习与研究西夏学的人非常少。

20 世纪 70 年代以后情况大为改变，首先随着大规模的考古发掘，众多的文物考古工作者加入到西夏研究的队伍之中，紧接着文献学、语言学、民族学、藏学、敦煌学、佛学以及宋辽金元史等学科的专家相继加盟。20 世纪 80 年代开始，四川大学、兰州大学、宁夏大学、中国社会科学院民族研究所、河北大学、陕西师范大学等单位相继招收西夏研究方向的硕士或博士研究生。

20 世纪 90 年代以来，我国西夏研究蓬勃发展，专门研究机构相继成立，1991 年宁夏大学成立西夏历史研究所与西夏文化研究所，1993 年两所合并为西夏研究所，2000 年更名为西夏学研究中心，2001 年该中心被教育部批准为高校人文社会科学重点研究基地，2009 年教育部批复“西夏学研究中心”更名为“西夏学研究院”；1997 年中国社会科学院成立西夏文化研究中心；1998 年与 2002 年宁夏银川市与甘肃武威市相继建立西夏博物馆；2006 年、2011 年宁夏社会科学院、北方民族大学也相继成立了专门的西夏研究机构。

5. 西夏学成为一门国际性显学。经过百年发展，西夏学和敦煌学、藏学、蒙古学、徽学一样，是一门涵盖面非常广泛的国际性学问，大体由西夏语文学、西夏考古学、西夏历史学 3 个分支学科组成，研究范围包括党项民族及西夏王朝的政治、经济、军事、地理、宗教、文献、考古、文物、语言文字、文化艺术、社会风俗等各个方面。

（杜建录）

后 记

“正说西夏系列”包括《还原西夏》《解密西夏》《话说西夏》《西夏文明》四部作品，它们各有侧重，互为姊妹。定位“正说西夏”，目的是奉献给读者一个真实而鲜活的西夏，既不苦涩难读，又不失历史真实，非时下流行的“戏说”或“臆想”历史，这是本系列的最大特点。

《还原西夏》是大型史诗纪录片《神秘的西夏》的史学稿本，取名《还原西夏》，是寄托着编撰者的希望；《解密西夏》是对神秘西夏的进一步解读，由于拍摄的需要，《神秘的西夏》内容有限，《解密西夏》则是为弥补这一缺憾而立项，特别注重对纪录片表现较少的文化艺术、社会生产、丝路贸易以及典籍文献的解读；《话说西夏》和《西夏文明》是修订再版，这两部普及读物出版后，受到广大读者的青睐，很快售罄，经过专家推荐，入选“正说西夏系列”。

本系列的组织出版，得到了宁夏回族自治区党委宣传部、宁夏大学、宁夏人民出版社的大力支持，国英常委亲自主抓。宁夏大学“中央提升地方高校综合实力”项目提供资助。在此，谨向支持本系列编纂出版的领导和专家表示由衷地感谢！

杜建录

二〇一五年十二月二日